《连南文史》（第十六辑）

主办单位　政协连南瑶族自治县委员会
编辑整理　文史和民族社会委员会

编纂委员会

主　任　李春益
副主任　房婧婧　沈俊辉　陈锦叶　唐海英　赖　斌　房剑辉
成　员　房媛艳　陈海光　房叶华　唐秀莲　刘庆辉

编辑部

主　编　陈海光
编　辑　唐秀莲　刘庆辉
特邀编辑　许文清　李国兴　罗穆良

连南文史

第十六辑

政协连南瑶族自治县文史和民族社会委员会　编

民族出版社

历史图片

民国十六年十月十六日,省立阳山县望佳岭瑶民小学校成立留影。
(禤振文翻拍于广西贺县里松乡新华村李成希家)

民国十八年四月四日,连阳化瑶局第一次局务会议职员合影。
前排中为连阳化瑶局局长李成希(1928.7—1930.4任职)。
(禤振文翻拍于广西贺县里松乡新华村李成希家)

目 录

一、历史回眸

太平天国年间的三江旧事 …………………………………… 萧维国（3）
燕塘军校少数民族"化育班"来龙去脉 ………………………… 陈重阳（6）
三江历史上的行政归属和建置 ………………………………… 萧维国（12）
近代三江人的革命活动 ………………………………………… 萧维国（16）
解放连南的经过 ………………………………………………… 萧维国（20）
回忆红旗中学 …………………… 禤振文口述 罗穆良记录整理（31）
三江历史的四个发展阶段 ……………………………………… 萧维国（35）
三江人衣食住行的变化 ………………………………………… 萧维国（39）
旧时连县、三江地区的民间时节及风俗点滴 ……………… 萧维国摘编（43）
关系密切的三江与连州 ………………………………………… 罗树明（45）
不可忘却的寨岗洪水往事
　——寨岗洪灾纪实 …………………………………………… 罗永新（48）
寨岗街的历史变迁 …………………………………… 罗永新 梁仁宽（57）
连南瑶族高山移民纪实 ……………………………… 李国兴 许文清（66）

二、人物春秋

乐善好施的甘隆合 …………………… 黄志高 口述 萧维国 记录整理（77）
勤政爱民爱乡土 连阳郡望何春帆 ……………………………… 陈重阳（78）

三、乡土溯源

历史厚重的老埠街 …………………………………… 罗永新（95）

人杰地灵的石坑崀村 ………………………… 罗永新　罗雨房（102）

石泉山下的古村落——寨脚村 ……………………… 罗穆良（112）

中国瑶族第一馆——广东瑶族博物馆 ……………… 吴卫清（120）

四、特色民俗

连南瑶族民间信仰 …………………………………… 许文清（129）

长生会——料理后事的民间组织 …………………… 罗穆良（146）

不一样的祭祖仪式
　　——连南三排排瑶挂纸亲身经历记 ……………… 盘　鹃（150）

五、寻踪探析

连南主要姓氏来源与分布 …………………………… 许文清（159）

三江镇居民的源流 …………………………………… 萧维国（170）

寨岗曾罗李姓的故事 ………………………………… 罗永新（182）

对连阳罗氏达先世系班辈诗文的考析 ……… 罗梓渊　罗永新（191）

瑶族瑶老制历史变革探析 …………………………… 萧维国（199）

三江的文物与历史琐谈
　　——缺乏文字记录的三江古代史 ………………… 萧维国（205）

黄损墓碑琐谈 ………………………………………… 萧维国（221）

军寮古瑶寨石刻探寻记 ……………………………… 房　顺（226）

岩口铁罗城 …………………………………………… 罗穆良（232）

镇东阁 ………………………………………………… 罗穆良（236）

石泉山重筑山门围基摩崖石刻 ……………………… 罗穆良（240）

城上村重修门楼碑刻 ………………………………… 罗穆良（244）

六、史海拾遗

李来章撰汉前将军关侯却金祠碑记 …………………… 萧维国摘编（251）

三江匪患与刘宴萍的祭文 …………………………………… 萧维国摘编（253）

祭陈石、白辉庆二烈士文
　——刘宴萍先生遗作 …………………………………… 萧维国摘编（256）

一、历史回眸

太平天国年间的三江旧事

萧维国

洪秀全屡试不第后创立了拜上帝教。道光二十四年（1844），他曾与同乡冯云山等，经白虎圩（黎埠）到达南岗，想在八排布道。由于不通瑶语，而且"上帝"又与盘古格格不入，几日后便就离开了，后经寨岗、石迳转入广西，凭拾粪、烧炭、打短工等广结底层庶民。历时八年，终于发动了金田起义。经永安封王（东王杨秀清、西王萧朝贵、北王韦昌辉、南王冯云山、翼王石达开）、全州突围后，自湖南至湖北，然后顺长江东下，直捣南京。

咸丰三年（1853）定都天京（南京）后，天下骚动。在广东的拜上帝教徒及山贼草寇，也纷纷打起"太平天国"的旗号。据民国三十八年（1949）的《连县志》记载：咸丰四年（1854）七月二十二日，太平军郭五等率二千余人攻入连州新城，为督捕委员孔超全驱走后，又于是年闰七月初一日，联合清远太平军温祐、冯树、孟九、禤二、陈铁茶、朱四、黄镇山等部众万余人占连州新城，八月初一日又攻入内城，改连州为熙平州。咸丰四年（1854）闰七月初四，孟九等率部围攻三江城，外委把总毛永康麾之。由于三江新城是乾隆初（1738—1742）所建，非常牢固，又拥有一协两营的正规绿营兵，靠当时火铳、云梯和大刀长矛等冷兵器，是很难登城的。于是太平军就在西门外城楼的右侧（今老县委宿舍东侧）挖地道，准备用火药炸城。而阵亡士兵朱永胜之妻丁氏，家住城西，看到后冒险赶往城下报告，被太平军拿获后杀掉。接着用几副棺材装满火药，塞入地道，将城墙炸塌，毛永康"附义响应"。三江协护理副将博尔恭阿夫妇，在城西北角军械库点燃一埕火药自焚，署都司光裕巷战死，武弁兵民死难者五百余人。这是自三江有历史记载以来，死人最多的一次战役了。这些人都葬在何处，至今无人知晓。城内西南部有一座"昭忠祠"，在20世纪40年代初遭到火灾后，已荡然无存，按理应该是纪念这批守城烈士的。

自三江城陷落，孟九自封为协台（三江地区最高的军事和行政长官），委毛永康为都司，军势愈炽。"连日在城外沙洲施放大炮，攻扑州城，知州张寿龄率绅民登陴守御"。三江城外远近各村百姓纷纷携家带口外逃。西岸以东约两公里的古村石兰寨中，铺在井边一块支离破碎的残碑上说：咸丰年间，长毛贼乱，从三江逃往石兰一带的难民，有二千多人。而退守东塘的三江协左营清将彭声发，自恃骁勇，每日骑马率兵前来搦战，孟九遣先锋陈金刚出城应战，太平军迭遭其挫。后知其有勇无谋，乃佯败将其诱至流民塘（在梅峒岭脚的一块开阔之地），设"猪笼阵"将彭击败。"猪笼阵"是把对方所经之路挖断，埋下大堆猪笼，上铺茅草和浮土掩饰，待彭的马蹄陷入猪笼跃不起时，趁机一拥而上。此役几乎使彭声发全军覆没，由于发生在正月二十，故称"二十大败"。周围各村乡民为纪念彭将军，嗣后每年此日均聚集凭吊，久而久之，遂形成节日。至今东塘、沿陂、迴龙湾、木高湾、磨头岩、新村、寨脚等地，仍过"二十赖败"节。清末民国时，磨头岩田峒中有一座"六桂庙"，旁有石丛，流水环绕，景致极其秀雅，据说是纪念"二十大败"阵亡官兵的。此庙后被毁，"学大寨"时夷为平地。旧《连县志》记载："高良上乡淳溪之南有六乡祠，内祀三江副将林芳、管带湘勇、湖南委绅候选参将彭世忠。"林芳是康熙（1662—1722）后期的广东副总兵，受提督殷化成委派入瑶排招抚时遇害的，其墓在里八峒葫芦田外，《连山绥瑶厅志》说是"士民思之，为芳立庙，而以其仆配焉"。除了林芳，彭世忠是否就是彭声发？现已年深岁久，无从稽考了。

次年（1855）二月十七日，知州张寿龄率连州绅民及宜章游击李辅朝所统湘军，先后收复三江、连州等城，孟九败走清远滨江。三江新城自乾隆六年（1742）筑成后，自恃坚固，历嘉庆、道光凡百余年，没有挖护城河。这次被太平军挖地道炸开，伤亡惨重。为吸取血的教训，咸丰六年（1856），三江协副将勒福，督率兵民开凿新城护城河。河深一丈，阔一丈五尺，周长四百丈。此外，又在东南西北各城楼添置火炮，加强震慑。火炮为生铁铸造，三江人称为"猪仔辘"，小者一米多长，大者长丈余，比水桶还粗大，重万余斤，搁在雉堞上，也不知当时的士兵是怎样抬上去的。火炮的炮膛装上火药和铁银子，点燃引线，发射出去，威力无穷。此后太平军又多次攻占连州，却再也没有攻下三江城。1952年后，这些火炮就不知去向了。而铁银子几乎家家都有，大如皮球，重约数斤。

太平军在统治三江期间，积聚了大量财富，为防被突袭以策安全，他们将银子封存在秘密的山洞里,号曰"银岩"。后来三江被官兵收复,败走时他们当然就无暇顾及这些银子了。"银岩"在哪?一说在"总爷坟"山墩背后的横冲;也有说在鸡麻冲口进教百米的山洞;更有人说在牛子岭冲里的石岩,众说纷纭,莫衷一是,已很难说得清楚了。六十多年前,有人曾到工兵部队借来扫雷器,跑进疑是"银岩"的山洞探测,据说也没见到银子。倒是在民国年间,接龙桥沙井街黄木林的祖父,在"死佬阁"打柴时,于布惊蔸下发现许多破铜状的黄金,挑到连州被当作"雷公铜"贱卖,证明此是太平军败逃时丢下的财宝。(见《连南文史资料》第六辑黄文兴、曾文忠的《雷公铜的传说》)

三江北面牛子岭脚下有一著名的古墓,乡人连整个山墩一并称作"总爷坟"(在今盘王庙以东一百多米)。"总爷坟"以大石砖砌筑,坟头有石制的祭台和石香炉,地下深八九尺,有一丈见方石砖所建的墓室,曾多次被宵小之徒盗挖,20世纪70年代"农业学大寨"时被彻底夷平。残存的墓碑说墓主是天津人,接着刻的是其生前任职的履历,而名讳却被锤碎不见了。我遍查连县、连山[嘉庆二十二年(1817)后三江隶属于连山绥瑶厅]的旧志,名宦祠中清朝总督被后人祭祀的有杨宗仁、孔毓洵、朱宏诈3人;而清朝咸丰年间(1851—1862)三江协副将则有博尔恭阿(满人)、张国樑(肇庆人)、勒福(蒙古人)、松寿(满人)、恒通(满人)、贾运盛(直隶武进士)6人,但从不见有在三江协任职的天津人。我猜测其中勒福是否在天津出生,或曾在天津任职就被错记为天津人。乡人尊崇总爷,他当然应该是对地方上做出过重大贡献的人物了。据记载:勒福字怡田,蒙古人,咸丰五年(1855)署三江协副将,时连州、三江两城甫经收复,民困未苏,勒福莅任后整顿营伍,与州牧张崇恪勤力同心,并谕各堡绅民团练,捍卫地方。自此五六年间,力保危城二次,生擒朱四、黄潮等正法。其余剿捕东村、孔塘、黄垒、菁莲等处,无不身先士卒,所战多捷,旋升南韶连镇总兵。八年五月,复有包尔鞍等,伙党数万围攻州城,福闻报带兵来连,出奇制胜,城围顿解。

燕塘军校少数民族"化育班"来龙去脉

陈重阳

图1：广东省军事政治学校"化育班"第一队学生毕业留影，一九三五年七月三日

清末，广东编练新军第二十六镇，下辖五十一、五十二协，一协两标，共四标。其中第四标驻扎越秀山，第二、第三标驻珠海前山，第一标驻燕塘，因此燕塘第一标营驻地，直到20世纪30年代陈济棠时期，沿叫"标营"。

1926年北伐后，黄埔军校第六期继续招生入学。1927年，蒋介石在南京设立新校址，电令黄埔军校搬迁，六百余人去了南京新校，余下五百余人及部分教官留在岛上原址学习至毕业。其间，李济深办的"广东守备军教导队"培训半年结业后，想将部分优秀生插班进第六期，遭到军校师生反对，未果。

李济深只好另立门户，自办第八路军干部学校，分头派人到粤西及桂东招生，但门牌一立，随即被蒋电令制止，已经招来的七百多学生，蒋先生大笔一挥，令变成黄埔军校第七期入伍生队。李济深不甘心这批学生被人弄走，便避开黄埔岛的校址，在燕塘标营训练这批七期生。

1929年初，陈铭枢与陈济棠联合蒋驱逐桂系后，两人划分地盘对广东实行军政分治。由陈铭枢领政，任省主席。陈济棠领军，出任第八路军总指挥。

图 2：广东省军事政治学校大门口

陈济棠的治军策略第一步是整训部队，借执行南京编遣会议的决定，将广东部队中各种杂乱的番号裁切整理。第二步是将裁切下来的编余军官，以及从各部队抽调上来的优秀军士，全部编入第八路军教导队，集中在燕塘训练。随着形势与实力的增长发展，1931年陈济棠干脆在此成立"广东省军事政治学校"，借以培养忠于自己的军官，民间将其与先前的黄埔军校区别，俗称为"燕塘军校"。

1936年陈发动事变反蒋失败，"燕塘军校"被中央接管，改名为"中央军官学校广州分校"。1938年1月，又改称第四分校，抗战期间一迁粤西德庆，二迁广西宜山，三迁贵州独山，艰难办学，为国培才。

以上为燕塘军校略况，以下才能说到"化育班"详情。

20世纪30年代初，陈济棠完全控制了广东军政，并窥准世界经济危机的机会，迅猛发展广东经济，同时不遗余力地进行各方面建设，以求巩固统治。

对于广东省境内黎、瑶、畲等少数民族，陈采取与历代统治者视少数民族为"弃民""反民"不同的办法，以"教化培育"的策略进行建设。特别是，他曾在燕塘军校开办过两期少数民族学员班，取名为"化育班"。

图3:"化育班"第一期学员沈亚晚的修业合格证书

根据海南黎族黄鸿喜口述及当时负责招生带队到校的陈汉光警卫旅参谋林荟材笔述,1933年下半年,燕塘军校从海南招收了几百名黎、苗青年学员,在海口甄别遴选后,次等的拉至广州北郊江村驻训的警卫旅第二团当兵(次年该团拉到粤北连县堵防红军南下);而优秀者则入选军校第一期"化育班",进行为期一年的军政教育培训。

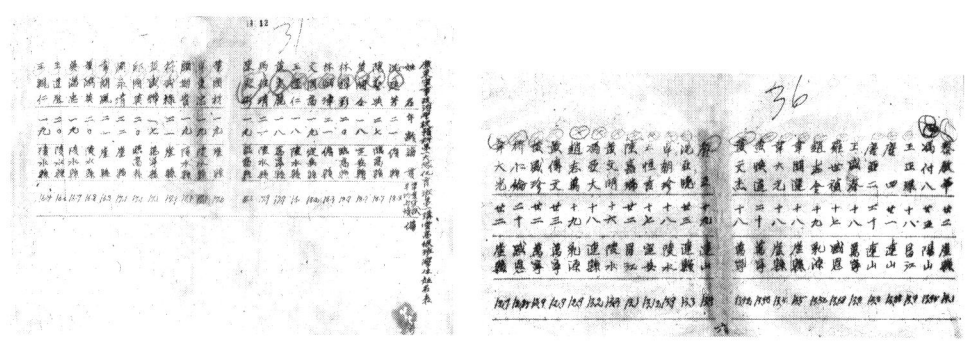

图4:广东军事政治学校预科第一大队化育班第一讲堂高级班学生姓名表

第一期化育班按照民族整体人口基数比例招生,粤东畲族、粤北瑶族的人数比较少，合编为第一大队，海南黎、苗人数比较多，编成为二、三两个大队。第二期尚未找到具体资料，招生人数不明。

学员招收入伍后，第一件事情便是组织理头发，因当时苗、瑶等少数民族某些族群还保留着留发梳髻的习俗。特别是来自粤北山地的瑶族，不理发的话，发型犹如坛子盖（根据连南排瑶留发梳髻的习俗发型、姓氏分布及取名特点，第一期化育班粤北瑶族学生姓名表中的沈亚晚等人应是连南三排人，而连南三排，当时属连县管辖）。剃头洗澡之后，再下发给每人一套白色短袖筒麻布学生服、一顶军帽、一双布鞋、一双袜子，其他还有毛巾牙刷等。

图5：这是瑶族男性修剪过的发型，很多瑶族男性平时不修剪头发，就像古人盘起发髻，横插一条簪子，再用红布裹头

图6："化育班"第一期瑶族学员沈亚晚，原籍连县（现在应是连南）

到学校，再下发黄、蓝色长袖制服各一套、卧具一套（含棉被、蚊帐、枕头等）、皮鞋一双（每月另发一双草鞋），冬天发棉衣、裤一套，每月发津贴费一元，用以购买日常生活用品。

早餐吃粥，午晚两餐米饭。8人一组围着一张竹桌吃围餐，每餐有一点鱼和肉片，逢星期日加菜。每一至二周看一次无声电影。每月允许在假日出广州市区逛街一次。

学习内容如下：

一是军事课。学习军械基本操作知识，主要是学习常规武器的使用知识。平时不发枪支，上课、训练需要才临时到枪库去领取。通常发枪不发子弹，曾做过一次步枪射击表演,每人打 3 发子弹。

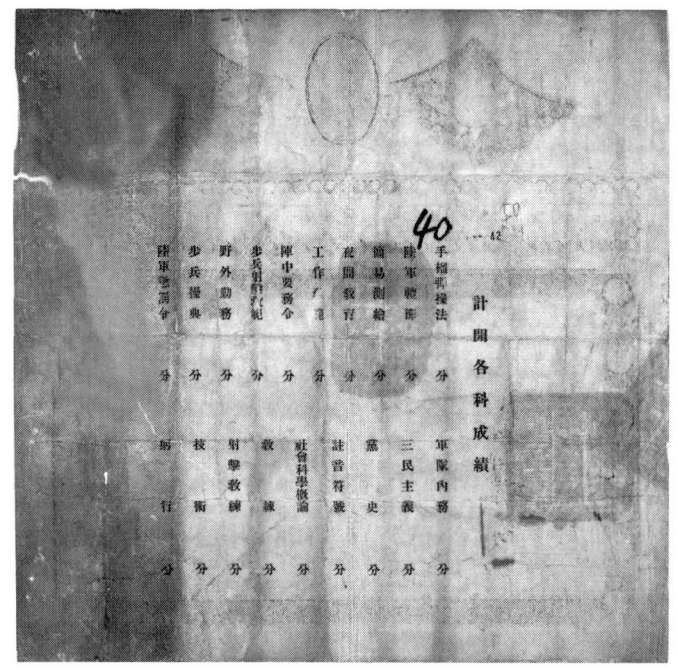

图 7:第一期"化育班"学员的课程表

二是政治课。多数是全校集中上大课,邀请广州地区国民党首要人物或军校领导做政治报告。有讲时事的,有讲三民主义的,有讲国民革命军的,也有讲反对共产主义和共产党的。不过少数民族生知识水平低,加上讲授政治课用的是普通话或粤语,听不懂的居多,回到队部才由民族教官人员翻译。

三是文化课。学习识字课本、《三字经》、算术、珠算、书法,只上课不考试。

四是生产技术课。学习种植水稻、玉米、番薯和种竹造林等生产技术并进行实习,每两人合用一把锄头参加劳动,一般都是上午在课室上课,下午下地劳动。学习结束时,曾两次到广州机场参观(只能在远处观看而不准上飞机),还参观了广州动物园和一些农具厂、纺织厂、机械厂。

"化育班"的涵义,我因为采访过两个防毒排长,一开始还草率地望文生义,以为是类似抗战期间,内迁四川中央军校纳溪分校的特科(防化兵)。还暗自稀罕陈济棠的防化意识很有前瞻性。后来咨询专家，才确认是教化培育之意。

经过了解，目前黄埔军校博物馆，还有位处台湾凤山的陆军军官学校校史室档案，并无该班毕业生合影照片留存，本文首图为孤版，是极为珍贵的历史文物。

三江历史上的行政归属和建置

萧维国

三江历史悠久，距今约一万年前的旧石器时代晚期已有人类居住，一直递嬗相继，繁衍不息，绵延至今。

据《尚书·禹贡》《周礼·职方》《尔雅·释名》等先秦典籍记载，禹在治水成功之后，将天下分为九州。西周分封诸侯，又有所谓"五服"之说。但这九州和五服，都是古人的地理概念，并非实际的行政区域。按照这种区分，西周及其以前的夏、商时期，三江是九州以外的荒蛮地带，即南蛮百越聚居之处所。春秋战国时，楚国向岭南用兵，其南抵湘南，影响力才始渗入今粤省。公元前221年秦灭六国，统一天下，七年后秦始皇派屠睢分兵五路南征，次载又委任嚣、赵佗往援，平定了南越，在今粤省南部设南海郡和象郡，北部包括三江在内则并入长沙郡。秦末天下大乱，赵佗拥兵，建南越国，三江在其境内。直到公元前111年，即汉朝立国九十一年后，汉武帝调伏波将军路博德和楼船将军杨仆统兵南下，扫灭南越国后，三江属桂阳郡。三国时属吴国的始兴郡。晋仍之。南北朝属阳山郡。隋属熙平郡。今连州于此时建州，此前的桂阳、始兴、阳山与熙平，其郡治均在连州。唐属岭南东道连州。五代时初属楚，后属南汉。宋属广南东路连州。元属江西行省广东道连州路。明属广东布政使司连州。清初属广东省南韶连道连州（直隶州）。据《金通志》卷十四记载，明朝洪武年间（1368—1398），已有连县高良乡的称谓出现，旋改乡为堡，称高良堡。清沿袭明制。乾隆初，县以下设三个属，三江隶捕属。属设巡检司，是州派出的常驻机构。属以下又设堡、村基层机构，当时高良堡则分为高良上水堡和高良下水堡两个机构。

高良上水堡又称三江口，简称三江。民国元年，莫辉熊在三江设立都督分府，仍袭清制，称高良上水堡。堡设团总，堡以下设村。民国二年撤销都督分府。连县知事黄鸿猷又撤去全县三个属的巡检司机构，将全县分设十个区，其中捕属辖一、四、五、六、七、八、九、十共八个区。高良上水堡隶属第一区，仍设团总统管全乡事务。民国十六年，连县县长成宪孟将全县十个区缩编为四个区，高良上水堡隶属河西区，旋改称第四区。是年，县府下令改堡为乡，但三江仍称高良上水堡。民国十八年，始改称三江镇，镇长为杨越根。两年后，又改镇为乡，乡长刘裕缘，乡以下设村。民国二十六年，为适应抗日战争的形势需要，推行保甲制度，高良上乡编为十五个保、一百四十六个甲。次年，连县调整保甲编制，高良上乡仍保持原状，高良下乡所辖的新和村则编为第十、十一两个保，十个甲。自此，乡保制度及名称机构一直沿袭至1949年冬。民国三十五年三月，原设在三江的"连阳化瑶局"（后改称"连阳安化管理局"）撤局置县，三江从此成为连南县的县城。

1949年12月8日三江全境解放后，当日即在三江圩建立区一级支前司令部，司令员谢震寰。12月13日，正式设立连县第四区人民政府，驻三江沙井坪（今县委家属住宅区所在地），管辖连县高良上、下乡，九坡上、下乡，小水乡，河西乡，上山乡七个乡级政权。12月25日，高良上乡人民政府成立，设置干部八人，勤杂一人，公安队二十人。乡以下设永中堂（永接）、南钟、盛平、梅村、沿陂、东塘、六联、新村、寨脚、香花、城东、新城十二个行政村，每村设村长、农会、民兵机构。1950年5月16日，连南县人民政府成立，三江为县治，专辖瑶区，改称高良乡，是年冬又改称三江乡，下辖行政村未变。

1951年9月，三江地区开展土地改革运动，划片进行工作，原乡政府自然消失。三江土改片又分设东和、红阳、城西、龙口、城和、协民六个小片，片设单元组长，小片设小组长。其中东和、城西、城和所辖区域基本上包括原高良上、下乡，仍隶属连县第四区人民政府管辖。

1952年6月土改结束后，原划分的六个土改小片，改称为小乡，分别成立乡政府政权。

1953年1月25日，连南、连山两县合并，成立连南瑶族自治区（县级）。经连县、连南双方协议，并经省民政厅于3月18日追认批准，原连县第四区的三个半小乡，即东和小乡所辖的东塘、沿陂、六联、新村；城西小乡所辖的梅村、盛平、南钟、永接；城和小乡所辖的新城、城东、寨脚、香花；协民小乡半个乡的新塘、新岩等村，划归连南管辖。其时这三个半乡共有8403人，水田10622亩。3月设置三江联乡办事处，驻地在今歌舞团处，相当于区级行政机构。

4月12日开始启用印信。1954年8月13日，撤销三江联乡办事处机构，成立第五区公所，原属第二区的金坑乡划出，分为金坑、内田两个小乡，拨归第五区公所管辖，设置区委会、区人民政府机构，下辖城西、城和、东和、新和、金坑、内田六个小乡。

1955年6月，连南瑶族自治区改称连南瑶族自治县。

1956年6月，撤销第五区公所机构，成立三江镇人民委员会（乡级镇），将原辖的金坑、内田两个小乡划出，归县人民委员会、县政府直接管辖。三江镇委、镇政府仍辖原有的四个乡和东和、新塘、新岩、城西、红星、五星、联星七个农业生产合作社。

1957年5月，经县委批准，金坑、内田两个小乡复划归三江镇管辖。

1958年3月，又再将金坑、内田划出，合并为金坑乡，直属县政府领导。三江镇依旧辖原有的四个乡。8月，筹办三江集体农庄。9月，成立三江人民公社，设公社党委、公社管理委员会机构，实行组织军事化体制，下辖城西、五星、联红、东和、新和五个营，后又改称大队。10月成立"连阳各族自治县"后，与南岗人民公社合并，金坑乡亦再次划入，仍名三江人民公社，下辖三个管理区：三江管理区包括城西、东和、新和、五星、联红五个大队；南岗管理区包括南岗、油岭、连水、三排、横坑五个大队；金坑管理区则仅有金坑、内田两个大队。12月，又与原属连县的附城公社、石角公社合并，增加龙口、协民、石角、元潭、河西、鱼田、红阳七个大队，依旧称三江人民公社。

1960年10月，撤销"连州各族自治县"，恢复连县、连山、连南瑶族自治县建制。原连县的附城、石角和本县的南岗、金坑四个管理区从三江公社划出，名称不变，调整后三江公社共辖新塘、新岩、香花、寨脚、城东、新城、城西、梅村、东和、六联十个大队和一个畜牧场。

1963年2月，调整基层结构。梅村、城西合并为城西大队；新城、城东合并为五星大队；寨脚、香花、雁塘合并为联红大队；新塘、新岩合并为新和大队；六联、东和合并为东和大队；即全公社共辖城西、五星、联红、新和、东和五个大队。

1964年9月，经省委批准，恢复三江镇建制（直属县政府管辖的乡级镇），从三江公社划出三江镇，专管城镇居民、县属机关、学校、企业、事业单位的非农业人口。

1968年3月，经县革委会批准，撤销三江人民公社机构，设置三江人民公社革命委员会，下辖大队未变。

1975年8月25日，经韶关地区行署批准，从三江公社划出五星大队归属三江镇（乡级镇）管辖。

1980年12月，撤销三江人民公社革命委员会机构，恢复三江人民公社管理委员会名称，下辖大队未变。

1981年1月14日，经韶关地区行署决定，将三江镇原党支部升格为镇委会，成立三江镇委会，由原乡级镇升格为公社级镇。

1983年9月27日，将三江镇辖属的五星大队复划归三江公社管辖，公社下辖各大队机构改称乡政府，乡以下仍称生产队。10月，遵照中共中央、国务院《关于实行政社分开，建立乡政府》的通知精神，经县委、县政府研究决定，撤销三江人民公社机构，设置三江区公所、区委会机构，仍辖五个大队。原三江镇机构仍保留不变，仍下辖一个居民委员会。

1987年1月，撤销三江区公所、三江镇机构，区、镇合并后仍称三江镇，设镇党委会、镇人民政府机构。4月，原东和大队分为东和、六联两个大队；原新和大队分为新岩、新塘两个大队。6月，改乡为村，村设村委会，村以下将原生产队改称生产小组。全镇下辖城关办事处、三江居委会及城西、五星、东和、六联、联红、新岩、新塘七个村委会。

1988年9月27日，村委会改称管理区。全镇仍辖七个管理区、一个居委会、一个城关办事处。

2004年6月，与金坑镇合拼。全镇辖五星、城西、联红、六联、东和、新和、金坑内田、大龙、唐冲10个村委会和三江社区居民委员会。

注：本文民国期间的内容为罗昆烈提供。

近代三江人的革命活动

萧维国

三江人历来爱国爱乡,极富正义感。中华人民共和国成立前,国事日非,多灾多难。生逢乱世的三江前辈,举凡抗击外来的侵略、推翻封建的清朝廷或历次国内革命战争,他们都是义无反顾,前仆后继。他们的高风亮节足资垂范后人,为地方增色。

早在第一次鸦片战争时期(1840年6月—1842年8月),城西罗兆爵和五星的陈连昇、陈尚3人,在广州水师提督关天培的率领下抗击英国侵略军,镇守虎门靖远炮台。1941年2月25日,18艘英舰同时扑向虎门,关天培与游击麦廷章率将士奋勇还击。26日下午,英军再度发动猛攻,琦善(时林则徐已被革职,由琦善接任两广总督)拒发援兵,关天培孤军奋战,伤数十处仍指挥杀敌,最后与400余守炮台的将士一起,全部壮烈殉国。

毛文明先生是三江新城人,毕生追随孙中山,对革命贡献良多。自加入兴中会后,为团结爱国华侨、壮大革命力量而奔走海外。1902年夏,先生以基督教牧师的身份为掩护,启程前往万里之遥的檀香山。当时因戊戌变法失败后逃往海外的康有为和梁启超,积极鼓吹保皇,海外华人多为所惑。临行,孙中山特委以重任,嘱其到达后务必扫除保皇邪说,规复革命机关。毛先生后来果然不负重托,尤其注意发动群众,并散发邹容的《革命军》一文作为宣传资料,不但重振了革命雄风,还发展了很多新成员加入"中华革命军"。辛亥武昌首义后,同盟会员在广州响应,毛先生又集众占据大清银行。广东军政府成立,先生被推举为都督府度支使。次年改任连县民政长(县长),又奉命将连县同盟会改组为国民党,并主持肃清匪患,安顿民生。1923年,为支持孙中山先生的北伐,又推荐其侄毛如璋到北伐军大本营,任孙先生的侍从军医。

辛亥革命期间,同盟会会员莫辉熊于11月16日集合李干山、何冀州、何次权、陈汎、丁尧叟、杨芝泉及其师兄弟等数十位革命党人，举义反清，迫使清三江协中军都司吕焕章交出印信及仓库钥匙；接着又挺进连山，一日之间连克两城，为中华民国的建立做出了积极的贡献。与此同时，另一城西的同盟会会员何春帆，则参加了上海的武装起义。1913年6月，因袁世凯篡权后拒绝恢复孙中山先生制定的《中华民国临时约法》，国民党人发动"二次革命"，何先生又积极参与江西都督李烈钧在湖口发起的讨袁战争。20世纪20年代初，南方军阀邓本殷盘踞海南岛，莫辉熊任广东警卫军第一独立旅旅长，曾统军南征，后又参加早期的北伐。

1924年1月，国共两党合作，进行反对帝国主义和封建军阀，武力统一中国的国民革命。为培训军事骨干，孙中山先生于是年创办了黄埔陆军军官学校，不少三江人先后考入受训。如李楚瀛（第一期）、李铁樵（第一期）、甘霖（第五期）、黄墨苍（第十七期）、潘允玉（第十九期）等。其他如燕塘军校（如王继昭）、保定军官学校（如赖秉钧）、日本陆军士官学校（如李蔚然）等，也不乏三江的热血青年，后来他们都成了抗击日本侵略者的优秀将校。1925年，广东军阀陈炯明在北洋军阀的支持下，准备进攻广州，推翻广东革命政府（7月1日后称国民政府），黄埔学生编入东征军，李楚瀛于是年参加了两次东征，直捣潮汕，全歼叛匪，次年又随军北伐，攻下武昌，先后仅半年，革命便从广东发展到长江流域。在此期间，莫辉熊于三江则全力支持家乡青年成立"同志会"和"农民协会"，密切配合形势的发展，使三民主义的影响深入汉村瑶寨。

1931年"九一八"事变，日本关东军炸毁南满铁路柳条湖路段，炮轰东北驻军的北大营，不足半年就吞并了东北三省。次年"一·二八"事变，日军又突袭上海，蔡廷锴、蒋光鼐率十九路军奋勇还击，多次退敌，迫使日军三易其帅。是役，三江人谢荣楷、夏世柳、郭荣廷等，曾参与血战。1937年七七事变，日本发动了蓄谋已久的全面侵华战争。国难当头，国共两党重新合作，结成了抗日民族统一战线。当时日寇猖狂，山河破碎，烽火连天。举国人民，地无分南北，人无分长幼，都参与抗战守土。三江父老，亦组织抗日自卫队和大刀队，许多平头百姓纷纷奔赴前方的战场。当时国民党正面战场的很多著名战役，都有三江籍将士在出生入死、浴血奋战。如王继昭等参加过淞沪会战；王继昭、刘记祥等参加过南京保卫战；李记带等参加过台儿庄血战；李楚瀛等参加过武汉会战、长沙会战、忻口会战、随枣会战、枣宜会战、中条山会战、南昌会战；李少巩等一大批三江人参加衡阳会战；潘允玉、谢志英、王火清、吴玉章等不但转战国内战场，还参加了入缅作战的远征军，其中谢志英等还牺牲在国外。何春帆初在家乡组织和训练地方抗日武装，继又率领大批三江子弟，转战汕头、潮安、丰顺一带，苦苦地支撑危局。当时的中国，是世界反法西斯战争东方战役的主要战场。抗日战争，是中国历史上唯一的一次全民性大规模反击外来侵略的战争并取得了胜利，其持续时间之久、战场之广、伤亡之多、损失之重、战况之野蛮和酷烈、影响之深远，全都是人类战争史上所绝无仅有！根据当时的紧张形势和征兵制度，三江地区上过前线抗日的，起码应有一千多人，而我们却连名字也数不出几个。我们可在三江选址建立一座抗日将士纪念碑。

新文化运动后期（1917）以后，马克思主义传入中国，1921年中国共产党在上海成立。它主张发动工农大众推翻旧社会，建立一个没有剥削、没有压迫、人民当家做主的新型国家，并进而建成社会主义和共产主义，解放全人类。当时很多进步青年，都加入了地下党和它的下属组织抗日青年先锋队、青年民主同盟（后改称新民主主义青年团）。1938年，何振东（女）奔向延安，成为三江城第一个共产党员。由于是年广州沦陷，省政府二十八个机关单位迁来三江，人口大增，情况日趋复杂，所以1939年1月起，三江便成了当年中共连阳特别支部（后称中共连阳中心县委）活动的地区，不断有地下党员前来领导开展活动，并物色和培养入党入团对象。1939年2月至4月28日，国民党省政府在三江举办"广东省地方行政干部训练所"（简称"地干所"），当时的1500个学员中，便有外地来的中共党员80多人、"抗先队"队员300人。"地干所"内秘密建立了中共总支部一个，支部三个，受中共连阳特别支部领导，莫福生、张江明先后任总支书记。其中大学生支部书记由莫福生兼任，中学生支部由张江明领导，女生支部书记为陈柏如。党组织团结广大青年学生和进步人士，运用演出节目、出版墙报、展览图片等形式，在三江城开展抗日救亡活动。1944年省银行农贸部迁到三江，农贸部内的四名中共党员说服掌权的进步人士陈同白，贷款给农民购买种子、耕牛，在一定程度上缓解了部分农民的经济困难。1940—1945年，连县地下党控制的连县新生活运动促进妇女工作委员会，派出人员长驻三江，以三江小学为基地，办起夜校六个班，向学员进行爱国主义和民主革命思想的教育。

1945年，连阳中心县委青年部长唐北雁，负责三江地区工作，派人到中山大学分教处、侨三中，团结进步师生，推动抗日民主运动的开展。1946年1月，三江人刘佩巩（女）加入"青盟"，与外地团员在家乡进行革命启蒙活动。1948年至1949年，先后有三江籍青年丁宇平、欧阳雁屏（女）、董江、董元、黄安、萧自珏（女）、钟贤杯（女），以及淳溪中学学生赵武、何鸣、张仁基、丘耕俭、李金良、彭林妹（女）、陈火秀（女）、罗德球、黄积长、黄守存、韦碧华、萧承跃等人加入新民主主义青年团。

1948年秋，在何次权先生倡导和组织下，创办了淳溪中学。此时解放战争已经进入决战阶段，国民党的统治已江河日下，受共产党政治思想影响，淳中的进步教师张东海、萧少雅、李少白、黄德、黄海青、陈建广等，在学生中开展以推翻国民党反动统治为目的的民主革命活动。次年初，与连江支队第五团取得联系，成立了武装暴动的领导机构。6月19日，事泄未遂，除黄德外，五名教师均遭逮捕，押送连州囚禁。后经何次权、萧少樵等先生的多方营救，于9月27日获保释。

1949年6、7月间，地下团员董江、董元、黄安及进步青年黄德、萧少淄、何婷、何链（何七妹）、陈琪、黄想、赖才银等分别进入阳山、东陂游击根据地，直接参加武装斗争。8月下旬，黄德、黄安等人在地下团员丁宇平、赵武、赖宏锦及基本革命群众黄志仙、赖运煤、潘岐研、潘国亮、潘清等人大力支持下，在三江地区进行革命活动。10月，杨青山武工队派遣萧清、徐保、黄安等人到三江地区侦察敌情。

注：本文后四段中共地下党团活动部分为罗昆烈所撰。

解放连南的经过

萧维国

位于粤北、湘南、桂东之间万山丛中的连南，是全国唯一的排瑶聚居地。其前身是清朝康熙四十一年（1702）设置的三江协理瑶同知以及民国十五年（1926）本着"扶助弱小民族"而创设的连阳化瑶局（1931年改称连阳安化管理局）。民国三十年（1941）广东省国民政府决定撤局改县，旋因抗日战事吃紧而未果。日本投降后，民国三十五年（1946）三月一日才正式将连县、连山、阳山三个县的瑶区划出，成立连南县。鉴于长期战争之后国家财政支绌，无力在油岭营建衙署，故县治仍设在连县三江镇的"化瑶局"（安化局）内，而三江地区在行政上依然属连县统辖。

连南设县后，国共内战又起，经过三年较量，国民党军土崩瓦解。化瑶局内的连南县政府，仅设秘书、民政科、建设科、庶务科各一人；另有警卫十余人（后增至60人），设一队长统领。1949年，连南县第三任县长陈国良（国民党军退役团长）长期住在阳山县的黎埠老家，政事皆委秘书邓奇士（黎埠鸭子田村人）代行，而警卫队长朱文华（洞冠口人）亦常驻黎埠，连南县形同虚设。由于当时执掌连阳四县最高军政大权的李楚瀛是三江人，作为连县第四区的三江，在解放前夕，其一切军事布防与进退，均受连县支配，连南的生死存亡，是与连县紧紧地绑在一起的。

李楚瀛是黄埔军校首期毕业生，参加过东征、北伐、内战和抗日战争，1947年8月下旬，国民党第五兵团（梅县李铁军为兵团司令，李楚瀛为副司令）追击围堵陈赓兵团，12月24日在河南平西被晋冀鲁豫野战军击溃，二李率余部突围。1948年闲居上海，同年夏天返回三江。9月22日被国民政府授予中将军衔，12月被任命为淞沪警备司令部中将副司令，李因军事惨败深感愧疚未去履职。1949年3月，被广东省政府主席薛岳任命为第五行政区督察专员兼保安司令，统辖连阳四县（连县、连南、连山、阳山），7月（詹宝光事件后）又兼任连县县长，11月将保安部队改编为新编"反共救国军"第九军，自任军长，下辖三个师，共13000人。

李楚瀛是个传统的军人，同时也有刚愎自用的毛病。他罔顾形势，不察民心，为了洗雪他的惨败，执意效力国民党，不惜化心肝为铁石。1949年3月初他到任履职时，就指着司令部内"忠孝廉勤"四个石刻大字对同僚及部属说："这是唐朝韩愈应连州刺使刘禹锡之请而题写的，今天我就以此为誓。"于是即请中央参议员何春帆给他监誓，举起右手宣誓道："我保证切实做到忠于国、孝于亲、为官清廉、为地方尽节！"4月下旬，县长詹宝光借运军饷为名，将各乡上缴赋粮辗成十三船大米运往广州牟利，在湟川下游界滩为阳山游击队所劫，李楚瀛将詹削职囚禁。7月接专署电：县长由李兼代。保安司令部也从南海会馆搬到中山北路县政府内的忠爱堂办公。约8月份，一支由国防部调查统计局直接指挥的交警部队，在坪石下车前往广西、云南，途经星子大路边时，击败了一营湖南临武的共产党武装。交警总队长唐纵，郴州人，黄埔毕业生，原为李楚瀛的下属，休整后临别时送李一批六零迫击炮、掷弹筒、轻重机枪、手摇电话机、压缩粮等。专署及保安司令部装备充足后，李将它配备到东陂的七十三团、星子的七十四团、县城的七十五团，以及刚组建的连南、连山的七十八团。李的办公室内，又多了几张"大丈夫当以头颅许国""富贵不能淫、贫贱不能移、威武不能屈""浩然之气，塞乎天地"之类的条幅。此时，阳山梁天培、麦永坚的游击队，已在大东山、岭背、黄坌等地建立了巩固的根据地，活动范围已扩展到离县城仅十里的龙坪。星子的黄孟沾部，也积极向外扩展到大路边一带。东陂的萧怀义控制了九个乡的地方武装，表面上打的是国民党旗号，实则已在关以忠的指挥下开展革命活动；其下辖的各村，特别是黄洞山、李茶山一带，已是游击队的根据地。三江游击队的武工小分队，也深入到金坑、石角、大龙地区。连县县城已处在游击队四面包围之中，成为一座孤岛。9月末，保安副司令严庄借口到广州购买军械，携款一去不返，逃得无影无踪。驻县城的二十五师（师长张燊元）便衣队长特别卖力，把星子、东陂回城执教的教师和一些百姓，也当作革命人士抓起来，囚禁到师部、警察局、刑警队里，以防止他们与解放军里应外合。李楚瀛命所部加强防范，参谋长兼城防司令于继祖便天天率众在连州城四处筑路障、修炮楼、挖地堡，布置交叉火力。又征集1500多条大杉木，做成六七十座木栅，堵在各街口及险要处。并调集黄墨苍的七十五团、李少巩的七十六团进驻县城，准备背水一战。面对日益不利的形势，李楚瀛召开军事会议，制订应变计划，将连阳四属划分为五个游击区，重点放在连南瑶山，以油岭、南岗为总根据地，连州城内的军部必要时迁往三江，在瑶山设指挥所。同时又令莫强（三江人，黄埔十八期毕业）将粮食等军需品运往油岭，以俟日后作持久的对抗。

此时，同乡何春帆（国民政府中央立法委员）、莫家励（韶关专署税务局长）、杨丛簇（中山医学院教授）等在广州商议，劝李楚瀛起义投诚，并派副团长王继明持他们的联名信与解放军粤桂湘边纵队连江支队取得联系，回连州对李委婉陈词，李没有回应。11月上旬，解放军四野司令员林彪，以李为黄埔学长之谊写了一封信来，望其能以傅作义将军为榜样起义投诚，可保其人身及财产安全。但李楚瀛执迷不悟，将信拿到办公室向于继祖等高官和部将宣读，并表示不管政局如何变幻，任何人不准谈"降"字，以示其决心。与此同时，不少地方乡绅、知名人士、李的亲朋故旧等，也纷纷到燕喜中学找杨芝泉校长（三江名人），请其力挽狂澜，勿使地方遭殃、生灵涂炭。李楚瀛则执意表示"一不起义，二不投降，三要与桑梓共存亡，否则对不起蒋校长"。为加强对人民的控制，他又强令机关团体职员、学校师生、县城商民等到所在地的神庙斩鸡头歃血盟誓，并颁布"十杀"令："参共者杀，通共者杀，济共者杀，庇共者杀，纵共者杀，贴共标语者杀，传共党言论者杀，知情不报者杀，为共党引路者杀，剿共不力者杀。"

随着韶关、乐昌、坪石相继解放，紧接着东陂、星子也被打开，解放军已逼近城下，连县的国民党政权形势危如累卵。李楚瀛一面急召参议员、各师长等军政要员商讨去留之策；一面派员将库银军饷运往连山，以备失利后取道三江、连山，撤往广西。会议上大部分人反对在连州与解放军决战，认为县城东靠大山，西面临江，南北是开阔地带，易攻难守，再加上孤立无援，不打也会困死，不如先撤出去，再相机行事。

1949年10月7日韶关解放后，连江支队各主力团在此集中整编，准备解放连阳四县。11月中旬，由南下的中国人民解放军第四野战军十五兵团四十八军一四三师参谋长王中军、政治部主任吕琳和北江军分区副司令周明三人组成解放连阳前线指挥小组，于12月6日分三路向连阳四县进军。指挥作战的意图是：解放阳山后实行四面包围，把敌人的有生力量歼灭在三江，不使敌人逃往瑶山或连山、广西方向去。三路进军的部署为：

一、北路：由周明及李洪元（解放军四二八团团长）二人指挥，战斗人员是连江支队七团。从湖南省宜章县的黄沙堡出发，经周家岱入天光山，下东陂、西岸、出石角，然后进入三江地面的铜锣营、老虎头、石蛤塘、岩口、鸡脚隍至石子坪（今连南民族中学），把三江新城包围，切断敌人向军寮、牛路水瑶区及连山的退路。

二、南路：由吕琳和王云波（北江军分区参谋长）二人指挥，以解放军三六九团及北江军分区第三团一营、连江支队五团从韶关南下攻英德、阳山，然后沿黎埠、水足塘、连水、三排进入三江地面，再由沿陂、东塘、老墟包围三江城，堵绝敌人往三排、油岭、南岗、涡水方向的退路。

三、中路：是正面的追击部队，由王中军及十二团副团长吕广先二人指挥，以部分的南下解放军和北江军分区十二团第二营（即麦永坚的先头营）从乐昌、坪石、大路边直下星子，攻连州，然后沿连贺公路经泥潭、湟本、陈巷、寨脚直接包围三江，防止敌人逃窜。

12月6日（农历十月十七日），李楚瀛派他的警卫排押运库银（十个子弹箱共42237元）、军饷（粮食1000斤）、食盐（2000斤）、贵重物品及文件到三江（李的部属甘霖、梁卫军说在泥潭被解放军所截）。7日，我军的北路军在彭雄辉（原杨青山武工队队员）、严思勋作向导的指引下，夺取了东陂，入西岸，过石角，向三江进发。到达石角新寨凉亭路口后，又分兵二路：一路经小溪冲、三合塘、大布坪出公路，过湟本、陈巷直插三江；当部队路经湟本时，遭到埋伏在石洞内敌守军的阻击。交战后最终敌军被歼，而我军也牺牲五人。另一路由铜锣营、老虎头、凉水岩、石蛤塘、岩口、寨脚直扑三江。刚到寨脚，就遇上李楚瀛加派到三江护银的一个连。连长郭俊荣为河南人，他指挥部属在丫髻塘与陈巷交接处向我军开火，最后亦为我军所歼。我军于是立即从丫髻塘、石子坪、东塘三面向三江进逼，不时对空放炮，边鸣枪边大喊："缴枪不杀，我们是中国人民解放军！"约下午五时，三江城被团团包围。

李楚瀛在三江的家属，下午两三点听到远处的枪炮声逐渐逼近，才由总管家孔庆邦（绰号"湖广舅"）指挥收拾细软，到街上匆匆地雇了几个民夫，在警卫排的护送下，由周开勉（1927年秋收起义失败后到三江接龙桥落户的湖南人）背着八十多岁被吓得面如土色不省人事的李母，后面跟着李的妻妾、养子女、婢女等一大帮人,惊慌失措地从自己屋背的沙井坪出南门桥、过老墟,逆河而上,经牛脚、沿陂、三排,奔向早已由中校后方主任严茂煊安排好的油岭"根据地"躲灾避难去了。

三江城内的守敌,只有莫细尧一个集结营,加上乡长丘仍洲的一个自卫班,总数仅一百多人。笔者家住城内,当年七岁,读小学二年级,每天上学都看到地方上的壮丁集结在大衙门(今三江小学)操场训练,过着"三操两讲堂,青菜豆腐汤"的紧张生活。街坊上的妇女,则被动员去"割城"(因城墙上和护城河荆棘纵横、藤牵蔓绕、蛇鼠出没),各自拿着短柄、长柄的镰刀,进进出出,人声鼎沸,异常忙乱。12月7日下午,我们正在学校上课,乡公所的文书黄承议忽然来到教室门口,对他的弟弟说:"我们去亲戚家喝酒,快捡书包回家!"出门后不到一分钟,校门口的大街上像塌了天一样大乱,纷纷传扬共产党即将来到三江,学生们不等老师宣布下课,便各自提着书包飞奔回家。到家喘息未定,又跟着两手空空的大人们狂奔,越过南门桥向山边各村寨的石洞躲藏。一路上都是扶老携幼、跌跌撞撞逃避战火的乡亲,狗吠声和各种吵杂声连成一片。

当年没有电灯,晚上一片漆黑。一座空城(仅有少量跑不动的老弱病残),死一般寂静。集结队和自卫班的乡丁,都分布守护在东南西北四个城楼及月城(瓮城)和位置较好、利于射击的雉堞上。莫细尧、丘仍洲两人彻夜登城巡逻,造谣说:"共产党搞'公妻共子',不得人心";"是土共,大家不要怕,李军长会派兵来解围的"。大家一夜没有合眼。次日凌晨5时正,砰砰砰三声,解放军升起了发动总攻的信号弹。接着六零迫击炮、轻重机枪,各种武器一齐向城头轰击。丘仍洲大叫:"顶住,大家要顶住,李军长的救兵就要到了!"接火不到一小时,莫细尧被击倒在西楼,丘仍洲也在南门城下中弹,随即死去。乡丁们群龙无首,为了保命,在城墙上竖起了白旗,打开各城门缴械投降。此役解放军阵亡3人,加上丫髻塘至陈巷等沿途作战,共牺牲13人。

星子、东陂解放,李楚瀛的二十五师两个团垮了,随之又传来老家三江被围,他预料解放军很快就要来攻打连州城,自知以卵击石绝无善果,于是趁将攻未攻之际,半夜率军部、专署、县府文武官员和守备部队由城南渡过连江,往九陂方向撤退,打算去阳山跟李谨彪的二十七师会合,再作打算。8日中午时分抵达沙冲,正埋锅造饭,不料又遇上了解放军,刚一接火,就纷纷溃逃。李楚瀛见状,不知是顿生恻隐之心不忍心部属跟自己同死,还是为了缩小目标便于逃命，板着脸来回奔跑，大声喝令部众："你们走，快走！不走我枪毙你们！"未下令前，本就逃得七七八八，一下令，那些犹疑不决欲去还留的，便肆无忌惮地狂奔，片刻就逃剩十多个人。李楚瀛与李谨彪联系不上，推测阳山也是凶多吉少，不敢贸然前往。于是在当地找到连南县长陈国良、刘晋丰反动集团的头子刘德宏、黎埠墟守备邓树年（李谨彪部七十九团团长）、黎埠乡长邓公望等人商议后，第二天偕同陈国良及连南卫队逃往瑶山南岗、油岭一带预定的"游击根据地"。

李楚瀛的"游击根据地"，其实是有地无根。瑶族同胞饱受国民党反动统治的残害，早在数月前李派莫强督运物资上山时，油岭瑶人就声言不准在瑶山开战；南岗瑶胞更是严密封锁整个瑶寨，周围通道设备了双重大栏栅闸门，派人把守，不准国民党官兵进入。李楚瀛去到南岗，担心瑶人向解放军通风报信，只好强忍怒气，不敢破门入寨。下令一部分人去横坑，另一部分到油岭来此的路口警戒，其余士兵在排外的柴寮分散驻扎。瑶山一贫如洗，即使出高价也买不到多少蕃薯芋头来吃，士兵们只能饥一餐饱一顿地苦熬。李楚瀛率部撤出连州时，7名上校处长跑了5个；二十五师第三团上校团长黄墨苍（三江城西人）属下原有三个连，辗转三天，没有与解放军接仗，就已剩下一个连；李的警卫营长李少巩（三江新城人）原统领200多人，如今也仅有40多人了。

12月11日早晨，李楚瀛率部由南岗经水足塘前往黎埠，9时许抵达水足塘，稍事休息继续上路。11时许到了沙冲，士兵们准备做饭，李及亲信则去二十七师师长邓树年（阳山县参议长）家中。行军途中，三江人邹恩、黄志尚、赖才科、黄德卿、吴玉童、张松生等人逃脱欲回家，10时许在水足塘遇到解放军四二九团的游击部队，即向他们报告李的下落及活动情况，并作向导返往黎埠赶去。中午12时许到离沙冲村不远的风门坳山顶时，见敌人正在做饭或分散休息，我军抓住敌人毫无戒备的战机，立即发起攻击，敌人仓促应战，李楚瀛在警卫营的掩护下撤往鸭子田村，沿着一条荒僻的山路，利用浓密的树林，越山到达成头冲，然后再进入瑶山。李重返瑶区后，命令黄墨苍、李少巩率残部在瑶山活动，自己则乘乱来了个金蝉脱壳，只带心腹亲信卫士等48人，偷偷脱离了部众，由南岗排瑶人房大猪六带领，逃往矮凳坳一个天然的山洞躲藏起来。该石洞位置偏僻，是南岗、横坑、蜈蚣田、水井坳几个瑶排的中间地段，四周山高林密，是一个难以检查到的隐蔽之处。

另一路上，解放军攻克三江后，十二团二营在营长麦永坚率领下，12月10日9时直扑油岭。油岭排高踞在一座险要大山的山腰，道路崎岖，云遮雾障，能见度低。但先头部队一鼓作气来到，等不及后续人员到齐，就在猛烈炮火掩护下发起冲锋。敌人没料到解放军行动如此快捷，加上心无斗志溃不成军，一闻枪炮声即四处躲藏，结果被俘200多人（包括李楚瀛老母及其家小），但唯独不见李本人。次日上午8时，十二团以二营一连三排为前锋，从油岭直奔南岗，通过"杀人坑""发罗坑"两处要隘，10时到达排脚。随即由穿着瑶族服装的向导李昌夫，越岭行至排寨通道的木栏棚闸门附近，用瑶话大声对守门人说："是解放军来了，你们回家去。"喊了数声，守门者陆续回家。李昌夫展开手中红旗，示意前面道路已通，部队随即开到排寨附近。但排内瑶胞对解放军仍不了解，疑虑重重，仍不肯打开闸门让解放军入排。经李昌夫等人再三解释，向头人郑重说明解放军只派少数人员进排搜索国民党残部后，就立即退出，保证不拿群众一针一线。搜索的结果只发现一些纸烟的烟头。当晚，解放军在排外的柴寮分散住宿。并在朝横坑的来路要隘加强警戒，设下埋伏。10时许，一群群敌兵从横坑、黄东坪、孔桥冲等瑶寨走来，每人手中擎着火把，大摆大摆，毫无戒备。我军静静地等他们进入名叫"软凹"地方，才缩小包围圈，一声令下，密集的火力毙敌多人后，余者100多人纷纷缴械投降。

解放大军以及北江军分区十二团已在瑶山周围云集，估计李楚瀛无法闯出包围圈逃窜到连山或阳山去，极有可能潜藏在油岭、南岗一带瑶区的山林岩穴中。部队决定以班排为单位分散搜索，一些零星的残敌纷纷从潜藏处跑出来投降。由于解放军在瑶山纪律严明，加上不断宣传共产党解放军的宗旨和民族政策，广大瑶胞逐渐消除疑惑，改变了对解放军的看法。原来为李带路潜藏的房大猪六，在解放军政策感召下，于12月16日跑到三江找解放军四二八团三营的营部，报告了李楚瀛的藏身地点并愿带路。三营八连立即行动，中午出发，命原连江支队改编的军分区十二团也派出一部分队伍配合，冒着迷濛细雨和冷峭的山风，约下午5时赶到矮凳坳，发现一敌兵撑着雨伞在洞口放哨，解放军前锋人员悄悄爬到洞口，迅速缴了他的驳壳枪。后续部队亦很快埋伏在洞口两边，用汤姆生自动步枪对空一阵密集的警告射击之后，齐声大喊："缴枪不杀，不出要炸洞了"！在解放军的威慑下，敌参谋长于继祖在前，李楚瀛押后，48人一个接一个举着双手出来投降。不久李部二十七师副师长兼连南县长陈国良，亦在成头冲营汛田寮的亲戚家被抓获，至此连南全境解放。后来李楚瀛于1950年11月16日在韶关处决，于继祖1953年12月24日在连县公审后枪毙。

在整个解放连阳的战役中，解放军消灭了盘踞在连阳的国民党交警部队和反共军主力，共毙敌102人，俘敌中将军长李楚瀛以下官兵1540人，接受敌投诚671人；缴获轻重机枪及各式长短枪共1504支，火炮4门，各种子弹13400余发。

连阳地区解放之初，即1949年12月至1950年4月，由于政权更迭，工作千头万绪和缺乏干部，未及时派出足够的力量接管连南，致使政局动荡和社会治安不稳定，周边匪特及散兵游勇乘机钻入，鼓吹煽动，并在南岗排公开集会，企图长期与共产党对抗，更加深了瑶族群众的疑惧。为了尽快开展接管工作，稳定局势，1950年5月1日，成崇正奉北江专员行政公署之命，从连州抽调干部赴三江筹备成立连南县人民政权机构，随同的一个武装排组成县大队。5月16日，经省政府批准，成立连南县人民政府工作委员会。工委会开始只设书记兼县长一人，没有配备副职和委员。至9月，工委会人员设置才逐渐配齐。当时县工委的书记：成崇正、袁德峰；委员：梁础、许少楷、武杰、梁奋。为保障刚成立的人民政府机关内部安全及城区社会治安，首先组建公安股，何文炬为股长，陈凤来为副股长。

同时，北江行政公署随即做出决定，将连县管辖金坑4个保的瑶区、阳山县管辖山联的100多户过山瑶，划归连南治理。新成立的连南县人民政府，下辖3个瑶区24个行政村159个小村（包括8排24冲）。一区辖南岗、油岭、三排、连水、水井坳、猪屎洞6村；二区辖军寮、大掌、火烧排、牛路水、必坑、香坪、盘石、龙水、金坑、中炉10村；三区辖上洞、白芒、九寨、望鸡岭、马头冲、瑶龙、中心岗、山联8村。共计5589户，21876人。从此，连南人民走上了当家做主之路。

注：此文参考了地方史志及梁卫军、罗昆烈、黄安等老前辈遗著的相关内容，并采访了现存长者黄记兰、董元、陈仲举、吕金业、潘秤等人，经综合整理而成。

附1：

建县后的接管工作

1. 伪连南县已由连县四区接收。2. 以前机关、伪县府、区署、参议会，均一无所有。3. 二区财产仍由旧伪区长保管，有人担保。4. 一区山溪无财物。5. 油岭接收几张台凳，木匠的房屋木板。6. 收缴几条枪，二条钩，一条漏底，二条土左轮，三十五粒六五弹，一条大头六火，三条单响短枪，都是私自送来。7. 伪连（南）县长陈国良被阳山扣留，未肯交回移交。8. 接管金坑（原属连县）四保，过山瑶一百多户（属阳山）。

附2：

恢复连南县经费预算表

依照供给制，每人每日给米二十司两，全月三十七斤半。查县府区政府共计43人，每月共给米一千六百一十二斤半，折稻谷两千四百八十斤（每百斤稻谷折米六十五斤）。

县府办公费每月约五百斤稻谷。

区政府办公费，每区每月定稻谷两百斤，三大区共六百斤。县队兵共25人，每人每日二十二司两米，全月四十一斤四两，25人每月共吃米一千零三十一斤四两，折稻谷一千五百八十六斤。

乡政府，每月乡长办公费稻谷三十斤，约25乡共计稻谷七百五十斤。

以上县区及队兵给米及办公费共计稻谷五千九百一十六斤。

县区及队兵共68人，每人每日给菜钱人民币券七百元，每月共计一百四十二万八千元。

生活费每人每月五千八百元，68人每月共三十九万四千四百元。

柴，每人每日两斤，68人每月共四千零八十斤。每百斤值人民币券四千元，共值人民币券一七六万三千二百元。

以上菜钱，生活费，柴草费共人民币券一百九十八万零六百元。

总计每月食米折稻谷共五千九百一十六斤。

全年折稻谷七万零九百九十二斤。

每月菜钱、生活费、柴草费共人民币券一百九十八万五千六百元。

全年人民币券两千三百八十二万七千二百元。

注：文中所列钱款为旧币，旧币一万元等于1953年后的1元。

附件3：

连南县人民政府工作人员一览表

一九五零年五月二十六日

职别	姓名	备考	职别	姓名	备考
县长	成崇正		民政科长	梁鼎	
副县长	梁础		科员	李济群	
助理秘书	欧阳端		办事员	房连利四	
庶务	成崇运		财务	江梓荣	
文印	邓贵兵		会计	杨	
文印	钟汉夫		审计	成玉洁	
收发	冯素芳		出纳	萧雪猛	
炊事	谢章		文教科长	刘照田	
炊事	成汉高		科员	唐志英	
交通员	成记发	调解处			
服务	办事员	祝羽庆			
交通员	唐维四		办事员	黄民约	
交通员	房跳脚六		办事员	邱士康	
交通员	李头一		技术员	李境松	建科
交通员	唐大块一	调解处			
服务		戴元高			
服务员	黄小兰		司法科员	杨国生	
服务员	欧阳聆雪		办事员	钱美鹏	
服务员	易牛牯		卫生科长	邓家驹	兼职
服务员	丘育平		办事员	何健冰	

续表

职别	姓名	备考	职别	姓名	备考
参事	沈一公		卫生员	冯艾	
参事	唐瑶庚公		卫生员	林明玉	
办事员	彭坚材		警卫员	李总干	

回忆红旗中学

禤振文口述　罗穆良记录整理

1949年10月1日,中华人民共和国成立。同年12月,连南解放。连南虽解放,旧社会遗留的许多问题在短时期内很难解决,如教育。

连南地处深山,山多地少,交通不便,属极度贫困地区,教育事业非常落后。许多地方没有学校,有学校的地方,许多人因家庭贫困上不起学,读不起书,全县文盲比比皆是。就连经济条件稍好的三江地区,也有许多人没有上过学。新中国成立后,人民政府重视教育,在连南开办了不少小学,但到1956年,全县还是只有两所中学——连南中学和寨岗中学(寨岗中学于1956年开办,秋季始招生)。两所中学又因师资不足,招生有限,许多学生读完小学后无法继续升学深造。学生想读书没书读,社会缺有文化的人去建设的问题仍比较突出。

为了让更多的小学生能多读几年书,三江公社寨脚小学校长禤振文与部分教师积极向上级主管部门建议,申请开办一所中学,以解决大多数学生一读完小学就面临失学的问题。他们的建议得到了积极的回应。经上级同意,批准成立一所中学,命名为红旗中学。红旗中学于1958年秋季正式开办,附属于寨脚小学,由寨脚小学代为管理。当时招收一个教学班,生源既有本地三江人,也有连县附城的学生。教育局给了两个教师指标,调来任教的是钟隆辉、谢耀东两位老师,负责中学部教学。当时寨脚小学有6个教学班,课室非常紧张。第一学年只得借用学校附近陈屋村的一间大厨房作为课室,课桌、凳子由县总工会捐助(捐的是开办夜校后富余的课桌)。

到了1959年秋季,红旗中学又招收一个教学班,增加了王长久、欧阳钧等教师。多招一个班后,课室不够的问题又显突出。为了解决课室问题,寨脚小学决定在校内的一块空地新建一间课室;建筑材料是靠拆除附近一些废弃的民房的大水砖(泥砖)、桁条;"建筑师傅"则是本校的师生。没有余钱置办课桌和凳子,曾让学校一筹莫展。这时，雁塘村村民罗自作出手相助。当他得知学校急需课桌和凳子后，在靠连山的拱桥冲砍了一批毛竹制作课桌椅，解了学校的燃眉之急。

1960年秋季，红旗中学再招收一个教学班。当时，正处于"三年经济困难时期"，经费非常紧张，学校再也无力新建课室。万般无奈之下，学校领导想了个权宜办法，将石泉山（也称猫公山）西南侧的一个岩洞辟为课室。抗战期间，广东省国民政府主席吴铁城曾在此岩洞躲避日军飞机轰炸，留下"义愤难容"的石刻。岩洞的一侧是当时省政府存放银元纸币的仓库，洞口用水泥钢筋沙石筑砌密封，墙厚近40厘米，里边光线严重不足。学校领导率人将岩洞里砌筑的墙的上半部凿开，用于采光。由于洞口围墙十分坚固，开凿十分困难。红旗中学有一个班的学生就是在这样的课室里上了一个学年的课。

1960年冬，蒙聪旺接替禤振文，负责红旗中学的管理工作。

图1：1960年10月1日，红旗中学初三班与下放同学留影

从左至右，第一排：罗任生、黄志然、陈灶权、梁启和、罗玉兰、甘荣线？陈秀英？岑树英、（不详）；第二排：梁记在，朱志明、罗志易、陈新枢、戴金城？伍永坤？甘发楼？；第三排：王长久、欧阳钧、禤振文、钟隆辉、张建雄、谢耀东、甘连叶；第四排：陈玉英？陈水妹、陈秀珍？陈惠珍？张玉英、罗贤南、陈荣行、陈土雪、胡华珍？陈银妹、林金莲、梁惠芳？；第五排：（不详）、廖盛润、陈新国、梁自仲、严存裕、陈作桃、黄志桂、陈政嗣、陈国庆、禤火生、（不详）、林金胜。

1961年10月,撤连州各族自治县,恢复连南、连山和连县建制。分县后,随着教育机构调整,红旗中学也随之撤销,学生分流到各县。红旗中学共招收了三届学生,实际上只有一届得以毕业。毕业班学生有少数同学考上连南中学继续深造,大部分学生则回生产队参加劳动。初二级的有李天记等八九人被招收到连县"巾峰农中"继续读初三,其余的则回生产队参加劳动。初一级情况大抵如此。

1960年前后,中央发出全党动手,大办农业,大办粮食的号召,要求压缩基本建设战线,保证工业生产,认真清理劳动力,加强农业第一线,保证农业生产。当时需要大量的特别是有文化的劳动力。在动员组织劳动力到农村去时,做法是一刀切,16岁以上的学生,不管是初一、初二还是初三的学生(由于当时的历史原因,学生的入学年龄长幼不一),要求全部回乡参加生产劳动,"支援农业第一线"。这部分学生就叫做"下放学生"。

图2:2018年10月17日,红旗中学初三班同学聚会留影

从左至右,前排:禤火生、梁惠芳、陈惠珍、陈玉英、陈银妹、林金胜、陈新国;后排:梁启和、黄志然、梁记在、黄志桂、陈作桃、陈国庆、戴金城。

(因年代久远,记忆已不是那么清晰,相片文字说明中,师生姓名虽经多方询问核对,仍可能有误,请予谅解)

1958年后,红旗中学通过勤工俭学(烧炭、砍柴)筹集了经费,购置了留声机、脚风琴等教学设备。1959年,经连阳各族自治州体委批准,购置了一支小口径运动步枪,作为学生上体育课射击训练之用。

开办红旗中学,是党和政府针对连南当时的教育现状,加快培养人才采取的积极措施。红旗中学开办后,连招三届学生,时间虽短,但也反映出连南在发展教育事业和培养人才方面做出的努力。

三江历史的四个发展阶段

萧维国

三江古称高良，其西部鹿鸣关下是连山河、涡水河、沿陂河汇集之地，故名三江口。三江口往东一马平川的肥田沃土，称三江峒。三江河北岸密集的民居，则为三江镇。三江镇历来隶属连县（民国前为连州），自民国三十五年（1946）设连南县后，一直为本县县治。现三江镇共辖一个居委会和23个行政村，32084人（2000年第五次全国人口普查时统计）。东与连县毗邻，西界鹿鸣关与连山相接，北为本县的金坑、大龙，南抵涡水、三排瑶乡，面积39.8平方公里。

三江镇历史悠久，东部的石泉山（又名伏兔山、猫公山）是古人类活动地区，其山脚洞穴及山体表层土石上，曾散落有不少形态各异的新石器、骨角化石、陶器碎片、玉器、青铜器等古文物；北面西起鹿鸣关、东至岩口一带的山脚及土坡下，埋有很多上自春秋战国、下至明清时期的古墓葬，这是人类历史的遗存，可资证明至少在四千多年前的新石器时代起，本地便有人类频繁活动的踪迹，并且一直递嬗相继，绵延至今。本地的土著居民，是上古时代三苗、荆蛮及百越族的零星支系。自秦始皇开发岭南以来，历史上由于改朝换代的大战乱、大灾荒，出现过几次大规模的北人南迁。此外历代官员贵族的流迁贬谪、戍守兵勇和外地客商的入籍落户等，都是三江人的组成部分。在漫长的历史发展进程中，受楚文化及中原汉族文化思想的熏陶，习俗渐染，三江各族人民不断融合。新中国成立前三江不足五十个姓氏，除莫、韦两姓是广西迁来的壮族人外，几乎是清一色的汉族客家人。

三江镇地处瑶汉两族人民居住地域的交接地带，明清时期朝廷持续不断地对八排瑶用兵，使三江成为一个非常特殊的军事重镇。先是康熙四十一年添设三江口协（清朝的军事编制为军、镇、协、标、营、队、排、棚；一协，相当民国时的一个旅，辖2000绿营兵），康熙四十三年（1704），理瑶同知刘有成在今城西马草塘街以西，十字街以北筑起长方形的寨城（后称老城），建立衙署，分官设职，镇守瑶疆。三十多年后的乾隆三年（1738），连州知州熊士望奉旨于蚊子墩再建牢固而规范的圆形新城（今县委以东，防疫站以西，供电局以南，审计局宿舍以北）。当时两城并峙，旌旗猎猎，鼓角相闻，朝有钟楼报晓，晚有更夫报时，京师、省城及各地与本处往返的邮传驿报，昼夜不息；河边校场兵勇操练、战意弥天。三江本是周围汉村瑶寨的中心和水陆交通的汇集点，自然也是本地山货土产的集散地。如今人口剧增，外地客商纷至沓来，盐铁布匹纸张洋杂等各种货物，亦源源进入三江老墟和沿街商铺。三江河上，舟楫络绎，四方通道（西往连山、广西，东往州城及星子，北往石角、西岸、东陂、湖南，南往九陂、黎埠、寨岗）之肩挑背负者，更不绝于途。这是三江发展的第一个阶段。

三江协存在了二百零六年之后，于宣统元年（1909）奉文裁撤。世食皇粮的绿营兵勇及部分外籍客商，成了三江人，致力于农耕、经商及传统的手工业生产。民国初年土匪猖獗，三江人民迭遭其害。民国十四年（1925），邑绅莫辉熊拆老城关帝庙建墟场（今中行、人民旅店、米行街肉菜市场一带约2000平方米）、公园及中山纪念堂（今税局和机关幼儿园一带），三江的商业重心逐渐东移，今城西的商铺和对面江的老墟则日见萧条。抗日战争全面爆发后，倭寇大举南侵，1938年省城29个机关单位和学校，以及部分疏散人口等两三万人，迁来三江，不但镇内和附近村寨住满了人，连一些黄土山岗也搭满了棚屋。人口暴满带来了商业的畸形发展，三江的挤拥和繁华达到了鼎盛时期。同时，值此国难深重，民族存亡之秋，三江的抗日气氛空前高涨，除地方上成立抗日自卫武装外，至少有一千多同乡父老，前仆后继奔赴抗日前线杀敌，大部壮烈殉国，为反击日本法西斯的侵略做出了巨大的贡献。这是三江发展的第二个阶段。

抗战胜利后省城各机关学校南迁，未几内战又起，兵荒马乱，三江受到严重冲击，风光不再。中华人民共和国成立后恢复经济，划分阶级实行土地改革，接着又对农业、手工业和资本主义工商业进行社会主义改造，确立了公有制为主体的社会主义制度，进入了"以阶段斗争为纲"和探索社会主义经济建设的时期。与此同时，1952年拆毁了三江新城，用城墙砖先后建起了电影院、司令台，随后陆续建起了县政府办公楼、合作总社、广播站、民族贸易公司、食品公司、粮食局、火力发电厂，扩建了医院，并于石子坪建起了连南中学。县城初具规模，外地到此工作的人员逐渐增多。这是三江发展的第三个阶段。

20世纪50年代中期至70年代末期,二十多年间的政治运动连绵不断,极"左"路线使国家和人民蒙受了巨大的灾难和损失,经济社会建设停滞不前。改革开放以后,全镇人民励精更始,集中全力搞经济建设,国土开发和建设规模空前扩大,新增设了许多县级行政管理部门办公楼(如国土局、建设局、房管局、农机局、科技监督局、环保局、交通局、卫生局、计量局、审计局、国税局、地税局、老干局等),大量瑶族干部及其眷属纷纷在县城落户,外来投资设厂者及本地民营企业,更如雨后春笋,前来务工的外地人员亦大量涌来。2018年,三江镇的常住人口43050人,是全县政治、经济、文化的中心。如今的三江,高楼鳞次栉比、街道整肃、车辆穿梭、华灯耀日、气象一新。1992年三江河南岸规划为商业城开发区,2001年在城东北又建起了地标性建筑顺德广场和新城区,城区面积从新中国成立初期的0.4平方公里,扩大到2005年的5平方公里。随着改革开放的深入,产业结构调整、电脑网络普及,我国已深度融入国际社会,中国特色社会主义的优越性得到充分发挥,从而一跃成为世界上的第二大经济体。三江人的收入倍增,在物质生活获得前所未有的满足以后,更注重于思想道德建设和生态文明建设,为实现中华民族伟大复兴,打造一个高度和谐、美丽、富饶的三江城而继续努力。目前,三江正处于中华人民共和国成立以来的最佳状态。这是三江发展的第四个阶段。

三江是座美丽的山城,山妍水碧,群峰环拱,长河若带,雄关古道,枫丹松茂。曾经的城郭庙宇、官衙府第、渡口码头、公园戏台,乃至小桥流水、长烟落日,无不体现浓重的民族文化特色。20世纪二三十年代,邑人杨芝泉先生怀着对祖国和家乡山河的炽热激情,浓墨重彩地绘下了《三江八景》(鹿鸣秋郊、仙楼晚眺、伏兔春莺、石泉夜渡、合望夕照、桂井残虹、花迳瑶归、沿潭印月),使地方上增色不少。如今世事沧桑,人类社会已进入21世纪,昔日的城廓和黑压压砖瓦结构的古朴居民,早已被庞大的现代化建筑群所取代,焕发了勃勃生机。远离故国白发还乡的前辈,虽难免"欲寻旧梦了无痕"之憾,然而这也是时代和体制的发展使然,历史不可能永远定格于某一时段,随着国家经济的快速发展,未来的三江将会建设得更加雄伟壮观。

三江在新中国成立前几乎没有什么现代工业,自然经济占统治地位,是个以农耕为主的鱼米之乡。传统的手工业和民间副业在老百姓的日常生活中占有举足轻重的分量,如打草鞋、挑州担、跟山货、砍柴割草、烧砖做瓦、捞鱼捉虾、补锅阉鸡、草药郎中、南吭八音、打鸬鹚鱼等活计,以及泥水匠、竹篾匠、木匠、铁匠、石匠、屠宰、酿酒、榨油、牧童、媒婆、巫婆等行业,大部已经消亡;而七八十年代的新兴工业如水泥、建材、农械、电机、织布、针织、印刷、建筑、汽车修理等,又十分脆弱,在深化改革的经济转型期中,很多企业举步维艰;随着人口的增长,特别是城区建设的扩大,许多失地的农民都未能转化产业工人或从事第三产业,必将对今后的三江带来一定的影响,我们应当未雨绸缪。

三江虽僻处粤北山区,然而得时代风气之先,民智并不抑塞。民国前受儒家伦理规范的教养和释道思想的影响,乐安天命、敬宗法祖、崇善疾恶、敦乡睦邻、勤劳俭朴、守土重迁、风俗淳厚。年终岁末及传统节庆,酬神祭祖并兼以自娱的民间文化活动长盛不衰。近世西学东渐,耿介拔俗的三江士人刘宴苹,独具慧眼,毅然于光绪三十年(1904)率先创办新学,培养和造就了大批英髦秀达之士,他们刻苦治学,无坚不钻,多所建树,造福人类。新中国成立后,三江的名人志士不断涌现,如刘永诺、刘永焰、肖建葵、何坚、钟城铳、甘隆金、甘继后、王芳信、何奕玲、李小鲁等。无论在军界、政界、科技界、学术界、教育界,均是苦心孤诣,大发光彩。小小三江,竟有博士12人,真可谓钟灵毓秀、得天独厚了。三江人历来热爱祖国,忧国如家,与时代同呼吸、共命运。近现代中国多灾多难,狼烟遍地,如鸦片战争之抗击英国侵略、辛亥革命、东征、北伐、抗日、解放战争、援朝战争、对越自卫反击战等,三江父老均义无反顾、前仆后继,为民族的生存和国家的进步,做出过历史贡献。他们血洒疆场、功昭日月,足资垂范。今天,我们应发扬光大前辈们勤奋努力,竭诚报国的优良传统,为开创中国人的新世纪和三江更好的未来而奋斗。

三江人衣食住行的变化

萧维国

中华人民共和国成立初,经三年经济恢复和土地改革后,农民有田可耕,社会稳定,生活明显改善,所谓"1953年95%的人户达到温饱水平"。当然,这里的"温饱"要用历史的眼光去看待和理解,不能用今天"温饱"的标准去衡量。半个世纪前,饱经磨难后喘息过来的中国人,只要衣能蔽体、食可果腹,每人年均有四五十元(包括衣食住行一切费用),已经很知足了。"烂饭饱、烂衣暖、烂被盖出汗",就是当年的口头禅。中国人素来认为"国以民为本,民以食为天",一些经纶天下的谋臣策士,常向时君世主提出"民有三患:寒者不得衣,饥者不得食,劳者不得息";只有致力解决好天下苍生的生活问题,国家才能长治久安。下面从衣、食、住、行四方面,概括地介绍三江人50年来生活的变化。

衣。20世纪五六十年代,人们的衣着朴素而单调。机关干部穿蓝色制服,一般百姓大都穿黑、蓝为主色调的棉布唐装衣;只有包括青年学生的极少数人穿中山装、列宁装、白恤衫、文化衫。1957年棉布开始凭证供应,多时成人每年发布票一丈三尺六寸(成人一套衣服的布料),少时仅有几尺甚至数寸。所以人们买布都选厚实耐磨的,衣服不分四季。"新三年,旧三年,缝缝补补又三年",是当时全国流行的谚语。"文化大革命"时年轻人喜欢穿草绿色的红卫兵装,唐装渐被淘汰。20世纪70年代末80年代初,改革开放后,各种化纤布料的成衣摊档,摆满了街头巷尾和市场,五颜六色,千姿百态,应有尽有,西装开始流行。1987年后凭证供应布料彻底成为历史。现在,人们可以根据自己的性别、年龄、身材和爱好任意到超市、名牌商店、市场或街头地摊去购买自己的时令新衣。从80年代起,中小学生开始穿校服。一些专职的服务行业,也穿独具特色的制服。进入21世纪,由于我国经济持续高速发展,国力大增。老百姓收入多起来了,生活质量自然跟着提升。衣着方面,不同性别、不同季节、不同年龄段、不同职业的人，都各有自己的需求。婴幼儿和童装商店，各色衣服鞋帽及玩具五彩缤纷，令人眼花缭乱。女性服饰店，不但有内衣、睡衣、外套之区分，长裙、短衫、旗袍、袜裤、马靴、高跟鞋等更是一应俱全，还有耳坠、手镯、项链、戒指等饰物和香水、沐浴露、唇膏、口红、发膏等化妆品。商场里，除了一般需要的冬装、夏装、休闲装、毛衣、保暖衣、棉衣、羽绒服外，还有专门的大码衣和孕妇衣。职场白领更是引领潮流，喜穿各种高档名牌服饰，西装革履，倍感自信。如此变迁，男女长幼均各得其所，人类生活更显得摇曳多姿。

食。民以食为天，食是维系人类生存的要素。20世纪50至70年代，人们都是粗饭蔬食。除主粮大米之外，还要辅以番薯、芋头、大薯、包麦、禾麦、木薯、狗爪豆等杂粮。1954年粮食开始由国家统购统销，干部和居民发粮簿或粮票，小孩和成人每月分别为十多斤至二十七八斤不等，一律凭证供应。农民则由所在的生产队按当时的分配政策及个人的劳动分工，逐月秤回全家的口粮。副食品不充裕，亦需凭证供应。公社化期间各地办起大食堂集中蒸饭，早午晚必须在食堂门口排队捧钵头。粮食极度紧张，所谓"黄牛除了角，田螺除了壳"，什么都吃。谷糠、包麦心、花生壳磨成粉，猫公薯、野葛头以及野苋菜、野苦脉、苦斋麻、白头翁、禾秆菜等也有人吃。除了过年，平常闻不到荤腥。改革开放以后，分田到户，生产发展，粮食增加，外地谷物亦源源不断地运来，市场上自由买卖，1991年干部、居民均取消粮簿，人们爱吃多少就能买多少。随着社会发展进步，三江人的食物构成也发生了前所未有的变化。过去一向强调"以粮为纲"，现在出现了很多种植水果和养鱼的专业户。外地的生猪、鸡、鸭及各种水果亦大量运来，如今不论墟日或闲日，市场和街道都摆满了猪牛鸡鸭鱼等各种肉类和苹果、雪梨、香蕉、芒果、荔枝、龙眼、黄皮、桃、李、葡萄、西瓜、椰子等时鲜水果。以往三江人逢年过节做糍做饼的习惯也逐渐淡化，如今各色中西点心、传统糍饼，数不清种类的包装小吃、烟酒饮料，充斥于商户和街头小摊；茶楼、酒家及各种风味小食店，更是目不暇接，难以遍数。进入新世纪后，除本地的肉类果蔬，更有外地的各种特色食品。羊肉、驴肉、龙虾、海鲜成了饭桌上的新宠，什么手撕鸡、叫化鸡、临武鸭和各种风味烧腊、肉丸一年四季琳琅满目。过年过节及红白喜事，人们都时兴到酒店开餐，随心所欲地点菜选酒。时尚青年还可吃到西餐和麦当劳、肯德基。怕麻烦的人不想自己买菜做饭，更可通过外卖软件订餐。平常有亲戚来往、朋友聚会，随时兴起，足不出户，都可点击手机，令酒家送来佳肴名酒。这都是前所未有的新鲜事。昔人所云"宁为太平犬,不作乱离人",实在是至理名言。这一代的三江人,真可谓生逢盛世,口福不浅了!

住。在吃饭穿衣都存在问题的时期,居住条件就难以顾及了。20世纪五六十年代,三江人基本上是居住于祖上留下的旧宅,即清朝或民国初所建低矮的砖木结构民居,多为一至二层,黑压压一片,阴暗狭窄。20世纪70年代,在城东圩末印刷厂至老车站背一带,建立了高度密集、街巷狭小的"新农村";20世纪70年代末,各生产队用自己的水田,规划了社员的宅基地,至20世纪八九十年代,以农民为主的三江人,建起了六大住宅群:①三江大桥南侧,通称"大桥头"住宅区;②老汽车站以北直路两旁,俗称"车站背"住宅区;③食品公司和猪舍背一带,也称"猪舍背"住宅区;④新电影院以北、供电局以东,即民族一、二、三、四、五巷住宅区;⑤石油公司路口即新邮电局以东一带住宅区;⑥三排街以南至河边一带,或称"南门口""河边"住宅区。这六大住宅群全是水泥钢筋结构,多为二层,间有三、四层。至此,新城和城东的农村人口,大部分迁出了老宅区。三江城区变化最大的,是政府各个部门及其所属的国有单位。1991年,政府在三江河南岸征田1000多亩,建起了商业城开发区;2001年,又在城区北面征田几百亩,辟为"顺德广场"和顺德大道,成了新时代三江城区的地标性建筑。如今三江城内,街道宽阔、高楼挺拔、鳞次栉比、华灯曜日,蔚为壮观。城区面积也从新中国成立初约0.4平方公里扩展至5平方公里。尤其近十年来,高层建筑越来越多。"家"不再局限于遮风挡雨、吃饭睡觉。随着人们观念的更新,对住的要求也与时俱进。室内装饰总的趋势就是要讲究豪华、典雅、气派、舒适。刮塑、地砖、衣橱、壁柜、吊灯、红木家具、空调、冰箱、煤气炉、微波炉、热水器、洗衣机、电视、电脑等,早已进入寻常百姓家。

行。新中国成立前社会动荡,交通闭塞,三江人除当官、当差、读书外,很少有人外出。当年有一种行业叫做"挑州担"的,靠着自己的铁肩膀和两条腿,长年贩运于三江至连州、东坡、西岸、保安、星子和连山、永和、寨岗、黎埠、九坡等地,赚取"担脚钱"谋生。其余八九成的三江人,除少量商家,都是种田,可谓落地生根,活动范围不广。平常人们走动,除极少数有钱人坐轿、骑马,几乎全靠步行。1927年,莫辉熊兄弟规划开通了三江到连州的公路,抗战时又规划修通了往广西的战时公路,本地才出现新的交通工具。从20世纪70年代起,三江开始有私人自行单车、摩托车、电动车、货车、小轿车。新中国成立后经过半个多世纪的努力，建成了初具规模发达的陆路交通网络，内通本县所有乡镇、行政村，外则有"323"国道，"清连"、"二广"高速穿过三江北抵湘南，西连桂贺，东接闽、浙、赣，南达广、深、珠。宽阔的公路四通八达，当年稀罕的自行车已显得跟不上时代，摩托车、电动车也不再独领风骚，公交车班次频密随时可乘，出租车一个电话随呼随到。近年更有不少上班族和城乡居民购买了小轿车。旅游热持续升温，除自驾游外，汽车、高铁、飞机均可自主选择。可游遍国内三山五岳和各地名胜古迹，也可让你环游世界，饱览天下奇观，品尝各国珍馐，既拓展了智域又其乐陶陶，这都是国家发展进步带给我们实实在在的好处。

旧时连县、三江地区的民间时节及风俗点滴

萧维国摘编

一、时 节

前清逢立春日,地方官往东郊迎春,亲自扶犁以示重农。

元日昧爽,家家燃爆竹,谒家祠。姻族邻里相贺,曰拜年。

初一至十五,一连十五宵,扎火狮火猫游行市街,市铺居家各皆燃爆竹,以助庆闹。

正月二十以前谓新年,新婚夫妇往戚家拜年。日间则联群舞狮,夜则舞春牛。所唱劝人劝耕,庆祝丰年,词极俚俗。

三月一至七日,县城建醮,庆祝北帝寿诞,穷极奢侈。

清明插柳于门,拜山。

五月五,互赠角黍。初一至五为龙舟戏,谓竞渡。

六月六,祭田头伯公,曰天贶节。

七月七,女子穿针结彩,为乞巧。

七月十四中元节,烧衣,是晚各家建醮,以享鬼之不祀者,谓之盂兰醮。

八月中秋,儿童有高悬七星旗,瓜皮灯于树,大书庆贺中秋者,鼓乐喧闹,彻夜不绝。

九月重阳,保安有抬大神。

腊月中旬起,必拣一吉日,遍往各庙拈香,名曰酬神。二十三或二十四送灶神,谓之小年夜。俗有官三民四之语,实则无拘。除夕迎灶神,家人聚饮团年。

二、风 俗

风俗有婚丧祭祀迷信活动等,甚为繁杂,现择数端分述之。

家祭。祭祀乃国之大典，邑中大姓必有祠，溯而上之，其分传之祖达至唐宋，谱牒灿然，塚墓俱在，有尝田以供祭祀。族之大者，多至二三百工。春秋二祭，品尚五牲（猪、羊、鸡、鸭、鹅）。间有以尝田划一部分为书田。子孙有游泮者，给以田租，谓之养贤。民国后多移为家塾之用，贻惠后人，确非浅鲜。

祀城隍。在昔列为群祀之。本县城隍庙在新城永胜门外，守土官例应朔望（初一、十五）行香。春秋率同僚寀致祭一次。如遇灾异辄前跪祷告。迄清鼎革，其祀遂废。

迷信。调鬼，打醮，淫祠庵观，筊杯（石交）求讖，以卜休咎，奉之惟谨。遇一顽石或老年榕树，辄认之为神，书子女名姓于前，谓之契男契女。政府虽禁，然阳奉阴违，未见实效。

关系密切的三江与连州

罗树明

连南虽从连县分出已一个甲子有多,但其县城三江圩与连州的瓜葛,可说是藕断丝连,方方面面仍保留着千丝万缕的关系。关系如此密切的原因,应是天时地利人和之造就。如两地仅距13公里之短途,而且民国时期就已有公路连接。三江通用的客家方言,与连州人的客家话最为接近,况且三江居民亦大多会讲会听白话(广州粤语),故此沟通全无问题。

当然,最主要还是在历史上三江一直隶属连州管辖。而三江人现在往连州时,仍习惯同连州四乡村民一样,称"出州",仿如南番顺乡人往广州时称"出城",这根深蒂固之习惯,其密切性可见一斑。无可否认,民国时期的连县,不少知名人士均出自人杰地灵的三江圩,如何春帆、何次权、杨芝泉、李楚瀛等人(李楚瀛是寨脚人,寨脚今属三江)。

翻开连州历史,清初康熙年间开始,广州府在连州筑三江城寨。为防备瑶人,设一协绿营屯兵把关防守(清军一协大约相等于现时一旅兵力),兼把守永和、金坑、寨岗一带。绿营完全由汉人组成,多从曲江、乳源一带之客家人招募,士兵为世袭制,父死则子继。我在三江就认识姓张、何、钟的三江人,其祖先便是清朝之屯兵。

其实,历史上统治者大多歧视瑶人。举例,民国以前的"瑶"字是写成"猺"字的,可想而之,他们根本不把瑶族当人看待。史书记载,明清两朝,瑶人常与朝廷发生大规模战争,有时更集结湘粤桂黔几省数十万人马,与朝廷军队展开对抗厮杀。据《清远县志》记载,清朝咸丰年间,有数万瑶民杀至清远禾云、鱼坝,几乎攻陷清城。后两广提督急调大批精兵抵挡,才击退瑶人进攻。

故此,历朝历代各政权都专门设部门应付瑶人。如清朝时的连州知府,在三江就设有理瑶同知,民国后改化瑶局,都是治理、宣化瑶人之政府部门。新中国成立后，共产党吸取历史经验与教训，宣扬民族平等，提高瑶人地位。同时，办学教化，给予瑶人宽松政策。成立连南瑶族自治县，实行民族区域自治。因此，除了解放初期三排寨岗有极端瑶人小规模骚动外，政府一直以民族团结政策把瑶人管理得好，政绩世人皆知。

再说清朝三江一协绿营驻军，另有数百战马，其饷粮开支不少，皆由广州府提供。所以三江之防守清兵，常派人赴省城领饷。正如已故连中前校长、三江名流杨芝泉先生所云：这就把广州的文明空气带返连州城三江圩了。故此，这岭南偏远一隅的三江圩，此地便有洋人传教，建有教堂、学堂、医院、麻疯院等。有此文明的开化，民国时令三江人才辈出，以致列连县之首，乡人有目共睹。

连南建县初期，县城三江镇各方面条件甚差，须依赖连县的支援与帮助。例如，连南县以前没有机器动力碾米，分县后，连县就将设在新华路的荣丰米机原厂设备，连同厂内全部师傅及工人迁往三江。那时先父是埠康米机的机器师傅，解放后曾兼负大生、荣丰共三间厂的机器技术工作，因此受命到三江协助安装荣丰厂的机器设备（先父从广州随机器到连州埠康米机安装设备，被厂东以高薪挽留在连州工作）。在三江工作的连州人不少，粮食局、林业局、物资局、商业局亦有不少连州人任职，省农机三厂就更多"连州仔"了。20 世纪 70 年代末，我在三江镇断断续续生活工作近两年，故有所了解。

连南县民族歌舞团在广东享有盛名。该团不少团员都是来自连州。我有一位堂兄，是歌舞团的灯光师，1965 年曾借调广州，参与广东省文化厅主办的大型革命史诗歌剧《东方红》的幕后工作，可惜已不幸于 1970 年从连山演出回三江时在鹿鸣关意外翻车而殉职。

连南是少数民族自治县，计划经济时期，得到省政府的照顾，所以三江镇的国营商店，物资相对比连州丰富，花款种类也多些。20 世纪六七十年代的连州街女仔，贪靓爱打扮，她们最喜欢踩单车入三江墟去剪心仪的靓布，因为当年商店无成衣卖，人们习惯在商店购买到布料，之后拿回连州车衣铺量身订制衣服。相信那些女仔现已晋升为祖母级，应该还记得往三江剪花布的往事吧。

那时，到三江的还有一对对的情侣，他们喜欢假日从连州踩单车入三江，一方面逛街购物，另一方面拖手甜蜜地拍拖，二人世界的幽会，三江是个好去处。所以，往三江的公路上，每逢假日，常见吃力踩着单车的男青年，载着打横坐车尾的女友，陶醉在温馨的爱意之中。

记得我在三江镇工作时,影剧院刚建,旧电影院旁的防疫站和街口饮食服务公司大楼差不多封顶,三江五星大队办的鹿鸣酒家刚开张不久……

我离开了三江,离开了连州,异乡谋生三十多年后,重踏三江故地,已发生了巨大的变化,分辨不出昔日的旧城模样了。

注:本文来源于《清远古今》2017年12月刊,作者系连州人,现居香港。题文有删改。

不可忘却的寨岗洪水往事

——寨岗洪灾纪实

罗永新

"四月八、大水刮!"每逢农历四月初,在寨岗的民间就会流传这样的一句话,因为随着雨季的到来,河水就会暴涨,经常漫过堤岸,上到寨岗街,给寨岗人民带来不少的损失。

寨岗地处白芒、称架两河汇聚处,地域多是山区丘陵,树木茂盛,雨量充沛,经常发生山洪。从《寨岗镇志》里的记载可见:明清时期洪涝灾害都比较频繁,明朝时期的景泰、成化、嘉靖、隆庆、崇祯各朝皆记有大水;清朝时期的顺治、康熙、雍正、乾隆、嘉庆、道光、咸丰、同治、光绪年间都曾发生暴雨、水灾。

而到了民国时期,"镇志"记载得更为详细了,如1912年5月、1915年4月、1921年5月、1926年5月、1931年3月等,不是大水就是暴雨,或水深数尺,或山崩石裂。其中民国三十五年(1946)5月,发生了特大洪灾,新埠、老埠的墟场及40多间商铺,万角、新埠的高木桥都被冲毁,冲走4人,许多民房倒塌,经济损失惨重,大麦山还发生崩山,埋没6人。新中国成立后,境内较大的抗洪抢险也有近10次,所以寨岗的历史绕不开寨岗人与洪水抗争、克难而进的故事。

俗话说,"水火无情"。山区容易发生山洪灾害,所以清明后,家长们会特别紧张。不厌其烦地再三告诫小孩们不能随便到山涧或河边玩耍,要注意安全,特别强调哥哥、姐姐们要看好弟弟、妹妹。

一般的洪水(不上街的),寨岗人是不怕的,听到发大水了,部分人还挺来劲的,甚至还有一些兴奋。洪水来时,胆大的寨岗人往往会说:"走,打大水鱼去!"或"走,捞大水柴去!"还有更勇敢的小青年则说:"走,冲码头去!"

所谓"冲码头"就是带上汽车轮胎圈，从上码头漂到河边街冰室门前的大码头。这是勇敢者的游戏，与洪水嬉戏，惊险刺激，确实不同一般，只见游泳者跃进浑浊的河水，在浪里奋力划水，并随波起伏，有时轮胎圈被浪打翻，人掉水里，就在河岸边观者惊呼时，他们又抓住轮胎圈，并在一片叫好声中划回大码头。那时圩岗顶人"大青"和"多手"，跃进街的"金股""伟头"等好些人都冲过，有的人甚至都不用汽车轮胎圈，而以自由泳的方式游下来，当然事后家长知道后，肯定会有一顿臭骂的。这些儿时的记忆，稍为调皮的寨岗街男孩子都不会忘记，30多年后，小伙伴们也会有滋有味地讲起。

发洪水时，上游的鱼虾、树木也会被挟带下来，这时会捕鱼的人会拿着大捞箕或吊网打捞，往往也收获颇丰。拿着大捞箕的，一般戴着"笠麻"，披着蓑衣，腰间挂着鱼篓。他们会沿河边而走，时而站在岸边刮几下，时而站到齐腰深的水里，迎来水待鱼入网，每当提起捞箕时，就会见到鱼虾在里面跳跃，碰到大鱼时，一声叫喊，则会引来众人围观。放吊网的人则在水缓处，架好网，然后找个石头坐下，抽上几口烟丝，耐心地观察网兜，看到网有动时，再起不迟。因为在水缓处，那些被洪水挟带，并被撞得昏头转向的鱼儿，水一缓停，总要歇一会儿，所以在此放网兜鱼，总会有收获，往往还有不少大鱼。那时从黎埔的坑坝、四村的渡头、二村的高滩坝、新埔的轮船坝，一直到香车排的独石坝，到处都有"捞大水鱼"的人的身影。

20世纪七八十年代，家家都是烧柴草的。如把河里的树木打捞上来，晒干，那也是一批好柴火，还可为家里省下一大笔柴火钱，所以每逢洪水，总有不少人去捞柴。暴涨的河水，以洪荒之力挟着不少树木，漂浮而下，碰到石头或障碍物时，咣咣作响。到了水流缓慢处，则四处游荡，时浮时沉，逐渐向岸边漂来。此时打捞者们早已站在岸上打望许久了，靠岸边近的就用装有铁钩的竹篙去勾，离岸边几丈远的，也敢跳入洪水，将其带回岸边，如在河中央的，那就不能去了，实在太危险！

由于寨岗镇处于两河交汇处，当称架河和白芒河同时暴涨，白芒河水受称架河洪水顶托时，往往寨岗墟镇就会水漫河堤上街。而且河水上涨多在夜里，因此每当出现持续下大雨时，大人们就会警惕山洪的到来，街上的人都会打着手电筒，隔个把小时到河边码头察看水位情况。

寨岗的洪水，一怒起来，气势凶猛，所到之处，摧枯拉朽，毫无怜悯之情。

因为是山洪，来时迅疾，让人反应不及。所以寨岗的老人、妇孺每听到有洪水漫堤或上街时，无不胆战心惊、唉声叹气的，因为洪水的肆虐，对寨岗人民造成的伤害，罄竹难书，许多回忆都让人难以忘怀。

以前听爷爷那一辈老人讲，寨岗的洪水年年发，但一般是5年或10年一大发。从近30多年的记录可知，1972年、1982年、1994年、2004年分别暴发了大洪水。

1972年6月15日（农历五月初五），连续两天大暴雨，河水暴涨，万角的田地被淹，寨岗街上水1米多深，白水坑大队发生山体滑坡，4人被掩埋，这是继1946年后的又一次特大洪水。我们还未出生，但听长辈们讲起，那损失都是惨重的，当年因为是晚上涨水，大家都是摸黑往山上逃难的。

老人们每当讲起1972年的大洪水，都是语气沉重，仿佛不堪回首。那时寨岗的城乡都比较贫困，这么大的灾情，无疑让群众生活雪上加霜。据《寨岗镇志》记载：1972年的大洪水冲毁稻田4965亩、花生地1363亩、玉米地855亩，其中稻田1995亩失收，并冲毁房屋17间。所以1972年生的人，都会说是发大水那年出生的，可见那年的大洪水是深刻烙在寨岗人心中的。后来，在寨岗不论是街上的旧房子，或是农村里的老房子，都能清晰地看到墙上画有当年被淹的水位线，并都有标注——"一九七二年大洪水水位"。

1982年5月8日（农历四月十五），足足下了一天的大雨，晚上九点多，寨岗街因大雨停电，全部一片漆黑。忽然，横街方向传来"水上街啰！水上街啰！"的喊声，霎时，全街上人民一下忙乱起来。只见河边街上的百货大楼、糖烟酒公司门市、药材公司门市、农业银行、药材部、派出所、酒厂……跃进街上的供销社副食仓库、新华书店、土产门市、日杂门市、九寨门市、各家商户……都是人影幢幢，一派忙碌！领导职工早已回到单位，积极搬移货物，保护公家物品，免遭水淹。

那年代各家虽然没有多少值钱的东西，但大都养有鸡和猪，这些东西要撤离，非得费一些力气。一时间满街猪嚎鸡叫，人声嘈杂。只见鸡用笼装着，挑到地势较高的收购站、营顶；猪因为没有笼子来抬，只好赶着走，但是晚上，街道上人人慌张，电筒光四处晃动，猪容易受惊，所以非常难赶。好在邻居们热心相助，虽事态紧急，但大家夹手夹脚，连扯带哄地一齐将嚎叫的猪赶上了收购站。

就在大人们忙着单位货物搬移，忙着将各家猪和鸡转移之时，小子们也没闲着，在哥哥姐姐的带领下快手快脚地将厨房的用具、板凳、食物等搬到楼上，忙乱中不觉已将近夜里十一点了。忽然，镇政府的干部敲起破脸盆，嘶声喊道："快走啦！水来啦！""快走啊！水来啦！"听到喊叫声，我们拿上一两件衣服赶紧出门撤退，走到跃进街时，水已经到了大腿，脚底下泥沙绵绵，街上一片慌乱，透着一阵阵紧张的气氛。那时的小孩没那么娇气，大人们也没空背我们撤离，因为他们都忙得不可开交。

过到梁屋巷，水位还在上涨，天还在淅淅沥沥地下着雨，收购站里已挤满了猪和鸡，人也非常多。父母找到我们兄妹几人后，带到了收购站对面的邝兵叔和胜利叔家里，受到他们热情的招待，那天晚上我们小孩子挤在一起睡了，父母们则聊到天亮。那年头不论街上的居民，还是农村的乡亲，都是相互帮助，共渡时艰——真是患难相助见真情，人心纯朴意真切！

洪水退后，全镇一片狼籍，中心小学也无一例外，虽无房屋倒塌，但操场、课室里的淤泥足有一尺多厚，根本无法上课。再加上当时镇里没有大型的机械清除，所以学校停课。为了早日恢复上课，中心小学号召家长们前去进行义务劳动，花费了3天，硬是用人力将校园淤泥搬走。当年千人劳动的场景，还历历在目——镇政府的干部、学校的老师，还有众多家长，无不积极铲泥挑土，都在为孩子们早日复课而辛劳付出。

1994年6月13日（农历五月初五）的早晨，连续几天的大雨，已让人提心吊胆了。早餐时，许多家庭都在吃着粽子，寨岗河水突然暴涨，水上街了，镇上的人们赶紧手忙脚乱将物品往楼上搬。待搬好、垫高后，就在大家认为洪水不会很大之时，顷刻，洪水再度猛然上涨，瞬间淹没房门，直逼二楼，一时人们呼天抢地，紧张至极，许多人嘶声喊道："货物不要了！保命要紧啰！""快走啊！快走啊！"……随着洪水升至3米多时，河背街、河边街的房屋被激流撞击，损毁严重。鸡谷坳的老市场在洪水侵入后轰然倒塌，大量的物品随处漂流，寨岗街陷入一片汪洋之中。

图1：1994年洪水河背街情景

晚上6点半珠江台新闻播出寨岗水灾的画面之后，许多在外的寨岗人方知家乡发生了严重的水灾，赶紧拨打电话回家，但电话线路早已中断，根本无法与亲人联系上，那晚肯定是一个让无数寨岗人无眠的夜晚。更惨的是，第二天一大批着急乘班车回去的人，却被告知，清连公路阳山路段发生严重塌方，道路中断，真是屋漏偏逢连夜雨了。

图2：1994年洪水新老埠街口情景

这次水灾是寨岗百年一遇的大洪灾，上街水位超过3米，幸好发生在白天，如在晚上损失将会更加惨重。这次水灾64个村庄被淹，众多房屋损毁；公路多处毁坏，其中廻龙路段崩塌；大麦山三洲村发生山体滑坡，32人死亡；大量农田被泥沙掩埋，粮食失收，损失高达1亿多元。山区小镇遭受如此严重水灾，一时悲情笼罩。

得知寨岗灾情，省、市、县各级政府高度重视，时任省委副书记、省长黄华华亲临现场指挥抢险救灾、慰问灾民，通讯、道路迅速抢通，灾民得到安置，社会稳定。随后政府人员下到村里，帮助全倒户和困难户；武警官兵则全力帮助墟镇人民，冲洗街道、房屋，或消毒卫生等，积极为恢复生产、生活而努力。

图3：1994年洪水河背街房屋倒塌

当年从广州回到家中时，寨岗街一片湿漉漉，一股泥腥味和消毒水味扑鼻而来，墙壁上的涉水痕迹历历在目，眼前的景象比想象中还要差。幸好家人还在，这比什么都要好。厨房已垮塌，父母只能在楼道里煮饭，看到这个情景，无不唏嘘感慨、黯然神伤，但父母的乐观态度，又让人精神振奋，人生磨难，不过如此。后来再度讲起当时情景，父亲因大意，未及时撤离，洪水来时，木门被杂物封死，人只能爬上木架上，眼看洪水要没顶了，此时病中的伯父不知哪来神力，砸开木质地板层，硬将父亲拉上二楼，逃过一劫。此等情形无不是惊心动魄，让人揪心，可见当时洪水的威力与可怕了。

图 4：1994 年洪水横街情形，来源《寨岗镇志》

1994 年的大水灾，让寨岗人谈洪色变。待镇政府开发了城东新区时，因地势较高，吸引许多人前往购地建房。大家争相买地建房首先想到的就是为了洪水来时免再担惊受怕。随着寨岗镇经济的发展，新城区人气聚集，遂形成 5 条大街。良好的商业氛围又吸引寨南、金鸡、老虎冲等地的群众前来购地建房，推动了寨岗墟镇的不断扩大发展。

1997 年寨南又发生历史罕见的特大洪灾，山体严重滑坡、桥毁路断，中坑一级电站几乎全毁，豆腐磨小学被山洪吞没，几十亩农田被毁，2 户房屋被埋，直接经济损失两千多万元。

图 5：1997 年寨岗洪水浸街情景

不可忘却的寨岗洪水往事

2004年5月22日（农历四月初四），时隔十年，寨岗又暴发了一次大洪水，白芒河漫过河堤岸，街道上水近1米深。此次洪水暴发也是在白天，只见浑浊的河水奔腾而来，穿过石拱桥后，更是气势汹汹，挟洪荒之力冲向同心桥，那巨大的流量、强大的撞击力，让人昏眩。面对灾情，警察和联防队人员迅速响应，纷纷涉水到学校、社区，积极协助群众转移。

图6：2004年寨岗洪水石拱至同心桥间情景

图7：2004年寨岗洪水河边街情景　　图8：2004年寨岗洪水横街情景

时代不同，政府、社会的抗灾能力明显不一样，此次水灾，政府反应迅速，措施有力，很快有序转移并安置受灾群众，积极做好各项应对，没有造成人员伤亡，使损失尽量地减少。洪水退后，政府还组织对墟镇进行清淤和消毒，并对困难群众进行慰问，组织众人生产自救，这些都让人倍感暖心。

山洪的发生，无人可逆转，几百年来无数的洪水灾情，给寨岗人留下数不清的伤痛与记忆。也留下了无数群众与洪水灾难抗争与奋斗的足迹，寨岗人敢于同困难作斗争，敢于在不利的自然环境下求发展的精神，确实让人敬佩。

近年来，政府对寨岗河进行整治，从大麦山至东升（四村），从寨南至万角，全部进行清淤、扩河道、降河床，提高行洪能力；人居密集、田地较多的地方，则修筑堤围。经过整治，寨岗河两岸焕然一新，景观怡人，亲水平台成为群众散步、晨跑的好去处！此类惠民工程，能让寨岗人民以后免遭洪水的伤害，幸福安稳地过上好日子。

图9：新整修的寨岗河堤金星段

寨岗街的历史变迁

罗永新　梁仁宽

2017年,一首原创歌曲《我在连南等你》,其中"寨岗晨曦澎湃了是谁的心绪"一句,牵起了寨岗人对家乡思念的阵阵涟漪。

顺着同冠水,伴着河湾滩坝,越过淇潭湾各村寨的竹兜,我们飞进了黎寨大地,回到了寨岗这个小城镇。

黎明前,天空已泛起鱼肚白,河面上也浮起一层轻纱,远处村庄,公鸡不时有一阵鸣叫,狗也零星地吠了几声。此时,太阳从鬼头山升起,瞬间,它豪气地将阳光从高滩坝"屋背夫山"铺洒过来。从粮站到公社到供电所,从酒厂到农业银行到税所到鸡谷坳,从大码头到中码头到上码头,到处都罩上了一层金光。河岸边杨柳摇曳,莺哥脆鸣;河面上流水潺潺,鳞光闪闪;整个小镇笼罩在一片金色之中,时光仿佛霎时凝固。

随着太阳高挂,寨岗镇的跃进街、河边街、鸡谷墟等早已是热闹非凡了,墟镇上尽是来自四里八乡赶墟的瑶汉乡民。只见肉菜行里人头攒动、土特产区内议价不断、杂货铺前排队待购、商店柜前忙于挑选……他们不断在墟场、商店、酒楼、摊贩里进出,或买、或卖、或品、或议、或看、或尝……乡民乘着墟日,来镇上走一走,或办一些事情;或逛一逛街,品尝一些小吃;或走访镇里的亲朋好友,叙叙家常。喧嚣的墟日直到晚霞挂在白芒坑的天边,随着乡民回村而逐渐消散。

夜幕开始降临,天边的霞光在河面上大幅度的漾着,犹如一个被扰乱颜色的画缸,时而夸张变形、时而画影迷人,煞是好看。月亮升上天空,石板凹那边的群山,轮廓可见。万角范屋前的大樟树和竹兜如墨团般矗立在河湾处,称架、白芒两河交汇处,水流湍急,水花四溅。

此时横街口大码头上,已坐满了摇着扇子纳凉聊天的人们,他们在讲"阿娘阿婶"（家长里短），或三国水浒，或风水运程，或镇里历史……

故垒西边，人道是牛径横街旧事。清朝嘉庆年间，因永安墟（老埠）不能满足寨岗的商贸发展，故在今天横街处设立牛径墟（新埠），并在大码头上侧"担水巷"口（旧冰室）对过河背街潘元昌家门口处架木桥通往老埠，两埠商贸通过水路从广州、佛山、清远等地运来食盐、纱布、煤油、海味、凉果等，而后将本地产的竹木、药材、油类、花生、瓜子等土特产运出。

当年墟镇位置是背山临河，鸡谷坳、公社、圩岗、卫生院、粮站这一带都是山，周围没有大的马路。比较大的路有经都爷庙（寨岗卫生院）过粮所山坳、穿天吊垅、高滩坝、犀牛潭、高滩营下黎埠的泥沙石子路（旧时的黎寨官道）。还有就是现旺角超市背，上圩岗顶通往官坑、马安的石板路（旧时通往连州的官道），其余多是四乡村寨通往墟场的羊肠小路。墟场的街道是石阶路面，凹凸不平，每逢下雨天路面就会泥泞湿滑。那时每五天一墟，都是来自南岗、白芒、九寨，还有附近村寨的，统称为三坑六保的瑶汉群众，几百人，肩挑背扛自己耕种的土特产，到墟场换取各类日用品。

清乾隆年间，从粤东迁入大量客家人。初来乍到时，客家人是很艰难的，要么卖苦力、做佣工；要么做穿街走巷的小商贩。虽然生活清苦，收入微薄，但其中也留下了许多奋斗成功者流传后人的故事。

清嘉庆时，梅县云车乡人李芳长，以卖货郎、小货店起家，到经营"义合"商号，致富后在马安山兴建安贞第大屋，为寨岗金光村李氏始祖。梅县人李佑兴经营"富春"商号，赚了钱后，在黎埠龙颈买田建屋，安居乐业。

清咸丰至民国的近100年间，由于人口激增，寨岗的农业、手工业飞跃发展，商贸进一步繁荣，墟市从横街扩展到大街（跃进街），民国期间，全寨岗有坐商36间、摊档近100户，一大批名号响亮的商户齐集横街一带，如资本雄厚的有忠和、广隆、益昌、就记等；经营布匹、洋杂的三昌、泗利等；经营日杂、百货的德昌、俊记等；经营中药的有合和堂、益和堂、德安堂；还有经营布匹裁缝的恒昌、泰兴、敬记、义隆和、运和泰等。

咸丰年代，时有怀集、清远等地的豪强土匪借"太平军举事"乘机劫掠寨岗、黎埠两墟镇，致乡民损失惨重。黎寨两乡公推名贤曾庆襄、罗传心、李钟瀛负责寨岗团练，罗传芳、王宪章负责黎埠团练，以抗击豪强土匪的侵扰。同治二年（1863），众明贤智擒匪首李福佑，斩杀于黎埠墟，名震粤北。

清末至民国时期，寨岗牛径墟（新埠），规模还不是很大，只有两条横街和一条大街。横街一条比较大，是现今的横街；一条较小，是现在二横街，当时只有两三米宽，俗称"担水巷"，或叫"跳脚巷"。大街就是现在的跃进街了。

那时墟镇虽然不是很大，但商铺也不少。横街主要是铺头，而担水巷是卖猪肉、豆腐、鲜鱼等的街巷，为寨岗小市场。担水巷临大街这一头的街口，上侧是万角人办的李就记"合和堂"中药铺，四层木楼（后为供销社生产门市部，现为伟兴五金日杂门市部）。李就记"合和堂"中药铺，规模宏大，生意兴隆，而且布置雅致，当年店堂室内挂有木匾条幅，皆以中药为理，趣味好记，书法字体，颇为醒目。如横匾："药无分贵贱，效者是灵丹"；条幅上联："就导熟地，医作经营，摘银花，种玉竹，竹报三多，人间共享长春日"；下联："记得淮山，堪为贸易，采芝草，炼金丹，丹成九转，世间同占不老天"。这些懂文化、善经营的店铺，逐渐成为寨岗的名号而传为佳话。

大街上，合和堂中药铺的上一间是泗利商行，对面是官坑人梁忠和的商铺，再下来原照相馆是酒楼猪仔荣的店铺和一间理发店。而合和堂后面，即担水巷中间是晒地，那是专用来收购鲜花生晒干后榨油的晒场，马安田心的罗广隆也在横街开有商铺，他和梁忠和的店铺都是收购当地农民的鲜花生，晒干后榨油出售，还兼营生盐、豆豉、土烟皮等生意，这些人颇有经商头脑，人面广，懂经营，货如轮转，也是当时的大富翁。

民国三十四年（1945）九月，寨岗成立商会，会址在横街第21号，首任会长为官坑人罗启昌，他是益昌商号的老板。常任理事分别是忠和商行的老板梁锦初和荣记杂货的老板邝基杨。民国三十五年（1946），寨岗发生特大洪水灾害，冲垮了牛径墟（新埠），后在乡公所和商会的努力下，重新修建墟场，还建有砖木结构的墟亭，方便群众交易，让墟场迅速恢复发展起来。

1952年"土地改革"到1956年社会主义改造后，横街这一带的商号、房产等，主要由商店、银行、合作社、酒厂等公家单位赎买或接管、经营。后来也有一些湖南来的经商人员，通过房管所购买房屋为自住房。

由于工商业没有得到很好的保护，到1952年冬，寨岗横街只剩下一些小商户勉强经营。20世纪七八十年代，随着市场转移到鸡谷坳，横街萧条了好多年。

今河边街的农业银行，中华人民共和国成立初期是寨岗汽车站（简易车站），后汽车站搬到鸡谷坳，原车站就建成人民银行寨岗支行（现为农业银行），整幢屋可以直通到跃进街。今天的二横街则是商店和供销社的两个大院改造而来的,在民国和解放初那里本是寨岗的市场,有一条叫"担水巷"小横街,靠河边的街口正对着过老埠的木桥。

1956年,寨岗人民大桥建成(原为木桥,1969年改建为水泥石拱桥)。20世纪60年代,随着鸡谷街修通,食品站就建在街坡底,背靠大桥引线,临街处是一幢两层水泥楼,后部是屠宰场和猪舍。而街尾靠大桥上落台阶旁边的是搬运站。1964年,寨岗人民公社在鸡谷坳建起一个面积约2000平方米的墟场,为砖瓦结构,双层顶的墟亭,极大地方便了瑶汉乡民进行农产品贸易。但在20世纪六七十年代,因政策原因,特别是"割资本主义尾巴"时期,市场贸易一度衰落。

寨岗人民大桥旧照

1965年,寨岗商店和供销社都大兴建设,拆旧商铺新建了冰室、照相馆、百货大楼、新华书店。其中新华书店是供销社封了"担水巷"临大街路口,先建起办公室,后又连同副食门市拆掉,建成扩大一倍面积的苏式二层砖木楼房。冰室则是商店封了"担水巷"临河边的街口,建起的二层砖木楼房,靠农业银行一侧是国营饭店,靠横街口一侧及二楼是国营旅店。照相馆是二层砖木楼房,后面的副食、日杂仓库是20世纪六七十年代建的,是红砖瓦屋,当时属供销社、商业局直属批发部,后来商店和供销社分家后一分为二,各占50%。日杂仓库往后就是废品收购站了,占地面积很大,还有一个近300平方米的拱形晒地。新华书店下来是日杂门市和九寨门市,它们也是几十米深的店面,而跃进街、横街转角处是合作社的门店。

寨岗公社报喜大队

横街口的三层水泥楼是旧百货楼(河边街新百货大楼建成后改为百货仓),后座是机缝社,再往后是机缝社职工宿舍,层层叠叠的房屋一直上到打铁铺,半山上还有大晒坪。80年代,在社会各届人士的大力捐资助力下,建起了同心桥,连起了老埠、万角。90年代城东新区开发,又拆掉了旧百货仓和机缝社,建起商业街,横街又成为兴旺商街。

20世纪70年代初的寨岗镇横街

20世纪70年代,在上级援建地方政府政策下,寨岗掀起一波建设高潮,许多建筑亦是此时期建成。在河边街和跃进街交汇三角地带建起一座三层水泥楼,一层为人民饭店,二、三层为人民旅店,旅店的门面开在三角位处,有水泥柱廊造型和落地大窗,为寨岗当时最漂亮的建筑。而河边街尾的国营饭店则改做冰室,国营旅店改为商店职工的宿舍。在河边街中心,药材门市上侧兴建了百货大楼,三层高,一、二层为营业门市,三层为职工宿舍,1983年建成使用,为寨岗最大的购物场所。随后寨岗税所大楼、糖烟酒大楼相继建成,到了1992年新农业银行大楼建成,河堤边设立个体商铺,人民饭店改为百货商场时,河边街的商业气氛更浓了。

20世纪70年代寨岗河边街全貌

而跃进街中的企业大楼也是这个时期建成,对面的梁屋巷口地块,民国前为"凤鸣社学",解放后一度为乡政府所在地,后乡政府搬上营顶后,成为供销社的办公大楼和职工宿舍。这是一座很有气势的苏式建筑,两层高,回廊式。90年代,供销社解体后,镇政府又搬回此地,建起办公大楼。工商所也在跃进街上,供销社副食门市就在街头靠近鸡谷市场的地方。当年街头还有一个比较出名的店,由个体经营的"新埠饭店"。

20世纪80年代初时,漫步横街上,整条街或是民国风格、或是苏式的楼房。横街的两头转角处的房子美观而精致,如同心桥入街口处,左侧是一间半转的二层砖木洋房,白墙、西式窗、门前罗马式圆柱、半转楼梯(80年代为铜矿领导居住);右侧是合作饭店,如电影中的酒楼,二层排窗,大门开在街道转角处,门上挂有大牌匾,上书"合作饭店",进门右侧还有一条楼梯直通二楼的临江雅座;横街口上卫生院转角那间屋是"益和堂药店",曾作为中共地下党联络处。

寨岗镇横街口益和堂旧址

寨岗的商业发展,从明崇祯时老埠的永安墟—清朝中期横街的牛径墟——20世纪70年代新埠的鸡谷墟——90年代城东新区的圩岗墟,从小到大,规模不断扩张,成为周边乡镇中影响较大的墟场,亦带动城镇街道的发展,极大地促进了寨岗经济的繁荣。在历史的进程中,寨岗商业虽历尽波折,有兴旺,也有萧条,但仍然焕发朝气,不断向前,这是寨岗人勤于进取、努力奋斗的结果。

20世纪80年代新建的寨岗同心桥

轮船坝和同冠河可为之作证——想当年,河道上帆船穿梭、坝上码头挑夫、船夫、管事、老板上下忙活,各类车马将货物源源不断地运送到横街各个商号,又源源不断地运出……这一切恍如昨日,如旧影片般在脑海中浮现。

故地神游,多情应笑我,忆想当年,历史如烟,白驹过隙。此时月亮高悬天空,明晃晃的,星星已躲起来了。河风吹来,人顿觉凉意,乘凉的人拾起坐在屁股下的拖鞋,拿着扇子,逐渐散去了。

20世纪80年代初的寨岗镇面貌

21 世纪初始建的寨岗新横街

21 世纪初始建的寨岗新商业街

连南瑶族高山移民纪实

李国兴　许文清

聚居在连南瑶族自治县的瑶族，因居住环境、语言服饰、生活习俗各有特点，故有排瑶和过山瑶之分。排瑶在隋唐时期已迁徙到连南山区定居；过山瑶于清朝道光年间后迁至连南山区游耕。由于遭受封建统治阶级的民族压迫和民族歧视（据史料记载：明朝至民国，官府对连南瑶山的征剿达70多次），瑶民被迫躲入深山，在险峻的高山上建寨，聚族而居，山寨四处设防，壁垒森严，以抗御外侮。由于环境恶劣，瑶民的生活极度困难，长期处于刀耕火种、竹柴照明的原始生活状态。

中华人民共和国成立后，共产党实行民族团结，民族平等，各民族共同繁荣进步的民族政策，广大瑶族人民在政治上翻了身，生命财产受到国家的保护。但由于居住在高山上，边远分散，交通不便，经济发展缓慢，生活仍十分贫困。各级党委政府敏锐地认识到了这个问题，将连南瑶族高山移民作为改善广大瑶族人民群众生产生活条件的重要举措，先后投入数亿元的移民专项资金，进行了长达60多年有组织的瑶族移民工作，从根本上改善了瑶族同胞的生存环境，加快了瑶区社会经济文化的发展。根据有关资料记载和笔者的调查显示，连南瑶族高山移民可分为三个阶段。

一、中华人民共和国成立初期的瑶族移民

中华人民共和国成立后，中共中央派出访问团到连南，深入瑶区开展访贫问苦活动。各级领导和干部们对瑶族同胞由于深受封建统治阶级压迫、备受民族歧视的生活状况深感痛心，对改善瑶族同胞的生活心急如焚。于是在连南瑶族自治县刚成立（即1953年）就开展了以消除民族隔阂、改善瑶族生产生活条件为目的的首次瑶族移民工作。1953年3月制订印发了《连南瑶族自治区移民工作计

划》，中南民政部同意了这个计划并拔了 4 亿元（旧币制）作为专项经费。连南县政府作出决定，将居住高山上的部分少地或无地的瑶民移居汉区，藉以调剂汉区地广人稀、田地荒芜及瑶区人稠地狭，生产力无处伸展的不平衡现象，消除过去因地域界限所造成的民族隔膜，使彼此在互相接近、共同劳动的生活中，紧密瑶汉人民的关系，进一步加强团结，实现民族平等。

同年 3 月初，连南县政府决定，当年从金坑、军寮、大掌、火烧排、山联等瑶寨向三江、寨岗、寨南等汉区移民 2000 人，将汉区在 1952 年开展土地改革时没收地主留下的土地、房屋分配给下山瑶民。计有土地 1067000 市斤（注：当时以产量计土地面积）、房屋 121 间、农具 177 件、耕牛 30 条、口粮种子 21300 市斤、家具 356 件。按照《连南瑶族自治区移民工作计划》安排，3 月初县政府派出 3 个工作组计 30 余人赴金坑、山联、茅坑、火烧排、军寮、大掌等地宣传动员，做好移民工作。但由于仓促行事，准备工作严重不足，加之瑶汉群众隔阂太久，瑶民对迁移下山定居顾虑重重，担心到汉区长期生活会受到伤害，不情愿迁离；汉族群众也担心，瑶族与汉族的生产方式和生活习俗不相同，长期住在一块地方，生活会受到干扰。诸多的原因，导致当月中旬便停止了搬迁工作，首次瑶族移民以失败而告终。

虽然首次瑶族移民失败了，但各级领导仍然关心连南瑶族移民工作，连南没有停止瑶族移民的步伐。在 20 世纪 50 年代末期和 60 年代初期，继续开展移民工作。如三排水井坳村，因饮水困难，于 1958 年冬全村 120 户 568 人迁至东芒建新村；三排老寨也因缺水于 1958 年有部分人迁至牛头岭、山溪建新村定居；连南排瑶八大排之一的军寮排也移民至山下田峒建立新村。但由于各种原因，迁下山的移民，有部分人又搬回山上居住。

二、"文化大革命"时期的瑶族移民

"文化大革命"期间，连南瑶族高山移民工作在重重困难中缓慢地开展。由于充分吸取了 50 年代末、60 年代初的经验教训，这一时期的移民工作采取了比较积极稳妥的办法。在发动群众做好思想工作的基础上，以自力更生为主，政府给予适当补助的办法，有计划、有步骤地陆续迁移。当时建的房子都是砖瓦结构（有些是用三合土舂墙），生产队安排劳动力平整土地，砌墙舂墙，砍树做桁条瓦角，政府补助一些买砖瓦的钱。移民经费来源主要由省下拨，县获得此项经费后按当时建房造价和全县建房数量按户计算给予补助。

在这期间,先后从火烧排、三排、南岗、油岭、吴公田、香坪等地迁移了1700多户13600多人。瑶民从高山上迁下山居住,极大地改善了生产生活环境,但由于当时处于特定时期,这阶段的移民存在许多问题。主要有这几个方面:一是房屋建筑质量差。由于移民房是由生产队集体建设,有些村没有搞建筑方面的人才,又无法外请建筑技术人员,因此建筑的房屋质量十分差,有些村的移民房未入住已成了危房。还有少数用舂泥墙的方法建房,结果不到10年就变成危房,不少群众不得不重新建房或搬回老寨。二是过分追求整齐划一,人人平等。受计划经济影响,一些做法不切合实际。如三排大队分房时每户不论多少人,都只给一间连厨房、住房在一起的26.5平方米的规格化房子,结果儿子长大了,结了婚无房子住,只好将移民房让给儿子媳妇,老人又搬回山上居住。三是没有充分考虑以人为本,相应设施不配套。有些移民村由于受建房地段的限制,无法建晒谷坪,甚至连菜地、厕所、猪栏、粮仓等都无地方建设,造成移民群众生产生活极大不方便。

三、改革开放时期的瑶族移民

1978年,中共中央召开了十一届三中全会,作出了"改革开放"的重要决定,全中国迈进了"改革开放"的新时期。随着改革开放大潮的冲击,古老的瑶山打开了闭封千百年的大门,瑶民对外交流活动日益活跃,对改善生产条件和居住生活条件的愿望也越来越强烈。省、市领导对连南瑶族高山移民工作也日益重视,任仲夷、林若、谢非、李长春、张德江、汪洋、胡春华等历任广东省委书记,梁灵光、叶选平、朱森林、卢瑞华、朱小丹等历任广东省省长以及历届清远市委、市政府领导都先后来连南视察,深入瑶山了解瑶族高山移民情况,指导瑶族移民工作。省、市有关部门和社会各界人士也对连南瑶族移民给予了大力支持,使连南瑶族移民工作掀起了一个又一个新高潮。

连南改革开放时期的瑶族移民工作,可以细分为石灰岩山区移民,水库移民,避灾、减灾移民,高寒山区移民等几种方式。

(一)石灰岩山区的移民搬迁

连南属喀斯特地貌,百里瑶山,山丘广布,连绵数百座山峰,其中海拔1000

米以上的高山共有161座，最高的大雾山海拔1659米，相对平缓的冲积平原和山间冲积谷地，仅占全县总面积的5.03%，石灰岩地貌占全县面积的17.2%。

连南石灰岩山区的主要特征是山多、地少、土层薄、蓄水能力差。雨水迅速浸入地下熔岩层，难于形成地表径流，长年缺水。由于历史原因，连南瑶族同胞多居住在石灰岩山区或高寒山区，或者两者兼具。至20世纪80年代初期，4个石灰岩区瑶族群众有2500多户12000多人仍住在泥砖瓦房或杉皮房。据1986年统计，处于典型的石灰岩地带的三排、南岗、九寨、白芒4个区，共23个乡6105户29420人，绝大部分群众温饱问题没有解决，相当部分农户生活十分困难，绝对贫困户一户家当价值不过100元。恶劣的自然环境是造成瑶族群众贫穷落后的客观原因。要改变贫穷落后的面貌，最直接有效的手段就是迁移居住。为此连南县委、县政府在上级的帮助下，投入了大量的人力、物力和时间，开展石灰岩地区移民工作。

连南石灰岩山区的移民搬迁工作80年代初就已经开始，但作为专项工作是从1987年开始，至2002年基本结束，其中1993—1997年为高潮期。1987—1992年，全县共迁移石灰岩区居住的瑶族同胞1820户8849人。由于移民效果好，石灰岩山区群众要求搬迁的呼声更高。为响应人民群众的呼声，县委、县政府决定自1993—1997年用4年时间大规模迁移石灰岩区瑶族同胞，仅这4年时间就实际迁移了3556户16448人。

（二）板洞水库的移民搬迁

连南的白芒、九寨、南岗、三排4个石灰岩地区群众饮用水问题得到历代省、市、县领导的重视，采取了包括就水移民、山顶搬下山脚等措施，缓解饮用水困难，但由于石灰岩地表极难蓄水的特性，缺水成为整个石灰岩地区大区域的现象，采取的一些措施只能起到缓解作用，没有从根本上解决食用水困难。县委、县政府通过多年的考察论证，决定从石灰岩区域外的寨南板洞建一个中型水库，将水引到4个石灰岩地区，该方案得到了各方面的赞同，并组织实施。

板洞水库位于连南最南端，距县城78公里，海拔850米，属花岗岩地带，年均降雨量2200毫米，集雨面积33.08平方公里，海拔高度比4个石灰岩地区大部分群众居住、耕地的海拔高度高。水库建成后，总库容为3640万立方米，可利用自然落差引水到白芒、九寨、南岗、三排，解决4万多人的饮用水问题，还可利用尾水、余水改善下游2.7万亩的农田灌溉和建设，并可建设总装机12400千瓦的水电站。

板洞水库于1990年5月9日正式动工，1994年3月15日正式蓄水，同年8月3日正式并网发电。1998年开始建设供水工程，该工程总投资1.3亿元。供水主管线31.5公里，沿线12个调蓄池，入户管网300多公里，村头水池49个，村陂头、滤池各25个。该工程经过6年建设于2004年年底进入供水运行，使石灰岩地区的大麦山镇和三排镇14个村委57个自然村4万多人解决了人畜饮水困难。

板洞水库饮水工程的建设，必然影响到库区生活的群众，因此开展了板洞水库移民安置工作。该项工程直接影响到库区5个自然村640多名瑶族同胞，对他们的安置采取了这几种办法：一是撤销原板洞林场设立板洞居委会，所有库区群众迁入林场居住；二是把水库库区移民全部由农业户口转为非农业户口，由国家按居民标准供应口粮；三是将适龄劳动力尽可能安排到县属企事业单位工作；四是筹集一定数量的资金帮助库区移民发展生产。

板洞水库食水工程的建设投入使用，对4个石灰岩地区的瑶族移民产生了极其重要的影响：一是使以往从山顶搬下山脚居住但仍未能解决饮用水问题的移民得以稳定，巩固移民成果；二是使今后的移民点有更大的选址范围，只要在供水管线以下的地段即可列入考虑范围，使更多在山上居住苦旱缺水的瑶族群众有了移民的机会；三是由于供水入户，改变了瑶族群众远途挑水、靠天饮水的历史，且水质安全卫生，提高健康水平。

（三）解决地质灾害问题，避灾、减灾的移民搬迁

连南的地形地貌容易引发山洪暴发造成的灾害，长期大量降雨造成的山体滑坡形成泥石流、山体开裂，还有冰灾、雪灾形成的自然灾害，尤以水灾、山体滑坡危害最为严重。因此在连南移民史上就有避灾、减灾移民的专项工作。

1994年5月至7月期间，连南先后3次遭受特大洪灾，造成极为严重的损失。其中6月12日至17日，连南连续6天普降暴雨、特大暴雨，南部总降雨量达到826毫米，北部总降雨量达312.7毫米。特别是12日20时至13日8时的12个小时内，南部6个乡镇的降雨量超过200毫米，山洪暴发，成为全县重灾区。13日凌晨5时，大麦山镇三洲村因山体滑坡，山寨房屋大部分被泥石流掩

埋，32名瑶族同胞当即被埋死亡。此次百年罕见的大暴雨，造成全县12个乡镇84个管理区481个村遭受水灾，受灾11.5万人，占全县总人口的81%，房屋倒塌1072间，死亡43人，失踪21人，受伤231人，4310人无家可归，6200多人因山裂威胁有家不能归。全县直接经济损失达到4.5亿多元，人均损失达到3570元。另在抗洪抢险中有5位瑶族民兵因遇泥石流掩埋光荣牺牲。

灾情发生后，各级领导高度重视，省委、省政府派出工作组指导帮助连南开展救灾工作。时任中共中央政治局委员、广东省委书记谢非和黄华华、李兰芳等省、市领导亲自到连南灾区视察，慰问受灾群众，指导帮助灾后重建工作。连南抗灾工作得到了社会热心人士的大力支持帮助。港澳国际扶轮社捐资75万港币（兑人民币82.62万元）在大麦山境内的新寨村兴建了"港澳扶轮瑶族新村"，安置了60户瑶族灾民。印度尼西亚华侨张明联女士捐资100万元，省政府拨款100万元，在远离连南的清新县三坑镇建"明联新村"，安置了100户596名受灾群众。

1994年特大洪灾发生后，1995年至2013年的18年间，连南有7年发生洪灾，共有5人因灾死亡，4人失踪，倒塌房屋3145间。涡水镇出现了山体滑坡，三江镇泥楼村出现了山体开裂。大坪镇大坪村遭受重大破坏。金坑镇竹新、泥楼和鱼岔坑山体滑坡，共有192户768人需要异地搬迁。每当灾情发生后，县委、县政府都积极组织救灾，安置灾民。对因暴雨倒塌的房屋，视情况进行原地重建或异地重建，对因发生山体滑坡和出现裂缝有潜在危害的村寨，则异地搬迁重建。为安置灾民，先后建起了明联、扶轮、泥楼（红星）、鱼岔坑等12个移民新村。

（四）高寒山区的移民搬迁

连南的高寒山区与狭义高寒山区所说的海拔高、常年低温、土壤下有冻土层常年不化的定义不同，而是属于广义的高寒山区，是指海拔在860—1000米之间的山区，这些地方海拔高、气温低，缺水缺土缺阳光，适生农作物品种少、生长慢、产量低，群众温饱问题难以解决。据统计，1996年全县生活在此类地区的共有2199户10653人。

1992年7月，时任中共中央政治局委员、广东省委书记谢非到连南视察瑶族村寨时说："这些瑶族同胞生活的环境缺水、缺阳光，连人类（生存）最起码的条件都不具备。要让他们致富，唯有实行搬迁，改善他们的生产生活条件。"汪洋在广东任职省委书记期间，先后5次到连南深入视察调研，对解决高寒山区群众脱贫和改善生产生活条件的问题，作出了"加快实施移民搬迁工程、推进贫困农民脱贫致富步伐"和"离大山越远，离幸福越近"的指示。根据省委领导的指示，连南将高寒山区等"两不具备"村庄搬迁与"双到"扶贫和新时期精准扶贫结合起来，创新移民模式，大力推进下山移民工作，走出了一条以移民带动脱贫的具有连南特色的扶贫之路。

在这阶段，高寒山区移民建设以整村统一规划建设为主。由县实行"四个统一"，即统一规划、统一设计、统一标准、统一施工。注重民族特色，打造瑶族新村，把新村建设与发展民族经济、扶贫致富相结合，与少数民族社会主义新农村建设相结合。着力打造生态文明和以特色产业致富的移民新瑶寨，依托贴近新村的产业基地，优先安排有意愿的农户发展种养业，大力发展稻田鱼、高山茶、优质油茶、有机稻、土鸡、土鸭、土猪、蚕桑等特色产业。

2007—2017年，通过采取集中安置和分散安置相结合的方式，共建成县城及镇、村内移民新村12个，共完成高寒山区等"两不具备"村庄移民群众搬迁安置3891户15670人，其中2011—2013年完成3278户13179人，2014—2015年完成613户2491人，集中安置1146户，分散安置2745户。越来越多的高寒山区群众，实现了"走下大山，走向幸福"的梦想。

连南高寒山区移民工作取得显著的成效，先后得到了广东省委原书记汪洋和原省长朱小丹的充分肯定。2014年6月5日，中共中央政治局委员、时任广东省委书记胡春华到连南调研时，也充分肯定了连南高寒山区移民方面所取得的成绩。同时，县城高寒山区自愿移民新村还被中国国际扶贫中心确定为广东移民搬迁唯一的扶贫观察点。

四、高山移民对瑶区带来的变化

连南在各级党委和政府的关心帮助下，进行了长达60多年如此大规模的瑶族高山移民工作，可以说是史无前例，在全省甚至全国都是少有的，其影响也是深远的。移民改变了瑶族居住千百年的居住环境，给瑶族地区各个方面都带来了巨大的影响和变化，尤其以下几个方面较为显著：

一是生活环境和生产条件得到了极大的改变。过去，瑶民多在海拔800米以上的山岭上居住，山高路陡，边远分散，交通不便，缺水无电，生活环境十分恶劣，生产条件极为艰苦。移民搬迁下山后，在平地建起火砖钢筋水泥结构的楼房，改变了瑶民千百年来住泥砖瓦房，出门爬山，一水多用，人畜混居，松竹照明等落后状况，达到了交通便利，卫生用水，人有房、猪有圈、牛有栏的现代农村文明居住的基本条件。尤其是把房子建在耕作地附近，大大减少了往返时间，劳动效率极大提高，人畜粪和各种野生绿肥都得到充分利用，水稻由单造改为双造，开展科学种田，亩产从三四百斤提高到七八百斤。

二是瑶族地区经济快速发展。连南由于历史和环境等方面的原因，经济发展缓慢，群众的贫困面较大。据县有关部门统计，1978年农村未解决温饱的贫困人口有1.32万户6.68万人，占农村总人口69%。在上级的支持和社会各界的帮助下，经过多年的高山移民和扶贫工作，瑶民的生活环境和生产条件得到了极大的改变，促进了瑶区经济的快速发展。1979年全县农民年人均收入只有184元，1999年增至1815元，2009年增至3983元，至2017年增至12019元。那些特困村发生的变化则更大，如大坪镇大古坳移民新村，搬迁前的2010年全村人均年收入2030元，2014年增至4500多元，至2017年增至5560元，比2010年增加了3530元。全村有小车16辆，运输汽车9辆，许多家庭购置了摩托车、彩色电视机、冰箱、洗衣机、空调机或电风扇、沙发等现代家具和电器。广大瑶民迈入了脱贫致富的道路。

三是瑶族群众的思想观念发生很大的变化。大规模的高山移民，使长期处于闭封状态之中的瑶民走向开放地带，对外交往活动日益活跃。瑶族人与外界联系多了，视野开阔了，见识广大了，思想观念也就不断发生变化。过去（尤其是20世纪五六十年代），许多人封闭自锁，思想保守；不相信科学，迷信鬼神，听天由命；重义轻利，羞于经商，安于清贫，不求发展。现在，这些落后的思想观念都已得到了很大的改变，许多不良的生活习俗已被瑶民自觉革除。尤其是婚姻习俗，发生的变化非常大。自古以来，排瑶严格实行族内婚，固守"鸡鸭不同笼关，瑶汉不同床睡"的观念，极少与外族人通婚。新中国成立后，虽然有部分人打破规矩娶（嫁）汉族、壮族人，但为数极少。高山移民后，尤其是改革开放后，这种思想观念也已改变，排瑶未婚男女与外族人通婚已成为常态。现每年都有数百的排瑶男青年娶了外族姑娘为妻，也有很多瑶族姑娘嫁给了外族人，有的远娶或远嫁湖南、四川、广西、贵州、香港等地，甚至远嫁（娶）至美国、加拿大等国家,改变了排瑶千百年来地域近亲通婚的习俗,提高了瑶族人口的素质。思想观念的变化,给古老的瑶山带来崭新的气象。如今,百里瑶山,民族团结,开拓进取,实干创业,勤劳致富,学习科学,讲求文明,蔚然成风。

四是瑶族地区的文化教育水平快速提升。由于历史原因,新中国成立前,连南瑶族同胞受教育程度极低。长期以来,瑶族人民除了先牛公(巫师)认识一些瑶经中的汉字外,全都是文盲。新中国成立后,瑶区教育事业逐步发展。但在移民前,连南瑶区学校普遍存在散、小、差的问题。因班额小,普遍采用复式教学(即几个年级同一课室、同一教师)的办法,教学质量差,学生上学路程远,学时难以保证,学生年龄稍长就要参加生产劳动,学生流失率高,故全县文化教育事业发展相对缓慢,瑶族群众文化水平普遍较低。移民搬迁后,学校就近,生源集中,教学氛围好,教师安心,学生入学率不断巩固,教学质量明显提高。据县教育局统计,1988年,连南学生参加高考被录取的本科生仅20人,其中少数民族3人;专科生50人,其中少数民族14人。移民后,2011年,被录取的本科生46人,其中少数民族21人;专科生313人,其中少数民族151人。2017年,被录取的本科生86人,其中少数民族52人;专科生524人,其中少数民族331人。汪洋先后5次视察过的特困瑶寨大古坳,移民前只有1人考上大学,移民后的2012年至2017年,全村共有25人考上大学,其中有3人考上国家重点大学,确实是一件了不起的事情。

二、人物春秋

乐善好施的甘隆合

黄志高口述　萧维国记录整理

甘隆合，民国时期三江东塘乡绅，热心公益，恤孤济贫，关注时局，尊崇文教。其善行义举，广为乡人所赞誉。

民国年间，地方多事，内忧外患，水旱灾害频发，百姓贫弱。村中有朝不虑夕、贫难自持者，只须背一捆生柴至甘家，即能获大米两斤以解燃眉之急。大涝之后，津梁尽毁，三江一河两岸之乡民，均需涉水渡河劳作，先生于是出资多次重修南门桥及木板铺木桥，行人称便。水利年久阏塞，稻田干枯，先生又独自解囊重疏龙腹陂，蒙其惠者甚众。

每至年终岁末，甘家必磨好二三千斤生米，凡穷困潦倒过年无米下锅者，只要来叩一头，即以大木插装一插米（一二十斤）相送。平常乡村有人过世，倘贫无以下葬者，同样来叩一头，亦可获赠"火板"一副。

甘先生助人从不吝惜，然而于己却近乎苛刻。凡家中婴儿出生，均不买柿饼，而仅以糖水泡饭，咀嚼后喂之。其节俭如此，余可联想类推也。

1937年倭寇侵华，三江成立"连县第四区高良上乡非常时期工作委员会"，甘先生为委员之一，认真负责战时地方具体事务。1946年冬，三江筹办初级中学（淳溪中学），推选丁子庸、甘隆合等十五人为筹备委员，募捐基金，其中有粮田八十余亩，部分即为先生所献。

关于甘隆合乐善好施的故事在三江地区广为流传。

勤政爱民爱乡土　连阳郡望何春帆

陈重阳

敝乡连阳位处粤西北，自然环境恶劣，地瘠民贫。乡民一年四季勤劳山野，依然敝衣枵腹，温饱难继。故连阳有史以来文教不兴，难出人杰。唯到民国，稍有起色。但与其他邦邑相较，仍无法比肩。

民国时期连阳数十位军政人物，唯独何春帆先生不遗余力兴教办学，栽培提携后学，故被乡亲誉为"春帆细雨，郡望连阳"。

国民党将军何春帆像

何春帆（曾用名：何开湘，1893—1954），连南（原属连县）三江镇人，国民党陆军第十二集团军少将参议。

1906年，何先生于三江新式高等小学堂毕业，考入连州新式中等学堂。1907年，赴广州投考广东陆军小学堂，以第三期正取生资格录取。就读期间，由学堂监督赵声介绍结识邹鲁，加入同盟会。1910年，广东陆军小学堂毕业，考入南京陆军中学。

1911年，辛亥革命爆发，与陆军中学部分同学奉命赴沪参加革命，分派任上海光复军队长（连长），攻打上海制造总局。

1912年，南北议和，民国肇立，随离校参加革命之南京陆中同学回校复课。同年陆军部对全国军事教育实施学制改革，通令所有文武学堂一律改称学校。原设西安、武昌、南京、清河四所陆军中学堂撤销。原清河、武昌原陆军中学，易名陆军第一、二预备学校，招收原四所陆军中学堂未毕业学生，学制两年，课程与原陆军中学堂相同。预备学校学习期满后，经考试合格，升陆军军官学校（保定军校）就读。是年秋，何春帆等南京陆中同学赴清河第一预备学校继续学习。

次年，袁世凯刺杀宋教仁，革命党人群情汹涌激烈，李烈钧、方声涛等人发动二次革命，7月在九江举旗兴兵讨袁。时逢暑假，清河预校南方同学纷纷借口回乡探亲，赶往江西参加讨袁。8月，革命失败。不少同学因参加此次革命未得及时返校被开除或遭到通缉，何先生因被任命为讨袁军独立营排长，上了军官花名册，遭到北洋政府通缉。在好友范其杨、肖冠英两人帮助下，何将军东渡日本，以两位好友留学官费维持3人生活开支。次年何将军伪造身份，易"开湘"名为"春帆"，考取官费东京高等学校预科；再次年分配至熊本第五高等学校，毕业后再考入京都帝国大学法学部政治科，于1922年毕业。

1922年，何先生返国，经同学柳全田介绍，魏邦平委任其为广州卫戍司令部军法处长。

1923年，经丘哲介绍，任粤军总司令部秘书，同时兼任财政厅、教育厅秘书。邹鲁调任广东高等师范学校校长后，调其任学校总务主任。

1924年，经李济深（原名李济琛）、邓演达推荐，省长胡汉民委任何将军为鹤山县长。时孙文开府广州，10万客军进驻广东，军费开支剧增，县长主要任务就是加征赋税上缴。

20世纪初，珠三角遍地皆是防匪碉楼

然而清末以来，广东匪盗横行，地方人民联乡自保防御土匪，抵抗官府，民间沉枪百万以上；鹤山又是富裕侨乡，地方势力盘根错节，实力强横。何将军只身到此任职，哪有什么办法加征经费？但身为县长完不成筹集革命经费任务，自然遭到省政府及粤军总司令部按例行文申斥。何将军心有不服却是无法直言申诉，苦思无良策之下，唯有复函抗议省府赋税过多，人民不堪重负，他本人苦民之所苦，既不能完成任务也不忍完成任务，唯有辞职让能。

他分别私函给胡汉民、李济深、邓演达表示对群众加重赋税不满。信中有言云："一行作吏，便无人格耶⋯⋯"李济深没办法，只好将他调任西江善后总办任民政课长。因为这期间的任职何先生与第一师军官张发奎、薛岳、陈济棠、余汉谋等人结交。两年后张发奎十二师南征琼崖，何先生任琼山县长，张把许志锐三十四团留在琼山助其清剿邓本殷部溃兵。

清末民初，广东号称"盗甲天下"，而雷州半岛匪患又是"甲广东"，尤其是徐闻匪最无人性，屠村灭户事件屡有发生。南征渡海前，张发奎曾在徐闻诱杀千余悍匪（以招抚为名，诱骗匪帮列队点验人枪，包围后用机枪全部击毙）；没想到这时间半岛匪患又死灰复燃。

何先生临危受命，离开军伍十余年重披战袍，出任第八路军第二游击司令。但游击司令无下辖部队，要兵只能自己招。他只好找李济深领一张委任状，到粤北英德兼任县长，同时请老相识莫雄帮忙招兵。问题莫大哥又不会撒豆成兵之术，两人商量来商量去，招收良家子弟编练成军固然好，但想快捷有效只能招安粤北土匪去打雷州土匪。于是由莫大哥出面打招呼，把大小北江流域土匪全部招抚，编成四个团，带去下四府（高州、雷州、钦州、廉州）。至于县长职务？哦，县长他前后只做了18天（1927年5月13日—6月1日），便由他大哥何冀州接任。

是年底，张发奎、黄琪翔发动"张黄事变"倒李济深。何先生这几年来追随李，感情深厚，私交甚笃，继续公开拥护李，宣布南路高、雷、钦、廉四属独立。同时接受李济深新发布委任：第八路军新编第六师师长，仍统率原来四个土匪团。很蹊跷的是，7月新编第六师从雷州半岛乘船调回省垣，全师在黄埔港被第八路军强行缴械遣散，何先生本人调第八路军总指挥部任少将参议。

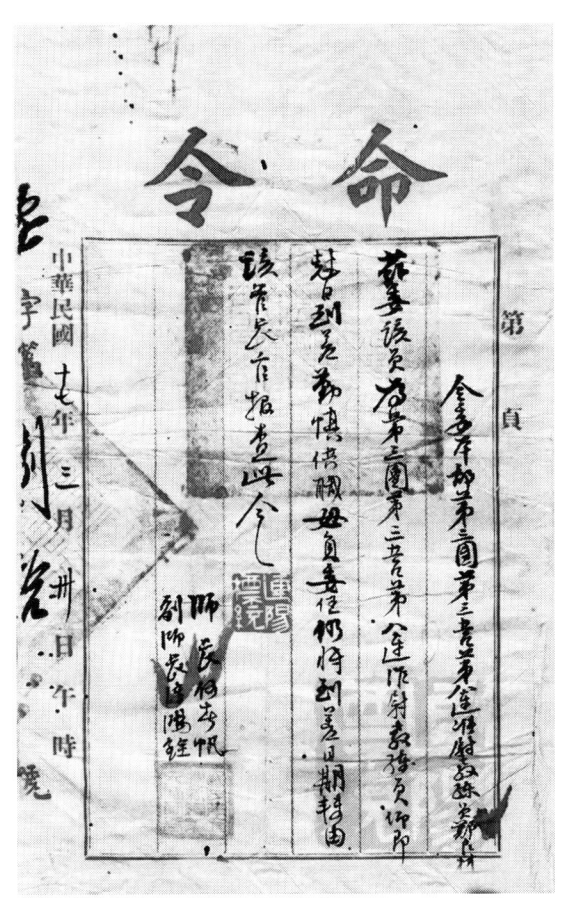

何先生签署委任令：委本部第三团第三营八连
准尉教练员郑良材令（1928年3月30日），
抗战时期郑良材任佛冈县政府谍报队长

1929年蒋桂大战之前，为阻断桂系联合广东，蒋把新桂系记名大哥李济深骗到南京扣押于汤山。何先生被视为李之死党，一起被开除党籍并明令通缉。他只好又一次逃到日本。直到两年后经广东省主席陈铭枢运作，把他从通缉名单里剔除，南京方面撤销通缉令。何先生因此得返广州，只是人还没还乡，胞兄何冀州便在连山县长任上病逝，陈铭枢有见于此，干脆兄终弟及，任命他为连山县长。

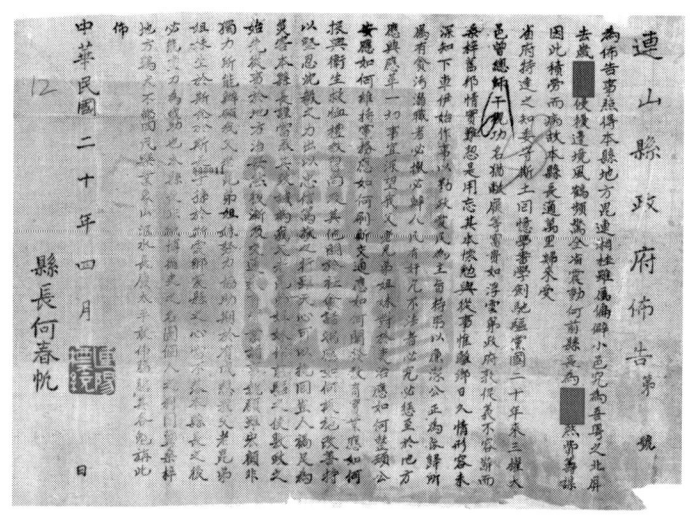

1931年，何先生上任连山县长布告

次年，中山大学校长邹鲁有感于何先生这个老门生做事勤勉周到，任繁任难，使得很顺手，命令他辞去县长，到中山大学任总务长兼军训主任。这个时期他对连阳籍学生多有照拂，如后来他当专员时任秘书的莫家励，与几个同乡同学就读中大附中，合租惠爱路芳草街旅馆做宿舍，吃住麻烦，花费颇巨；蒙他关照住入中山大学学生宿舍内，一来省钱，二来学习环境好。

"九一八"事变之后，广东执政当局危机感增强，开始重视学生军训工作，大中学校必须设立军训人员。何先生担任时，中山大学军训室主任每年中大招考，必亲自调阅连阳籍学生试卷复查，生恐改卷老师有所错漏，导致连阳籍学生不能录取。其重视紧张态度，颇得同僚尤其是校长邹鲁取笑。他抚腿长叹："敝乡不如贵乡多矣，贵乡因重视文教，人才一堆一堆地出，连阳籍每年能考入大学者不过十数，我当然肉紧（重视）了。"

何先生的大哥何冀州1928年任连县县长，苦于连阳当时只有县立初级中学，无一间高中。即使是最好的连州中学，很多学生毕业后，因无门路无法到广州继续投考升学。便决定动用公帑，亲自带队率领当年连阳各初中毕业生数十人到广州投考各间学校。启程下船之前，连县议会乡绅头面人物全员出动，在码头上舞狮燃鞭炮送行，殷切之情，溢乎言表。

到广州后，适逢何先生从南路回省，挂第八路军少将参议，却无实职，得以

1933年,广州市大中学生暑期军训中,接受军官讲评

抽身安置家乡学生吃住、做各种考前准备。并动用人脉关系,厚颜求情各校尽量录取……

当然,民国时期地方头面人物热心捐资办学,栽培乡土后学,成因颇为复杂。其中不无对后辈结以恩义,培养自己派系或个人后续影响力原因。但善行善举是不能问动机的,不然诛心论之下,天下无善。

**1938年初,何春帆先生(二排居中黑衣者)
回乡出任连县县长,与县政府人员合影**

抗战爆发后,广东军事当局委任何先生为第四路军少将参议,主要负责协调行政、党务、军事三方联席会议事务。其间曾率队往粤北考查第四路军及省政府撤退驻地事宜。

经考察,何先生建议翁源为军事总部,因日军如占据广州,韶关为粤汉线要冲,必成日军首要攻克目标,翁源位于韶关前方东侧,若日军攻至城下,司令部可利用自身权力中枢优势迅速调兵附敌之腰背。另外还有政治层面的考虑,军事指挥部不可离前线太近否则易被敌偷袭突击;太远则易被人视为贪生怕死,有伤军民士气。翁源离广州约两百公里,这个距离既对日军进攻有足够反应时间,又能及时作出部署,可谓不远不近。而粤省西北地之连县居万山中,山势险峻,除所建公路外,别无他径,是个战时避难最安稳的小城,适合行政单位留驻。

1938年1月,省政府秘书长欧阳驹考虑何将军是连县人,在连阳三县深孚众望,乃向省主席吴铁城推荐何先生出任连县县长,为省政府未来撤退驻地未雨绸缪做些准备工作,广东民众抗日自卫团统率委员会同时任命他为连县、连山、阳山三县(连南未设县)"抗日自卫团"编练主任。

王继昭像

当时刚刚结束淞沪、南京会战,有不少连阳子弟已经在这两场会战中殉国。如八十三军军部少校参谋王继昭,在南京突围中流弹阵亡。王少校牺牲的消息让何先生黯然神伤,这是他亲自栽培的后生。因此他在多次民众演讲动员中激励邑人:"广东人在抗日救国战争中,唔(不)会做衰仔,一定唔做衰仔。"

何先生在主持县政期间,办了好几件大事。

第一件事情便是组建编练连阳抗日自卫团。他一回连州,立即在城门北楼成立壮丁编练指挥部。然后凭借自己的声望,陆续调用或征召在职或退伍还乡军人来担任自卫团干部,如黄埔军校第五期步科、陆军第八十五军辎重团上校团长甘霖,因作战受伤回乡休养未完全愈好,便被他叫出来任编练副主任。

李铁樵（左）像

其他人还有连县李铁樵、黄堃、黄昆山、阳山李锦泉、连山罗达天等人，都是先后经历过战场，带兵娴熟的前职业军官。

在这些官佐帮助下，两个月不到便编成连县十个大队、阳山六个大队、连山两个大队，均由军事教官对自卫队员进行训练。

自卫团编练完毕后，何先生立即对三连进行清乡剿匪，安定地方秩序。当时山区内有数股土匪，何先生派人调查清楚后，采取剿抚兼施的办法，逐一逼降肃清抚平。

当时伏击阳山黄堃钱新喜股匪比较惊险，那是1938年5月下旬，钱新喜股匪十余人，准备晚上潜入县城盐铺街抢劫九如堂盐店，自卫队获得卧底情报后，出动政警队、自卫队80余人，待匪帮到达县城北郊住入伙铺后，立即包围。由警队便衣队员六人持枪率先冲入伙铺内，匪徒立即开枪顽抗，经十余分钟驳火，

率广东省政府迁移到连县
的省主席吴铁城像

匪徒被打死两人。钱新喜甩出两枚手榴弹后,趁警队人员闪避,从后门突围。钱新喜在逃窜过程中被击伤,他又想掏出手榴弹掩护自己,但负伤乏力或使用不熟悉,手榴弹没甩出两米,反而把自己及紧跟的一名匪徒炸死,其余6名匪徒被生擒。

是年10月,广州沦陷,省政府及下属机关大中学校仓促撤出,超10万人冲连县奔逃而来。好在何先生早有预案,为省府迁到连县做好精神与物资准备,加上有自卫团弹压,整个连县秩序稳定,治安良好,有条不紊,可以说是立了大功。

有功自然要讨的。何先生早就盯上了省教育厅,打算利用其资源把连州中学升级为具有高中的完全中学。早在3月时他在视察学校对全校师生讲话时就表示:"连县要改变落后面貌,必须培养大批人才,特别是要培养高中毕业人才,连州中学没有高中部,要到广州升学读高中考大学,这是富裕人家子弟才能负担得起,因此不知道埋没了多少英才,我们吃大亏了。这是我们老一辈人的过错,没有把这个事情早做。因此连县不但要有高中,还得尽快办。"

他想当年9月就开学,因此四处写信打报告说项,隔三岔五就找教育厅长许崇清要钱要人。省政府倒是爽手批复认可,但在程序上卡在教育厅,许崇清厅长认为办高中需要筹备一年,有充足师资才能对学生负责,不然徒有其名,反而耽误学生

许崇清厅长像

学业。何先生则深谙当时行政官员调动频繁规律,认为明年自己未必还在县长任上,以目前国事蜩螗现实,换其他县长日常事务就疲于奔命,此事肯定一拖即没。

他急如星火,借下广州去省府财厅办事之机,直接杀到高第街许崇清家里分说,两人拗起来,拍桌子互不相让。何先生大动肝火,把茶盅往地下一掼,开口就骂:"我当年在日本请你吃饭喝酒的交情你忘记了?"许厅长一个箭步冲上前捂住他嘴,气急败坏地求饶:"四哥,有事好商量,有事好商量……细声啲,细声啲。"

最后两人商议出折中方案,同意连州中学在教育厅备案,扩办高中,当年9月招生。但暂时还叫县立中学,程序走完后,再换牌叫省立高中。改名前经费四六开,厅四县六。

等他走了,许厅长站在庭前想了想,点点头,又摇摇头,转过身狐疑地问一直在边上看热闹的肖冠英、何如珍:"四哥说在日本请我吃花酒,可我怎么都回忆不起有这档子事?"肖、何两人看傻仔一样看着许崇清,异口同声地说:"你俾四哥诈咗咯(你给四哥诈了)!"许厅长这才反应过来,一拍大腿跳起来骂。

而何先生使出无赖手段威胁同学得逞,正站在船头抚须自得,笑逐颜开地溯北江而上,打道回府。

方案是定下来了,但师资问题又要头疼。因为教育厅规定,非大学本科毕业生,不能充任高中老师。在抗战初期,有几个本科生啊!即使有,又有几个愿意到闭塞的穷山沟教书?

这时何先生栽培乡土后生的优势就显示出来了,他把当年提携过的连阳籍中山大学毕业生,一个一个召唤回来,在本县工作就让他们到连中兼课,这批连县籍教师有:刘以毅,董百洵,莫家励、关照祺、陈吉铭、黄建宁、丘耀南、邓炎汉等。

董百洵(1912—1994),籍贯是连县三

董百洵像

莫家励像

江,1936年中山大学中文系毕业,任连州中学教员,县政府秘书,广东省第五区行政专署督查,国民大会代表、台湾"清华大学"教授。

莫家励(1914—2005),籍贯是连县三江,其履历如下:

1934年,东京日本大学社会学士;

1938年,任连县附城区区长,连州中学教员;

1940年,广东省第五区、第二区行政专署督查;

1943年,广东省国税局税务人员训练班主任;

1944年,广东省国税局西江南路督征处主任;

1946年,广东省国税局曲江分局长;

1947年,第一届国民大会代表;

1948—1949年,惠阳国税局长。

1939年初，何春帆先生升调广东省第五行区行政督察专员，专员公署驻潮安金山中学内。

1939年1月，吴铁城作为丢失广州责任人之一被撤省主席（抗战时有不成文规矩，只要是失土，军政首脑均被参议会弹劾，军事首脑一般降级不调职，行政负责人直接褫职），李汉魂在连县宣誓就职广东省主席。

何先生算是李汉魂学长，况且主持县政一年，各方面政绩颇为显著，因此调升潮汕地区任广东省第五行区行政督察专员兼保安司令。其实后面还有一层原因：专员须得身兼保安司令，而且战时保安司令身份更重要，战区司令张发奎不点头怎么做得成。

何春帆（左）、魏济中（中）、林国棠（右）在潮安

魏济中（1901—1974），广东省五华县横陂镇人。黄埔二期步科毕业。抗战爆发后任广东省第五区、七区保安副司令，揭阳城防少将指挥官等职。

林国棠，连县人。1930年任连县化瑶局局长，1940年任和平县长。

何先生到任后，发觉潮汕地区兵力空虚，正规部队只有华振中一个独立第九旅，外加一个保安团。其余皆是民团，好在潮汕地区海外华侨多，民枪多，自卫队有一定实力。他审时度势，唯有放手发动群众，大力支持群众自卫武装。是年端午，日寇进犯潮汕地区，何先生支持华将军出兵，对潮州、澄海城接连发动逆袭，曾一度克复失地，无奈实力不济，未能将日军逐出潮汕。

次年（1940），何先生调回连县出任第二区行政督察专员。2月，国民党中常会上，因潮汕失守何先生与华将军双双受到追责，一个去中训团受训，一个去陆大受训。是年7月，何先生从中训团回来后，被免职处分。

许崇清刚好代理病重的邹鲁出任中大校长，从云南澄江迁回韶关坪石，他看何先生无聊，想着他对中大是混熟庙门的老和尚，干脆又聘他为总务，凭借他在粤北地区的声望，负责筹措经费和筹建校舍。

其间一度因为香港沦陷，大批难民返回内地，何先生转任曲江救济站主任负担安置战争难民之责。工作告一段落后，复又回中大再挂总务主任。

1944年，日军发动一号作战，分两路打通粤汉线，一路从湘东南永州、宁武、蓝山经连县东陂、星子沿着湘粤边界往坪石迂回；一路从广州往北打，位于坪石的中山大学顿时在夹击目标内。

此时广州方向日军尚未攻克韶关，中山大学下辖各学院纷纷搭乘火车到乐昌后，往梅县、龙川方向撤退。剩下的师生则打算随何先生撤到连县，何先生先把带家属教师员工安置到临武，其余单身师生三百余人，在校警队带路掩护下，经宜章安全抵达连县。何故能躲？校警队大都是连阳子弟，可以带大家熟门熟路地走山道。何先生带队返连之后，立即在连南三江设立分教点，安排师生继续开课直至抗战胜利。

1945年底，何先生当选为广东省参议员。

1946年底，由邹鲁推荐，何先生当选为国大代表。

1947年底，经邵力子推荐，邹鲁、张群、吴铁城附议，何先生当选为立法委员。

1948年底，省主席薛岳委任何先生为重新编划第五区（连阳四县）行政专员，何先生不愿出任，推荐同乡门生李楚瀛出任。

1950年初，何先生从澳门归省，一度摆烟摊为生。

1954年初，被连南公安局拘留审查，二月病逝狱中，享年六十一岁。

1985年11月20日，连南县委、县政府作出了为何春帆先生彻底恢复政治名誉的决定。1988年3月，连南县委、县政府为何春帆先生墓碑举行揭幕仪式，省政协，省委统战部，韶关市和有关负责人及何春帆先生亲属参加了仪式。

参考文献：

[1] 黄振乾. 连县文史资料. 第一辑. 何春帆与连中.

[2] 陈才禄. 连县文史资料. 第二辑. 记中山大学连县分教处.

[3] 黄振乾. 连县文史资料. 第六辑. 抗战时期的何春帆.

[4] 梁卫军. 连南文史资料. 第十辑. 忆甘霖将军.

[5] 莫子奋（莫家励）. 回忆感恩录.

三、乡土溯源

历史厚重的老埠街

罗永新

讲起老埠街，上了年纪的寨岗人都是有极深印象的——那大榕树、老北帝庙、老戏台、老牌坊、石街路、老商铺、打铁铺、大水车、老码头、屈头湾、娘娘庙、称架河……总是有讲不完的故事。

寨岗在同冠水的上游，古时本是一片蛮荒之地，随着外地人的不断客迁到来，才逐渐繁荣发展起来的。老埠街是寨岗最早开埠（埠，即码头，因码头是物资聚散地，逐渐成为墟市）的地方，明崇祯十三年（1640），老埠因地处称架河和白芒河汇合的冲积地带，地势平坦，临近河边，水运方便，建有水运码头，成为寨岗的物资聚散地，于是渐起墟场——永安墟。

寨岗墟场的形成、发展与全国的农村市场形成、发展的历史是一样的——都是物质聚散地，然后宗教、地域文化融合，形成人们赶庙会的一种经济、文化现象。当年老埠街北街口，现万角小学图书馆前的空地上有一座香火极盛的庙宇——北帝庙，后来在轮船坝对过天子岭边（现寨岗中学）也建了一座北帝庙，为了区别两座庙宇，所以乡民就称老埠街口的北帝庙为老北帝庙。

寨岗墟百姓因居住在称架、白芒两河谷处，常受洪水侵害，故信奉北帝——北方的守护神玄武大帝，也是水神。相传其神通广大，法力无边，征服了龟蛇水族二怪。故此寨岗河边处常见北帝庙，就是乡民为防患水灾供奉北帝这位守护神。老埠街口这座是寨岗地区最大的北帝庙，新中国成立后被拆除，成为中心小学的操场。现九遴坝上还遗存一个北帝庙，虽"文化大革命"时遭到破坏，但经修复后，古迹仍存。

老北帝庙的东北侧，原万角木桥头（现万角小学教工宿舍）的榕树下有一个旧戏台，0.5米高，有七八十平方米大，左侧还有3棵约0.5米粗的香樟树，戏台是用三合土垒成，榕树和香樟树是天然的遮阳伞。乡民们来北帝庙上香后，都会到戏台前看戏,据老人回忆:清末民初时,老戏台还经常上演古戏,特别是"四位都爷"御匪壮烈牺牲的故事,常演不衰。庙旁(万角小学校园内)的大榕树,如是明代种下的话,已有近四百年历史了,如是清代中期种下的话,也有二百多年历史了,它们都是寨岗历史的见证者,值得寨岗人保护。

万角小学校园内的大榕树

戏台的右侧就是通往大码头和万角木桥的路口,一个小斜坡直到河边,那是一个用大石板修成的码头,台阶平缓,延至河边,方便人们取水、清洗东西,当然也方便牲畜到河边饮水,或涉河过到对岸万角村。而侧旁的万角木桥是一座高木桥,离水面2米多高,桥面宽约1.5米,没有护栏,走在上面,透过桥缝,可见河水在下面流淌,让人胆战心惊的,小孩子一般是不敢单独行走在桥面上的。每逢河水暴涨时,行人就不敢过桥了,木桥经常被洪水冲掉,让万角人无法过到墟镇。所以到了20世纪80年代,万角人集全村之力,建起石拱桥,就是多年来遭受了太多洪水毁桥带来不便而决心做好的一件大事。

顺着大榕树下的街口,一条石街路一直延伸到屈头湾大路口,向着社墩方向,矗立了一个木质牌坊,上有一匾云"永安大街",足有半尺的大黑字,书法字体,格外醒目——这就是有名的老埠街了。街道长约1公里,2米来宽,呈十字形。街的中心为一横状,有一个小广场,有拴马桩,还有一口井,向河边对出还有一个码头,供上下货物,向里的是一段延伸的街道。街道路面是由河卵石铺就,两旁尽是鳞次栉比的商铺,前店后宅,临街部分做买卖,后部是居所或者是工场。而临称架河的房屋,还在临河面处加建一层木楼,并形成吊脚,当地称为"吊脚楼水"。从事松香加工或舂米的商铺,还在临河边处设置了大水车,利用河水加工松香或谷米。从小广场往屈头湾大路口的几十米街道是商铺,快到路口的这段则是几家货栈和打铁铺,有一家打铁铺甚至坚持到了20世纪90年代。

老埠街打铁铺

20世纪80年代初,笔者读小学时,跟老埠街的同学回家喝水,走过石街路时,每当木车经过,街内回声响脆,仿佛历史的风铃。而街道两旁的商铺,已木板紧扣,没有人营业了,临街商铺都被住家改作客厅。个别房屋还是很大间,两层结构,内有天井透光,可以看得出,这是当年大户人家的屋舍。

寨岗最早的墟场为什么在老埠形成,而不是在轮船坝、高滩坝,或其他地方呢?从阳山志或寨岗志所记载的情况来看,寨岗的经济发展历史,与河运、物资出产地等相关。称架河流域,特别是寨南境内,出产木材、毛竹、矿产、药材、香料、桐油、茶叶、果类等农副产品。丰富的物产,导致寨南、社墩方向沿路的不少村子成了手工业加工品出产地。清朝年间,金鸡、社墩有竹器、棕叶编织;寨南有铁器、松香、桐油加工;石径高界、老厂有土纸生产。此外白芒坑除了竹木,还有铁矿、铜矿、铅锌矿的开采、粗炼,所以同冠水是一条繁忙的水道,老埠正处于两河交汇的冲积平地,当然成为寨岗内进外出的货物的集散地了。

墟场渐起，商人、手工业者开始聚集，大量的外来人口，带来新的劳动技术，还有文化信仰等影响。当年油榨下的河滩礁石众多，河水湍急，石径放出来的许多竹木排，在此往往会被冲散或出一些事故。出于平安护佑及宗教教化的需要，清雍正十二年（1734），乡民们在油榨下潭湾的山坡上建起了祀奉曹门虞氏夫人（即曹主娘娘）的娘娘庙。庙宇规模宏大，青砖黑瓦，两进厅堂，两侧厢房。入厅为四大金刚，正厅为曹主娘娘，神像金碧辉煌，颇为壮观，是黎埠、寨岗地区最为壮丽的庙宇。同治年间，举人曾庆襄曾为庙宇撰联："迹显英州，贞烈远昭千载；宫崇韩邑，英灵永播万年。"可惜在"土地改革"时，毁掉了神像，庙宇移作别用，后在"破四旧"时，娘娘庙被彻底损毁，只剩残墙断垣，一派凋零。2007年，寨岗的各乡村民又捐资重建了庙宇，但规模、工艺与过去已无法比拟。

2007年重建的庙宇

在墟场发展的同时，寨岗社会也不断向前发展。到了清朝嘉庆年间（1796—1820），因永安墟不能满足寨岗经济发展的需要，在横街处设立牛径墟，用一座高木桥连接，两墟齐用，后又发展了大街（今跃进街），形成了寨岗墟。

在历史的发展中，老埠街也演绎着不少名人或普通人的故事。清嘉庆年间，阳山大崀人缪胜，与母亲迁居老埠，少年时，家境贫寒，母子相依为命，靠打柴做短工度日。待长成，缪胜姿貌伟岸、胆力过人，但因贫无为，乃愤投清军。据民间传说，咸丰十年（1860）五月间，包围南京的清军大营被太平军击溃，数十万清军狼狈奔逃，在乱军中，缪胜救出七皇叔奕譞（光绪帝生父），由此备受重用。同治三年（1864）七月被保举为记名提督，同治帝还下诏赏给头品顶戴双眼花翎，穿黄马褂，赐紫禁城骑马，诰封三代。同时又因缪胜鲁直善良，不知机诈，易于驾驭，留其在京统辖神机营御林军，煊赫一时，破除清朝二百年来概由满人统领御林军的禁例。后缪胜出任广西梧州协镇台，福建漳州、汀州协镇台，卒于光绪八年（1882），今寨岗老埠仍存缪胜旧居残址。（摘自《连南县志》1994年版）

原老埠街铺面

当年永安墟的时代，老埠街是有很多手艺人的，不论是开杂货铺的，或是做银、打铁的，或是做松香、桐油的，或是教书、写字的，或是织布、染印的，或是修理农具、钟表的，或做麻澄、油糍的，或做豆腐、米粉的，或是做馄饨、小吃的，都在墟场生活与劳作，默默地为寨岗永安墟的繁荣发展而贡献力量。

民国二十九年（1940），为适应抗战需要，在县督学及寨岗乡公所督导下，寨岗下辖的五个保分别创办五间国民初级小学。其中第三保在老埠北帝庙创办了"菁华小学"，1950年，位于大街凤鸣社学内的寨岗中心小学迁至老埠，与"菁华小学"合并，定名为寨岗中心小学。

20世纪80年代，大榕树下有一位用萝格卖麦芽糖的老人。此人姓曾，住在老埠，个头不高，满脸皱纹，大家都叫他"六伯"。他做的麦芽糖非常好吃，有

老埠街铺面旧貌

甜味的、姜味的、芝麻的,还有空心的。每当他敲起那清脆的糖刀时,小朋友们就会聚过去,小块的1分钱,大块的2分钱,长条的可吹哨子的也是2分钱,有时还有薄荷味的麦芽糖,含在嘴里,凉浸浸的。虽然许多小孩子买他的麦芽糖,但"六伯"所卖的麦芽糖,坚持精心制作,从不掺假,出品的糖块大小一样,整块糖要敲开时,也会应小朋友要求,多一点点、再多一点点。平时上课无人来买时,他就会用一块干净的布将麦芽糖遮好,然后在旁边抽上一口纸烟,等到小朋友来买麦芽糖时,总是笑咪咪的。

老埠街新貌

时过境迁,寨岗中心小学因封闭管理的需要,已起了围墙,封住了老埠街的北出口,万角木桥也下移 50 米建成了石拱桥,原来的码头也填埋了,建起了中心小学教工宿舍。由于出入不便,居民陆续搬出,老埠街愈发显得萧条,最近称架河进行了堤岸改造,石街路也消失了,只有河边的大水车、小学的大榕树还静静地矗立在那里,看着日月穿梭,四季轮转……

人杰地灵的石坑岜村

罗永新　罗雨房

"蒲仙清流马安延，慊伞山前翠竹连。石岜耕读才人出，曾罗几姓多俊彦。"从寨岗圩向北沿连州官道经官坑到马安桥一带，就是石坑岜村了。此处田园风光锦绣，西有慊伞山矗立为靠，东有马鞍山卧地为墩，马安河经阳爱流出，安然绕村东去，河岸边翠竹连连，田野里稻浪阵阵，青山绿水间泥砖灰瓦的农舍错落而建，一片祥和安宁。

与石坑岜村西临的阳爱村以前被乡人称为"军垌"，据班、蒋、颜、梁、徐等姓氏的后人称，其祖上是明代从番禺、南海等地迁来寨岗屯守的世袭军户，属军官世家，在寨岗的地位显赫。到清代初期，班、蒋两姓固守阳爱，为强势氏族；骑都尉梁军达早已在马鞍山脚安居立业，拥有良田数百亩；而官坑、石坑岜一带的田地多为班、颜等家族所有。

乾隆年间，客家人开始从惠州、梅州、龙川等地陆续迁来寨岗。最后落户于石坑岜村的有曾、江、李、罗、古等姓，如曾姓人家在田心村聚集而居，此片区称之为曾屋。而清朝道光年间，罗氏必祯公后人溯江入阳，也来到寨岗石坑岜的田心村，立宅定居，聚居于田心村中间。历史沧桑，社会发展，曾、江、李、罗等姓，均持续延展族脉，人才辈出，各领风骚，其中罗氏必祯公后人的发展历史更是波澜壮阔，现撷其故事讲之。

当年客家人刚来寨岗时，没有田地，生存、发展实为艰难。客家人因此或积极寻荒开垦，亲手获得土地；或与本地人攀亲，希望得到赠地；或打工蓄钱，有余后而买地。罗氏必祯公后人迁来田心村后，也是积极垦荒，艰苦创业。当然族中也有口传，祖上也有人与班、梁等姓联姻，获取土地，但谱中没有记载。百十年来罗氏族人就这样忍隐筹谋，耕读传家，人才辈出，迅猛发展。

至今村民中留传的民谣和传说，都有讲到让后人叹服的罗氏族人坚韧发展之精神。

一则是罗氏族人勤俭出名的民谣:"至嘱、至嘱,有女莫嫁罗屋;粪桶百二,箩头百六;鸡啼出门,半夜转屋;有亲戚来,吃唔到肉;炒碟黄豆,遮过盘笃;筷子一到,浪浪碌碌;乌蝇擒走,上屋追到下屋……"此谣虽为夸张,但可窥罗氏族人当年的创业艰辛与持强精神。

另一则是罗氏族人持之以恒,终得建必祯公祠之地。道光初年,高滩坝堪舆大师罗国辉,就察到必祯公祠那块地——背靠幌伞山,如龙椅之后屏;前朝马鞍山,如开窗扇接霞光万丈;左右山环抱,如青龙白虎峙立;清清小河绕村,如玉带缠腰,此为水缠玄武形也,真是一块吉地!但此地原为颜氏富豪所有,颜氏不缺钱,不但地多,而且在连州都有多家商铺,以购买、换地的方式都不同意出让。地暂不能到手,后忍隐多年,经过多方周旋,于同治年间,方得此地建起宗祠。

必祯罗公祠,祠堂规模宏大,占地约十亩,始建于同治年间,现有近160年的历史,2009年必祯公族裔集资依原貌重建,焕发新颜。祠堂建筑格局为三进两厢横屋的砖瓦结构,坐西向东,朝迎旭日,夕披彩霞;屋前塘水泱泱,云影浮动;两侧桅杆矗立,气度非凡。

必祯罗公祠旧貌全景

必祯罗公祠前厅旧貌

必祯罗公祠新貌全景

迎前而观,大门上一幅笔势苍劲的对联扑面而至——"基开韩土,派接湘流"。信步跨入大门,下厅屏柱间悬挂一匾:"大德必得"。字体浑厚而富含蕴意。《礼记·中庸》有云:"故大德必得其位。"意谓德行高尚的人,必有好的回报。步至中厅,屏柱间又挂一匾:"簪缨奕世"。唐代时,罗家的诸公人才辈出,官宦显著，故此匾激励后裔要向先辈学习，勤读勤学，科举冠裳，光宗耀祖。至上厅神龛前，壁上一幅俊秀的对联："本树韩山孙枝毓秀，源流湘水嫡派绵长。"道出了石坑崀村罗氏后人的历史渊源——肇始于湘河，立于江西豫章，辗转于福建安溪，迁入广东兴宁、惠州、台山，后来阳于寨岗立宅开基，族脉绵长而兴旺发达。

必祯罗公祠中厅新貌

石坑崀村罗氏本是罗达先长子罗贻光之子罗必祯后人。乾隆年间贻旺、贻华两房子侄在贻华公姒江氏婆太率领下从惠州入阳，居住在寨岗高滩坝村。1830年正月，罗贻光后人罗国容率罗国宁、罗炳文（罗国康之子）三家一起迁到寨岗，原本想在高滩坝落脚，但人多地少，住不下，后到石坑崀田心村立宅安居，不幸的是，罗国容当年八月便寿终了。

一般来说，往往都是祖祠子建的，罗国容生六子，兄弟人多力量大，较早在村中建起国容（宽裕）罗公祠，该祠砖瓦结构，为三进一横合屋，大门对联为："通候世泽，理学宗风。"跨入厅堂，可见廊柱、侧壁的楹联字句，对仗工整，龙飞凤舞，蓬荜生辉。而神龛上的对联为："所爱衣冠长济美，还期俎豆永常新。"包含了对后辈要勤读上进，博取功名振家声的期许。

宽裕（国容）罗公祠

宽裕（国容）罗公祠内景

而罗国容二子罗彬文又在国容罗公祠后立宅，但该房屋在土地改革后，经众议转卖给当地乡贤。罗国容四子罗彰文，字常九，因在家中排行第五，或因生意堂号为"五合"，故人称"五合公"。其懂筹谋、善经营，致事业隆昌、富贵有余,他在必祯罗公祠后建起一座五间联排、气度非凡的青砖合屋。罗国宁后人则在国容罗公祠前建起国宁罗公祠,为两进厅合屋,大门联为:"司农世泽,理学儒风。"后来两侧厢房被拆,只剩中厅,香火也移进了必祯罗公祠。

在寨岗安居的岁月中,石坑崀村必祯罗公后人贤才迭起,麟凤满堂,特别是族系人才文武皆优,实为黎寨大地各村少见,一时冠水河畔赞誉之声不绝。

据村中罗氏谱载:清代时期罗姓族人中考取监生、贡生功名者有19人之多,廪生(秀才)一批,其中有3人考取武秀才。同治元年,罗炳文次子罗绍源(传濂)以超等第一名补廪,光绪十八年入列恩贡生。而早在道光十六年(1836),其抄录广西桂岭罗氏洪德公十九世孙甲子科举人罗俊魁携来的族谱后,编撰了连阳罗氏达先世系的第一部族谱,为族人敬仰。罗彬文三子罗绍杏(传熙),光绪六年获岁贡生,于必祯罗公祠前立文官标桅杆;光绪十三年,其任阳山县儒学训导;后在金光乐园地建起五上五下新宅一座,立业延脉,开派新枝。罗彰文次子罗传皋又获明经进士(贡生),也于必祯罗公祠前树立桅杆,显扬功名。

罗彰文长子罗传典(号史根)在按察司照磨的职位上,勤政为民,有受人称道的新举与实绩。罗传皋长子贡生罗家德(明辅),在广西皋清县司职时,吏考为全省优等第一名,进京嘉誉,擢任广西桂林府桂林县实授知县。罗传皋次子罗家惠(采畴)、三子罗家肥(侨华)、四子罗家史(荣华)皆考取功名,亦为邑人崇赞。

国宁罗公祠

罗传熙贡生所立桅杆

罗氏族人还在村中设有习武拳馆，名为"勤胜武馆"，主要作为族内青壮子弟练武的场所，因此，族中出了一大批比较有名的武人。其中，罗传瀚、罗传周、罗传冠在连州科试武考中技艺出众，均获取武生员（武秀才）的荣号。经日积月累的深习，罗参文次子罗绍淑武功超卓，名扬一域，光绪年间，在黎埠黎头圩与沙河仔斗杀，以一敌十，场面惨烈，后寡不敌众，伤重身亡，但其敢与恶霸斗杀，锄强扶弱的义举被黎寨乡民所称颂。

清代后期，石坑崀村必祯罗公后人建起醒狮团，到拳馆习武的青年越来越多，武术技艺高超者大有人在，如罗永昌、罗启路、罗庚隆、罗启金、罗海先等均为武术高手。民国时，一年一度的连州醒狮"抢花炮"大赛中，石坑崀醒狮团以精湛的狮艺、高强的武艺，无畏各路豪强，力压各方狮团，抢下花炮，这一出彩表现，让罗家狮团、武术拳棍亦名扬连阳。

罗家拳法有"十六度拳""三十六度拳"（七伤拳）、"七十二度新装拳""一百零八度五虎拳"；还有外家拳法："和合拳""五华龙拳""五虎下山拳"等。棍法有"大旗棍法""单考棍法""双头棍法"，最为出名的是"单考棍法"，据说此棍法是由唐代时的罗家枪法演变而成，招法变化多端，威力无比，出招直夺人命，所以祖上规定每代中只传一人，现历史年代久远，此棍法无从考证。

到了清末民初之际，虽逢时局变化，但石坑崀罗氏族人仍才人辈出。罗荣华（信初），字家史，生于同治十三年（1874），少年勤读儒学经典，18岁进庠，旋迁廪生。其到南海康有为门下深造，后参加保皇党，戊戌变法失败后，归隐田园。民国四年（1915），袁世凯称帝，作为广东代表之一，亦到京致贺。随之入广东法政学校就读，毕业后为广州执业律师，并兼任粤海关委员，后任连州法庭推事官、阳山县参议员，直至民国二十四年（1935）辞职。民国时期，罗家南之继子罗启兰（启忠），少年志高，处事有魄力，20岁被乡绅推选为寨岗乡长，22岁就被聘为国民革命军第六军军长黄鸿猷随行秘书，24岁提拨为莫国华师参谋长，1928年冬辞去军职后，就任阳山县财委会会长，综理全县财税事宜。罗家胜次子罗启霖，亦考取广东法政学校，1928年寒假回家，路过阳山青莲被当地地主民团伏杀，为当年震惊全省的"阳山八学生事件"之一。罗启伦之子罗汝梅则出任国民革命军军医官。

中华人民共和国成立前后，更有众多的有志青年挺身而出为国家、社会献能献力。罗昆烈、罗启桥等从戎连江支队，毅然地加入到伟大的解放战争行列。罗汝秋、罗汝庭则在保卫新生政权中壮烈牺牲，气贯长虹，永垂千古。抗美援朝战争中，罗玉林血洒疆场，为国捐躯，魂昭日月。罗锦声、罗建群在对越自卫反击战中英勇战斗，荣立三等功。进入社会主义革命和建设时期，罗荣晃、罗昆华等人，先后担任国家公职中的县副处级领导职务（罗荣晃后晋升为正处级）。

百年来，石坑崀村罗氏先辈秉持传统，崇尚儒学，治家严谨，有着良好的家风。必祯罗公祠内仍挂有这样一幅对联："处世有何奇，礼义廉耻，便是交友睦邻矩蒦；齐家无别法，农桑学校，永为贤肖子孙楷模。"另一副对联则是："老太婆，有几何来，饭要留餐，莫话米贵；好嘉客，无时常至，茶须献盏，休云天凉。"罗信初曾撰有一联："栽玉树，种芝兰，和气自能生瑞气；擅文章，懂礼乐，书声当可振家声。"此等和睦乡邻，喜好迎宾待客，读书上进的家教，一直影响后代子孙，为处世做人之楷模。

此外，罗氏必祯公后人承传统习俗，重孝道、敬先人的做法也为人称赞。每到清明挂纸（扫墓），祭祖场面蔚为壮观，祭品除了三牲（全鸡、全猪、全羊），还有诸多干鲜果品、线香烛帛、茶酒等。祭拜之日，请八音锣鼓，组织狮团助兴。祭拜仪式非常讲究，有礼生执事，主持祭礼，开祭时鼓乐鸣炮，主祭、陪祭到位，行三跪九叩大礼，祭后就坟地上埋锅造饭，共享祭品，尽醉而归。每年参加祭祖的嗣孙，多时超过千人，少则几百人。新中国成立前族中有尝田产业，祭祀之费用多由尝田租谷支出，新中国成立后，尝田没有了，改由族人集资而为，但嗣孙热情不减，可见，敬祖念宗之中华民族传统不断承继。

罗传皋二子罗侨华（家惠）会算盘、懂营生、讲诚信、善交际、勤节俭、会积累，遂成为继五合公后的又一个连阳富豪。民国时，罗侨华虽为富贵之人，且年愈七十，但对母亲之事必躬亲所为，寒暑无间，如此孝敬老人之道被黎寨民众所赞扬。1932 年，其母曾氏去世，享年 95 岁。一贯崇尚节俭的罗侨华，念及母亲寿德，故丧事办得非常隆重，从入殓到落葬，足足停丧三个月。报请了众多亲戚、朋友前来吊唁，并在家门前搭了一个 800 平方米的金字厂棚，用于做斋，请来 12 个道士做水陆道场 3 日 4 夜，修斋超度。在"放水灯"时，场面十分壮观，有道士、八音、头锣、执事，有衙轿、旗幡、灯笼、轴布，有纸人、纸马、纸钱、铭旌等。道士穿红、孝子着白；头锣敲响、八音奏起；灯笼照路、纸马游动；轴布旗招、铭旌随行……一路浩浩荡荡，足有一两里长。还山之日，参与送

五合公青砖屋

行的大人小孩更是有数千人之多,光挽联轴布就有130多幅。当天办的丧席就有500多围,厨师动用则超百人,为寨岗有史以来白事办得最为隆重的一次。

石坑崀村罗氏后人自强自立也是出名的,光绪二十二年(1896)罗家德到广西桂林履任时,被奸人在接风宴上毒害而亡,恶讯传来,举族哀伤。其妻罗梁氏更是伤心欲绝,但她在痛苦中毅然挑起家中担子,独自抚养二子成人,直至他们娶妻立业。光绪年间,她还建起上三下三青砖屋一座,该屋规模宏大,青砖水磨,门窗皆由大理石砌筑,窗柱为拇指粗的生铁枝,檐下伸梁雕刻成鲤鱼状,两侧厢房屏风则雕有梅兰竹菊等花饰,天井由大理石镶边,周边则是由彩色洋灰铺地,连两边横廊小门也是由大理石砌就,此楼建筑风格与黎埠信善楼一样,做工精细,石料较多,大气而显富贵。罗梁氏以一妇人之力建屋抚子,韧劲与魄力确为后人敬佩。

沧海桑田、日月如梭,石坑崀村也一样经历过历史风雨的洗礼。民国时,村中有人参与革命为家国社会献身,亦有人吸食鸦片而不能自拔,败了家财、坏了村风。新中国成立后的一些特殊历史时期,村中宗祠的文物遭受较严重的破坏,拳馆解散,习武的族人愈来愈少,村中所秉承的文化也改变了许多,一切都在发生变化。

新中国成立后,村中居民分了田地,但主要还是从事农业种养,出产的农作物以稻谷为主,其次是番薯、芋头、玉米、黄豆等。因人多地少,普通农民生活清苦,基本是三餐吃粥,半月没肉;居住条件也比较差,村中房屋都是泥砖瓦屋,至多两层。1980年包产到户后,劳动力得到解放,除了耕作外,还从事建筑、挖煤、烧石灰、炸石、做木工、经营小商品买卖,或外出务工。经济收入由此大大提高,村民的生活水平也是芝麻开花——节节高。

21世纪以来,随着改革开放的深入,石坑崀村民开始走出田心,走向珠三角,走向全中国。越来越多的村民创业致富,荣归乡里。现在村中的房屋已多为钢筋水泥楼,有些甚至是四五层的小洋楼,部分家庭已有了小汽车,生活越过越好。

随着社会主义新农村建设的进一步开展,国家又实施乡村振兴计划,石坑崀村的村容村貌也发生了翻天覆地的变化。连南县省级新农村连片示范建设工程项目,其中石坑崀为"农业集散及农产品加工示范区"。规划中提出,将以传承地方特色文化,通过优化人居环境、提升农民幸福感。随着规划的实施,各种文化设施将愈加完善,各姓氏族人安居乐业、和睦共处,共享幸福时光。

罗家德青砖屋

石泉山下的古村落——寨脚村

罗穆良

石泉山东南面山脚下有个村庄叫寨脚村。

为什么叫寨脚村呢？是因为石泉山上很早就建有山寨，山寨脚下的村庄就叫做寨脚。远在新石器时代，石泉山就有人类活动。目前，从石泉山出土的文物来看，就有石锛、石斧、石凿、石纺轮、豆、鼎等器物。又从清道光十二年（1832）摩刻于石泉山东南面的碑文提到的刻碑原因"兹因瑶叛避居，众议依旧址筑砌山门围基"来看，"依旧址"就说明在道光十二年之前，石泉山上就曾经筑有山寨；碑末附有一首诗："翠接昆湖出岫巅，登高一望秀参天。古人避世曾修寓，后代承先亦复然。"后两句的意思是：古时候，老百姓为了避乱，在石泉山上曾建有山寨，如今我们后代又遭遇祸乱，只得像古人一样重新加固山寨的大门和围基。

由此可以断定，如今石泉山东南面山脚下的村庄叫"寨脚"，实指"山寨脚下"。

据寨脚村的一些老人介绍，寨脚村原有三座门楼。最早兴建的居中的门楼叫"维新坊"，后来随着人口的发展，陆续兴建了左侧的"桂林坊"，右侧的"余庆坊"。如今，维新坊和余庆坊早已经拆毁，踪迹全无，只剩下桂林坊还在。大概是因为桂林坊不靠公路，交通不便的缘故吧。

从前维新坊常用的楹联是："石径有尘风自扫，泉声不咽水常盈。"

桂林坊门楼坐南朝北，长6米、宽4米、高约5米，为青砖瓦悬山顶结构。门楼的正面门洞为拱形，高2.9米、宽1.9米，门洞里侧至今仍有两扇高2.9米、宽1米、厚7厘米的大木门。门洞正中上50厘米处是一块长0.6米、高0.4米的碑刻，阴书"桂林坊"三字，"文化大革命"期间被人用石灰水涂抹，字迹难以辨认了。正面墙体厚60厘米，里边三面墙体厚40厘米。墙体厚薄不一，也许是冷兵器时代，从稳固性、抗击打和节省材料的因素考虑的。

桂林坊，贴的是嵌字联

卵石、石灰夯土围墙

村道、石砌围墙

桂林坊的形制,最外边的房子都是一间间紧挨着门楼建造的。房子不多,估计仅四五排房子。清制老房子还剩四五间,既有悬山顶结构,也有硬山顶结构。每间房子占地面积不多,仅60平方米左右。民国中将李楚瀛的老房子是夯土房,长8.5米、宽5米,相较其他民房,门前多了一堵照壁,估计是发迹后加上去的。坊内小巷极为狭窄,仅1.5米左右。小巷用青石块或卵石铺就。门楼前是一条约2米宽的村道,从前是青石和卵石铺设的,如今已经被村民用水泥铺盖了。

村道外端砌有一堵厚30厘米,一人高的围墙,如今只剩下几处断垣。据现遗留下来的围墙来看,既有小卵石加石灰黄泥的夯土墙,又有用河石拌灰沙砌的墙。据此推测,寨脚村的围墙不是同一时期建成的。

围墙外是一方狭长的水塘,起到了"护城河"的作用。围墙加水塘做防护体系在整个连南都是十分罕见的。这里为何出现一方数十米长的水塘呢?据一些老人推测,是因为从前的三江河曾经绕到石泉山南面的榕树脚下,水系交通非常发达,经贸往来频繁,促进了经济的繁荣。榕树脚下就形成一个著名的景点——石泉夜渡。而这里也是交易的集散地,被称为"石泉堡"。当地村民也就利用本

石泉山下的古村落——寨脚村

国民党军中将李楚瀛的宅基、夯墙，前有照壁

依稀的水塘

地村边的优质泥土烧制瓷器，久而久之就形成了一方长塘。今联红小学操场处原本是一口深塘，有许多破碎的陶片，在20世纪五六十年代被填平。许多老人都说，从前，寨脚村也叫"长塘莹"，盖因有长塘护村的缘故。

虽说如今家家户户已经用上自来水，免除了肩挑手提的劳累，但寨脚村至今仍留有两口古井。一口在桂林坊门楼左侧前20米处，圆形井口，口径60厘米；

另一口在今寨脚村文化室旁边，稍近公路，方形井口，口径 65 厘米。也许因为环境的改变和井水长期不用缺乏流动的缘故，井水显得比较浑浊，再也见不到旧时清澈的景象。而且水井周围建了新房子，村道修葺加高，井面自然低洼了许多。为了防止雨水大时地面污水灌入水井，村民将井面提高了约 1 米。两口古井已经失去了供水饮用的功能，留下来，想必是为了给大家留下个美好的念想吧！

上门楼的圆口古井，桂林坊门楼前

下门楼的方口古井，还有人吊水洗衣

古人常说：物华天宝，人杰地灵。石泉山地势险峻，树木葱茏，山上鸟鸣啁啾,丹桂飘香,构成了"伏兔春莺"的美景;山下三江河蜿蜒而至,商贸繁荣,日落时分渔歌互答,又是一幅"石泉夜渡"的乡村美景。显然,此处是人类宜居之地,而此地也涌现出一大批俊彦之士。限于资料,在此仅罗列数名寨脚村的英士。

禤钟灵像

禤连标,清朝千总,五品蓝翎。

禤连禄,三江人,清同治八年(1869)赏六品蓝翎顶戴,同治十一年(1872)授三江协右营左哨外委千总武职。

禤士元,三江寨脚村人,清道光年间进士。

禤钟灵(1874—1959),三江寨脚村人,三江名中医。青年时代弃教从医,从医近六十年。曾在连县石角、三江泰安街经营药店,坐堂行医,堂号为"永生堂"。他善于诊治疑难杂症,对中草药颇有研究,学以致用,为许多患者解除了痛苦。其医术及医德口碑甚好,被人们称为"大国手"。

邵祖遗赠禤钟灵的匾额

陈耀堂,家贫好学,擅长西医,治病不斤斤计较诊金,贫穷者赠药,乡亲咸受其惠。清末秀才,民国元年任连山县知事(县长)。

李楚瀛，三江镇寨脚村人，生于清光绪三十年（1904），曾用名李龙、李成就、李就，字自勋。少年时期就读寨脚小学、三江小学。民国十三年（1924）1月考入黄埔军校，是年12月毕业后任国民革命军教导师第二团第三连见习排长，参加了东征、北伐诸战役。1927年7月升为蒋介石嫡系第一军一师三团一营营长。1933年3月，升为八十三师二四七旅旅长。1937年在庐山受训，毕业于陆军大学甲级将官班。

在抗日战争期间，先后参加南昌、豫南、豫中、枣宜、中条山等会战，屡立战功，被授于军事要职：1938年10月任二十三师师长，次年6月6日晋授少将军衔，1940年11月擢任八十五军军长，

国民党军中将李楚瀛

1943年12月任三十一集团军副总司令兼八十五军军长。

李襄，三江镇联红村人，民国时期历任第八十五军军务处处长、连县警察局局长等职。

李蔚然，三江镇联红村人，日本陆军士官学校毕业，曾任中山大学军训主任（国民党军少将）、浙江温台四属主任。

陈日源，三江镇联红村人，曾任台湾陆军少将。曾捐巨款开发了石泉山公园，让老百姓有一个休闲、健身的好去处。

陈新盈，三江镇联红村人．大学毕业，1949年迁居台湾，国民党军上校军医。

陈新寅，三江镇联红村人，曾任中共连南瑶族自治县委组织部部长、第四届县委常委，连南县第二、三、四届政协副主席。

陈土生，1933年出生，三江镇联红村人，毕业于吉林大学数学系，曾任东北林业大学副教授。

陈新佃，三江镇寨脚村人。志愿军四十五军三九九团一连副班长，1953年3

月在朝鲜牺牲，时年18岁。

陈开武，1938年11月出生，三江镇联红村人，1962年9月毕业于中南矿冶学院地质测量及找矿专业，高级工程师。主要从事有色金属、稀有金属、稀土金属及黄金等矿种的地质普查和生产性综合研究工作。取得多项研究成果，在找矿和矿产开发中得到实际应用。

陈火新，三江镇联红村人，历任坪石矿务局医院副主任医师、院长、党支书，连南县人民医院副院长、院长。

梁启春，1938年3月29日出生，三江镇联红村人，中共党员。1962年8月毕业于华南农学院农学系，曾任深圳市农牧实业公司党委书记、副经理（正处级），1990年曾获农业部科技进步三等奖（集体）。

……

当然，服务于各行业的人才就更多了。

寨脚村除了过汉族传统节日端午节、中秋节、春节之外，还过比较有地方特色的正月二十赖拜节，五月十三磨刀节，七月十四鬼节。寨脚村的鬼节除了烧衣纸安抚孤魂野鬼外，还有个主要的节目是舞火龙，借此禳灾祈福。

从石泉山上的重修山门围基碑刻看，当时的寨脚村主要有禤、梁、李、陈四姓，近两百年过去了，大格局基本没变，还是以禤、梁、李、陈人口居多，只增加了人数较少的林、岑、傅、刘、蒋、冯、余、甘、曾、黄等姓而已。禤氏一族世居广东三水县，以昌公迁居到连山县上草，到了4代的积旺公始迁来此居住，至今已历18代；梁姓，原籍浙江，明朝初年，一世祖隆常公迁来寨脚村（原名长塘埂）落业，至今已传26代；李氏一族祖居南海，后入连始祖李金阳迁至连州南门街，高祖俊烿公迁至高良石泉乡，已历20代；陈氏族人由北京迁入，堂号为"颖川堂"，一世祖于明朝中期避难到寨脚村落业，至今已传20代。

随着社会的发展，人口的增多，寨脚村的住房建筑已经越来越远离"三坊"原址，向外侧扩散了。而且也不需要围墙、水塘来防护居住安全了，这个缩影，不能不说是社会的巨大进步。

中国瑶族第一馆——广东瑶族博物馆

吴卫清

广东瑶族博物馆坐落在清远市连南瑶族自治县三江镇的高寒山区移民新区，按国家三级馆标准兴建，于2009年初开始规划，2010年10月动工，同时派出精干队伍赴广东、广西、云南、贵州、湖南以及越南、泰国、法国等地深入瑶区乡村征集民俗文物。连南瑶族自治县人民政府用三年时间先后多渠道筹集近一亿元，建起占地面积47.75亩，建筑面积14566平方米的广东瑶族博物馆。从规划论证、征地、土建装修、征集文物、陈列布展，只用三年时间于2012年12月便完工，2013年1月连南瑶族自治县成立六十周年庆典之际开馆，在全国同类博物馆建设中速度之快十分罕见。正如广东省民族宗教研究院院长马建钊教授说："广东瑶族博物馆是中国乃至东南亚地区展示瑶族历史文化最全面、最完整、最系统的瑶族博物馆，是中国瑶族第一馆。"

广东瑶族博物馆的外观正面

连南瑶族自治县是广东省少数民族自治县成立最早、瑶族人口最多的自治县，在这里定居千百年的瑶族人民创造了独特丰厚的文化遗产，2005年至2008年连南的"瑶族耍歌堂""瑶族长鼓舞""瑶族婚俗""瑶族服饰刺绣"被定为省级非物质文化遗产，其中"瑶族耍歌堂""瑶族长鼓舞"还被定为国家级非物质文化遗产。"南岗古排——千年瑶寨"被定为省级重点文物保护单位，同时又被列为中国历史文化名村。连南瑶族自治县还是世界经典名曲《瑶族舞曲》唯一的故乡。为此，连南县委、县政府把如何保护、抢救、开发、利用这些独特而丰厚的文化遗产摆上了重要议程。2009年，副省长雷于蓝率领省文化、民族等部门领导来连南调研。连南县委、县政府向省调研组提出在连南建设广东瑶族博物馆的思路得到了雷副省长等有关部门领导的充分肯定和支持。随后，县政府在省非遗中心的大力支持下，邀请省内外专家到连南召开专题论证会，得到与会专家的一致认可。时任中共连南县委书记、县人大主任的崔建军，县委副书记、县长郑远平，县委常委、宣传部长李春益，先后带领县有关部门领导到省市汇报，积极争取项目的落户，连南县人民政府并向省、市政府提出在连南建立广东瑶族博物馆的书面请示，经省政府同意，被清远市政府立项并列入"十二五"重点建设规划之中。

广东瑶族博物馆建设宗旨：要成为中国瑶族历史文化的记忆、传承和承载地，对外展示瑶族历史文化的窗口，中国瑶族文化交流的中心，承载中国瑶族乃至世界瑶族的历史、社会、经济、文化信息；成为瑶族社会和历史文化展示、研究的重要场所，从而进一步促进瑶族优秀文化的保护传承和开发利用，推动自治县的民族文化旅游产业的发展。

广东瑶族博物馆的外观设计、大堂设计及主展厅《瑶岭长歌》的陈列布展，都得到了省外瑶学家的关心和大力支持。博物馆主题建筑外形设计最后定稿方案由清华大学建筑设计专业毕业的瑶族子弟房木生设计完成。主体设计新颖，雄伟的外观融入了瑶族红头巾、吊脚楼、长鼓舞等瑶族文化元素，以红黑两色为主调，整个外观绚丽典雅而庄重，寓意瑶族文化的绚丽多彩和瑶族人民的历久不衰、坚忍不拔的精神。正前方是以国家级非物质文化遗产的瑶族长鼓为造型，与湿地生态公园融为一体的《瑶族舞曲》音乐广场。

馆内陈列布展由珠江电影影视制作有限公司及广东省民族研究院的专家和省文物局派出专家共同修改完成。博物馆陈列主题《瑶岭长歌》的展陈方案由广东省著名瑶学专家李筱文教授指导,她多次与全国广西、湖南等地瑶学专家交流,沟通,最后才确定瑶族起源分布、各支系特征等展陈方案,以确保其完整性、系统性。在对各地瑶族支系的历史文化陈列部分,注意抓住各支系的特色,凸显其客观性、趣味性、真实性。组织各分支的瑶学专家和民间艺人参与陈列布展效果图的修改、场景的布展。如:大堂中央一双祥龙托起瑶族民间流传的"盘瓠护王印",寓意瑶族人民世代得到盘王的庇护;"盘瓠护王印"的背后是高山上潺潺的山泉水飞流而下,寓意瑶族历史源远流长;博物馆两侧首创的石浮雕《盘瓠传说》《密洛陀》故事的效果绘图方案,多次发稿给省内外盘瑶支系、布努瑶分支的瑶学专家修改;白裤瑶的织布场景、山子瑶织绣场景,专门请熟知瑶族文化历史的研究学者、退休干部及民间艺人参与布展,以确保其历史的真实性和场景的生动性。

广东瑶族博物馆是全国瑶族博物馆中唯一硬件设施建设按国家三级馆建设的瑶族博物馆,是国内建筑面积最大、陈列布展面积最大、收藏民俗文物最多的瑶族博物馆。不仅收集了广东瑶族的民俗文物,还收集了全国各省瑶族 30 个支系的瑶族民俗文物及越南、泰国、法国、美国的瑶族文物。从民间搜集征集的一大批独特而珍贵的瑶族民俗文物中,有的还填补了国内瑶族史上的空白,如连南民间瑶族古书被编入国家清史编纂委员会文件专刊;收藏中国瑶族历史最长的都安瑶族史竹简书共 99 卷,长 330 米等。

广东瑶族博物馆首创以瑶族通史为主线,以《瑶岭长歌》为主题,展现中国及世界瑶族悠久的历史、社会、经济、文化特征。分为远古寻踪、瑶山春秋、古韵流芳、神工能匠、瑶绣工坊及多功能非遗展示厅。以清晰的历史脉络、开阔的文博视野全面、系统、完整地展示全国瑶族四大支系 30 个分支及世界瑶族历史文化。

第一部分,"远古寻踪",主要展陈了瑶族主要源流及名称来源、瑶族的迁徙、瑶族的分布情况、瑶族四大支系 30 个分支异彩纷呈的文化特征,以及全国 10 个瑶族自治县 3 个瑶族杂居县和广东 7 个瑶族乡的基本情况及一批见证瑶族历史的文物。

第二部分,"瑶山春秋",展示各地瑶族独特的社会组织管理形式、生产方式,以图文并茂生动形象的实地场景展示不同时期的生产劳动方式及不同分支瑶族的独特社会管理组织。

广东瑶族博物馆的馆内布展——展示世界瑶族
四大支系 30 个分支的文化特征

广东瑶族博物馆的馆内布展——展示瑶族
远古独特的管理制度"瑶老制"

第三部分,"古韵流芳",主要以实物与场景结合,通过瑶语、瑶文、"女书"、世界各地瑶绣品、不同时期瑶族的建筑,织布、织绣、织带、染布、打制瑶银等手工艺,打油茶、火烟肉、磨豆腐、酿酒、陈茶饼等各地瑶族特色美食的制作展现真实而生动的瑶族生产生活场景。陈列全国及世界瑶族各地独特而异彩艳丽的服饰,展示全国各地瑶族国家级和省级非物质文化遗产代表作,呈现各地瑶族民间精湛的灿烂多彩的文化艺术；通过神话传说、节庆活动、瑶医瑶药、婚恋生育、葬礼等场景展示其独具一格的民俗风情，并陈列多种宗教仪式及图腾道具来展示其独有的宗教信仰。馆内还收藏了全国各地瑶族非物质文化遗产的音像资料。

广东瑶族博物馆的馆内文物布展"古韵流芳"——瑶鼓世界

第四部分，"神工能匠"，通过展示瑶族历史名人、现代瑶学研究名人录、瑶族研究成果、省级瑶族各界精英、国内外瑶学会等研究成果，从而激发民族自信心和自豪感。

此外，设立"瑶绣工坊"，展示了连南瑶族千百年来世代相传的、记述瑶族迁徙的各种瑶绣图案，有盘瓠传说、盘瓠护王印、盘王印、马头纹、小鸟纹、森林纹、麦子纹、五谷纹等，以及连南八排瑶和过山瑶五彩华丽、风格多样的男女老少传统服装共64套，展示连南被誉为"中国瑶族服饰艺术之乡"的魅力。

瑶族博物馆馆内设备先进，以高科技的声、光、电相结合，实行全方面的智能化管理，包括安全防范、设备管理、信息通讯、网络应用和音视频等智能系统。设有多功能厅，能接待300人的各种研讨会，还有3个800多平方米的临时展厅。

开馆以来，广东瑶族博物馆接待了全国各地的瑶族学者、专家考察参观，已成为中国瑶族历史文化的研究基地，举办了首届世界瑶族国际文化研讨会，中国瑶族网总部落户到广东瑶族博物馆，中南民族大学在此建立了"南方少数民族研

广东瑶族博物馆的馆内文物布展
——展示"古韵流芳"30个瑶族分支的服饰

究实习基地",被国家民委授予"民族团结进步教育"示范基地。广东瑶族博物馆已成为广东乃至全国具有较大影响力的瑶族文化收藏和展示中心,成为了解瑶族历史文化的重要窗口,成为名副其实的瑶族展陈中国第一馆。目前,广东瑶族博物馆已被评定为4A级景区,现正在申报国家二级博物馆。

四、特色民俗

连南瑶族民间信仰

许文清

居住在连南的瑶族，因居住环境、语言、服饰和生活习俗等方面各有特点，有排瑶和过山瑶之分。"瑶"是他们的共同族称，排瑶祖先约在隋唐时期迁徙到连南山区定居，在明朝已形成"八排二十四冲"；过山瑶在清朝道光后迁徙到连南山区游耕。在漫长的历史发展过程中，他们积累了丰富多彩的民族传统文化，其中民间信仰是其传统文化的重要组成部分。他们的民间信仰，大同小异，主要是崇拜盘古王（过山瑶称为盘王）、各种自然神灵、祖先神灵、道教诸神。

排瑶把盘古王奉为开天辟地的始祖。以农历七月七日为盘古王诞，十月十六日为盘古王婆诞。过去，每个大的排瑶山寨都建有盘古王庙，庙中厅供奉木雕的盘古王夫妇偶像和各房姓的祖先偶像，设有掌庙公和烧香公管理。每逢节日及每月初一、十五日，由烧香公到庙焚香敬奉。过山瑶崇拜盘王（盘瓠），尊盘王为始祖，除年节祭祀外则不定期举行"还祖先愿"和"还盘王愿"活动。

瑶族大多数人崇拜自然，相信万物有灵。认为天地间有看不见的"鬼"和"神"主宰着，山有山神，水有水神，树有树神等。它们跟人类一样有意志和灵性，不能触犯，触犯了就会给人类带来灾难。以前，每个瑶排都设有一座土地公庙，遇有自然灾害，要请先生公到庙里念经祈祷，请求神灵保佑，消灾除害。上山狩猎，要祭山神；开耕时，要祭祀祖先和五谷神。

瑶族对祖先无限崇拜，在每一户人家的住宅里，厅堂一定安放神龛，神龛上用红纸或红布写下历代祖先的讳名，每月初一和十五向祖先烧香奉茶，平时饮酒，先洒几滴酒下地，以敬献祖先。每年春节后，氏族各户成员要举行共同祭祀祖先墓的活动。遇有吉凶事情，也向祖先烧香祈求。

道教在瑶族中传播已有很长的历史。连南排瑶地区发现有明代抄成流传的瑶族道经；在南岗排发现两座明万历三十七年（1609）建的排瑶石棺古墓，碑上刻有墓主"度戒"后使用的道教法名。这说明最迟在明代,道教已在排瑶中广泛传播;而其传入的时间,则应该更早。长期以来,瑶族在保留本民族固有的原始宗教的同时,不断接受道教的影响,并将道教的经书、科仪等,加以改造和利用。

一、庙宇与神祇

(一)庙宇

1958年前,连南各个大排都建有祖庙(又称盘古王庙);人口较多的小排(如九寨)联合数个排共同建大庙;人口较少的小排,则在寨脚或岭脚设立小庙或土地庙。据1958年统计,连南瑶区共有32座祖庙,1.69万个神像。盘古王庙多设在排上最高位置或"风水"好的地方,其建筑多是一座3间房子,用杉木柱支撑,青瓦或茅草盖顶(每三至五年"耍歌堂"时翻盖一次),中厅设"仙人轿",中间放盘古王和盘古王婆偶像(高约120厘米/1.2米),两侧放各氏族祖先偶像(高约66.7厘米/0.67米)。所有的偶像用硬木雕成。"仙人轿"前放一张2米长的供桌,摆放供品和香炉。盘古王庙由各排的掌庙公和烧香公负责管理。1958年"双改"(社会改革、民主改革)运动时,瑶区所有的庙宇被拆除、神像被烧毁。中共十一届三中全会后,拨乱反正,贯彻落实党的民族政策和宗教

油岭排盘古王祖庙/唐学情 摄

政策，连南于 1989 年复建涡水黄埂盘古王庙；于 2002 年复建南岗排盘古王庙；于 2009 年复建油岭排盘古王庙。

过山瑶没有公共的庙宇，祭祀仪式一般以一家一户为单位进行。每家厅堂中设有神龛，供奉本姓氏房族或夫妻两姓的祖先和太上老君、元始天尊等道教神及财神。如有全寨性的祭祀，则在瑶老家中或在旷野临时搭个棚作祭坛。

（二）神 祇

瑶族崇拜的神祇以盘古王为最高神。排瑶称盘古王公（盘古王婆），过山瑶称盘王、盘瓠王，或盘王圣帝。盘古王（盘王）以下，有各姓氏的祖先神和道教神。

1. 排瑶神祇

盘古王公、盘古王婆为最高神，每个排的祖庙都将他俩供奉在"仙人轿"的正中。各排神祇与各姓氏房族多寡是有区别的，例如：

涡水黄埂盘古王大庙，供奉的神祇有：盘古王公、盘古王婆、烧香公、张召二郎、缩马出征大王、成主三郎、应灵莎房一妹、黄家大王、廖家大王、李十八公、唐十五公、邵十四公、邵弟一郎、邵弟二郎、谢有大王、莫落大王。另还摆有数十个各姓祖先的小神像。其中邵氏三位和莫落大王、谢有大王传说是汉人，因帮助瑶人避难，于瑶人有恩，故供在庙里。

油岭排盘古王庙神像/赵龙翔 摄

油岭排盘古王庙，供奉的神祇有：盘古王公、盘古王婆、罗公、唐海公、唐四公、龙十九公夫妇、龙十五公夫妇、李海七郎、李海六郎、唐太五郎、房十海公、房十尤公、房十满公、大吉大利公、房君喜郎、唐郎伯公夫妇、平王海修公、房十六公、长桥三郎、圣纸三郎、老君公、盘古王儿子及媳妇等36个，这些神祇，除罗公外，均为当地排瑶祖先。

排瑶经文所列神祇甚多，除盘古王外，还有道教中的太上老君、玉皇大帝、北极紫微大帝、元始天尊、道德天尊、灵宝天尊、张天师、李天师、李老君、玄天高上帝、五谷神、龙虎将军、水府三官、高真武神、上元高二圣、灶君、本方地主、梅氏姐妹、青龙白虎、五行、都天元帅、上元法主、中元法主、下元法主、玉虚师相玄元上帝、金童玉女等，还有山神、水神和各种野神恶鬼。在众多的神祇崇拜中，瑶民把祖先崇拜摆在首位。

2. 过山瑶神祇

过山瑶崇拜的神祇，以盘王（或称盘瓠）为最高神，是肉眼看不见的，因而未刻画有神像。其他神祇，集中在举行法事时悬挂的"大堂神像"，又称"十八神像"。"大堂神像"平时不得随便展视，要在法事开坛时才能悬挂于醮坛。"大堂神像"的神祇中，有元始天尊、灵宝天尊、道德天尊、左玉皇、右圣帝，还有李天师、张天师、赵元帅、十殿灵王、天府、邓元帅、圣主等。除此之外，经书所列神祇也甚多，主要有太上老君、唐王圣帝、广福灵王、东极成华大帝、南极长生大帝、西极高灵大帝、北极紫微大帝、中极黄恩大帝、赐福天官、赦地天官、解厄天官、上界功曹李文真、中界功曹李文尧、下界功曹李文官、四界功曹李文康、扶桑大帝、阳谷大神、王海龙王、王狱判官、龙神、土地、灶王、打猎将军、岭坛地主、把寨童子、守寨郎君、财童子、送宝郎君、禾花姐妹等。其余各神没有严格的等级排位，但有天神、地府神、水府神、阳界神、家神、外鬼、善神、恶鬼之分。

排瑶、过山瑶有共同的神祇，逢年过节进行祭祀，举行法事有请有送，一请各路神仙，拜谢送走；二请家神颂恩谢罪，归位；三请盘古王（盘王），颂恩、祈福，送回天庭，仪式便结束。

二、法事活动

瑶族称宗教礼仪为"做法事"。其"法事"活动颇多，重要的有：

(一)"香歌堂"

"香歌堂",瑶语,又称"旺歌堂""大传""挨旦堂",有学者称为"打道箓",是排瑶最为隆重的一项祭祖度戒宗教活动。每隔18年或20年举行一次,多在农历十月后的吉日以各姓、各房族为单位举行。"香歌堂"的内容主要有三项:一是祭奠亡故的先人;二是为在世的人取"法名";三是让取法名者"过州",接受宗教洗礼。

"香歌堂"开始之前,要按先生公择定的日子,举行"写申疏""请神""祭祖""分书""捡法名""砍州竹""封斋""造兵床""造桥"等一系列活动。全房族人必须吃3—7天素食,才能正式开始"香歌堂"。"香歌堂"一连举行3天。

第一天的活动是"接公入坛",即参加者去盘古王庙把祖先偶像抬至设在本姓或本房祠堂的临时法坛,同时为上次"香歌堂"以来新亡故的先人立神位。当天,还举行"祭祖""封斋""把堂""收金""收百兽""酒秽""请公""接公""入坛""开光""结界""变宅""法牒""兵床"等一系列宗教仪式。这晚上,"捡法名"者留宿法坛,先生公通宵达旦念瑶经做法事。

排瑶"香歌堂"法坛/甘民壮 摄

第二天的活动是"过州",即"捡法名"者在先生公和舅父的带领下,到"歌堂坪"上串走预先用81支竹子插成的"九州城"。过"九州"期间,亲戚朋友各送一块红布披在"捡法名"者肩上,称为"挂红",并燃放鞭炮,以示祝贺。晚上，先生公继续念瑶经，举行"录神""打阎罗""招亡""点灯""会兵""赦罪""大台""送亡""打良"等宗教仪式。

第三天的活动是先生公带"捡法名"者到野外焚烧"封纸"竹笼（施济给祖先鬼的钱物），并将祖先偶像抬回盘古王庙"上公"供奉。完成这些仪式后，先生公念瑶经和焚烧"开斋疏"，人们便可以开斋吃荤。各家杀猪宰鸡，大摆筵席，宴请宾客。至次日早上，将"捡法名"者的"法名"填写进家谱，"香歌堂"活动即告结束。

瑶民认为，未参加"香歌堂"度戒的人，生前没有神兵保护自己，死后不能立神位、上神龛，变成了野鬼。因此，在中华人民共和国成立前每个瑶民都必须经过度戒，请先生公择定法名，接受称之"过州"的宗教洗礼。"香歌堂"活动期间，瑶民们身着盛装，倾寨而出，敲锣打鼓，鸣放铁铳炮，场面盛大，极为壮观。过去"香歌堂"有许多禁忌，如有的瑶排不准外族人进祠堂观看，举行"香歌堂"后，神龛不准乱动，房屋不准修整，等等。现随着社会发展，瑶民的观念有了改变。外族人如果有机会到举行"香歌堂"的瑶家做客，瑶家会把他当作贵宾来招待。

（二）"耍歌堂"

"耍歌堂"，排瑶语称之"挨歌堂"，是排瑶规模最大最隆重集祭祖娱神和欢庆丰收娱乐为一体的民俗活动。相传瑶族的始祖盘古王于农历十月十六日仙逝，又适逢秋收结束，为纪念祖先和欢庆丰收，瑶家便于十月十六之后的吉日汇聚一堂，举行"耍歌堂"活动。旧俗以"大庙"（过去瑶族每个大山寨均建有盘古王大庙）为单位举行，活动期为3天，每个大庙三至五年主持一次，反复轮流，连续不断。当某个瑶排决定当年要举行"耍歌堂"时，要举行"申疏"祭拜祖先仪式，在农历二月二日请全排先生公商议，选好吉日，把盘古王庙重修一新，并将供奉在庙中的神像油漆一新，霉烂的要择吉日重新雕刻，开光后放回庙里。三月三和六月六要到盘古王庙起愿。到择定的"耍歌堂"吉日，瑶家男女老少身穿五彩缤纷的盛装，倾寨而出，敲锣打鼓，聚集到盘古王大庙宰猪杀牛。先生公念诵瑶经，歌手高唱盘古王歌，举行隆重的宗教仪式，祭祀盘古王和各姓祖先。过去，"耍歌堂"的第一个仪式是"抢公"，各房系宗族是日及早抢先把大庙中的盘古王公盘古王婆等神像抢来放到各自的宗祠祭祀；尔后即把神像送回大庙，由全排人集体祭祀。在庙里完成祭祀礼仪后，将神像抬出来游寨（瑶家人称此仪式为"过斗"，居住在寨里的瑶民每个房族设一个"斗"），并连续几天举行"收耗""架桥""沙会""请公""招亡""开光""打阎罗""打良"等宗教仪式和唱歌、跳舞等娱乐活动。白天，瑶民们汇集一起，进行游神（瑶语称"过斗"）、过州、祭法真、追黑面人等仪式。游神队伍由排内最有威望的老人和先生公领头，身后紧跟着旗幡队，幡枝挂满玉米、稻穗、彩条等，以示五谷丰收；继后分别是抬神队、长鼓队、铜锣队、牛角队、盛装男女等，浩浩荡荡进入歌堂场地。

耍歌堂游神（"过斗"）仪式/唐学情　摄

歌堂坪上，欢歌笑语，瑶民们吹牛角、放铳炮、敲铜锣，唱优嗨嗬歌和弹指歌，跳起欢快的长鼓舞，尽情玩乐。夜晚，各家各户备足酒菜，盛情款待贵宾。晚饭后，未婚男女青年在野外燃起篝火唱恋歌，谈情说爱；中年人和小孩则在家中火塘边，听老人讲传说故事，重温民族历史，通宵达旦。"耍歌堂"期间，方圆百余里的瑶胞都赶来观光助兴。歌堂坪上，人山人海，铁铳齐鸣，鼓乐喧天，数十（甚至数百）瑶民高唱优嗨嗬歌，欢跳长鼓舞，场面极为热烈壮观。1992年，连南瑶族"耍歌堂"被国家列入中国友好观光年100个节庆活动之一。2006年，经文化部确定、国务院批准，连南瑶族"耍歌堂"被列为"国家级非物质文化遗产"。

（三）还　愿

"还愿"是各地过山瑶的祭祖仪式。多于农历三月三请师公择日，选择农历十月十六后的吉日举行。全寨几姓联合举行的称"还大愿"，每家每户举行的为"还小愿"。"还小愿"活动一天两夜，"还大愿"活动三天三夜，每家捐大米、黄豆、香纸钱、猪肉若干，请师公4—6人做法事，第一晚及第二天做请神、拜神、念经等法事，第二晚男女对唱瑶歌，唱《盘王歌》。在唱歌过程中，有歌师、歌嬷领唱，还有3名童男和3名童女对唱对拜。歌词内容主要是向盘王还愿，叙述瑶族迁徙时过州漂洋历程的艰辛，感谢盘王及祖先神灵的保佑等。

（四）度　戒

在各地过山瑶流传的度戒，又称"打幡""度身""度师"等，是一项庄严而盛大的宗教仪式。过山瑶认为："只有度过戒的人，才有神兵保护，才可以借神兵救人。"而未经度戒的人，生前没有神兵保护自己，死后不能立神主、上神龛，会变成野鬼。因此，度戒是过山瑶得以名列"家先"和取得师公资格的途径，从而才能在瑶族社会传道度人、赶鬼驱邪、斋醮祈福、救苦济世、消灾除厄。同时，通过这种形式纪念祖先、慰藉祖先。

度戒仪式十分隆重、铺张。一般需请师公4人，道公2人，徒弟若干，为度戒者度法五天四夜（有时七天七夜）。度戒期间，要广请亲戚朋友光临，需杀猪6—8头，准备大量的粮食、米酒、黄豆等食物。贫困家庭经济能力难以承受，无法举行。有的家庭几代人才能举办一次，并需要亲戚朋友支持帮助。

度戒活动，需进行这几个程序：首先是做准备工作，主要是制作纸衣纸钱，用五色彩纸给每个祖先制一套纸衣服、画符等，还给外来鬼、野鬼、无名鬼等一切阴魂做一套纸衣服。度戒仪式，首先是开坛，从院子到厅堂摆设法坛，挂满盘古圣皇大公以及三十六罗汉七十二兵将的画像，庄严肃穆，禁卫森严。然后由师公、道公、徒弟等唱做念舞《太子经典》等12本经书，举行跳盘王的仪式，其意是把所有祖先、神仙都请到法坛，为度戒人授法巡礼庆贺。主家需杀猪、鸡、牛等祭坛。受戒者正襟跪坐于坛前，在师公的指导下发誓，大意是：不骂天、不骂地、不骂人，孝敬父母长辈；不欺侮人，不做坏事，不贪钱财，一辈子做好事，等等。宣誓结束后，师公边唱边做"法术"，唱念完经书后，举行"开戒"

仪式，受戒者躬身抱膝在地上翻滚一圈（有的从高台躬身抱膝滚下垫有厚棉被的地上），即算度过戒了，师公即赐他一个法名。接着师公带领度戒者进行"上刀山""过火海"的宗教洗礼。上刀山即在一木（竹）杆上扎刀梯，赤脚踏刀而上，到顶为止；过火海即用几担柴烧一条近10米长的火路，烧完柴后，留下一条红彤彤的火炭路，师公带着度戒者赤脚而过。奇怪的是，刀不割脚，炭不伤脚。因此人们信之笃笃，说是法术上身，凡夫俗子变神仙了。

过山瑶男子"度戒"上刀梯/唐学情 摄

度戒者受戒之后，还得禁闭在师公家里"进阴间""修炼"，七天内不吃荤腥，不接近女色，出门小便也得戴帽。白天睡觉，晚上则由师公道公传授伦理道德。参加完所有的"度戒"仪式后，受戒者便有资格拜师公道公为师，学习经书法术，学成后可以出行为别人做法事了。

在受戒过程中，亲友为之庆贺，唱歌跳舞，拜盘王，颂祖先，唱过州过府的艰苦历程，唱瑶家安居乐业的欢乐，大吃大喝，热闹非常。

（五）挂　灯

"挂灯"，是过山瑶单家独办的一种时间短、仪式简、花钱少而取得法名的仪式。举办人家请2—3个师公，在神龛前为取法名者举行"挂灯"仪式定法名。

举行仪式时,要请取法名者的哥辈或舅辈做证人。

过山瑶挂灯之法,分为挂三台灯、七星灯和大罗十二盏灯三种由低到高的不同级别,瑶民认为,挂灯级别越高,所得的神兵越多,人就越能抵御邪魔的进攻。要挂较高级别的灯,必须先从低级别的挂起。经过"挂灯"仪式后的人才能够参加"度戒",跳过了"挂灯"仪式的人,无论积蓄了多少钱,也不能举行度戒仪式。度戒或挂灯级别的高低,将直接影响来世在神仙界的地位。如度戒或挂灯失败,则认为是神灵不答应,就永远失去了死后进入神灵世界成为家先的机会。

挂灯时,于坛中立一竹竿,如要挂三台灯,在竿的顶端置一盏灯,称为本命灯。在离顶部三五十厘米处横置一竹竿,此竹竿的两端再各置一盏灯,分别称为开教灯和保证灯。挂七星灯和大罗十二盏灯的布置大致与此类同,只是灯的数量要增加,挂七星灯要置七盏灯,挂大罗十二盏灯则要置十二盏灯。女子与其丈夫一起举行挂灯、度师和加职仪式,可获得与其夫一样的道教级别和在仙界的地位。未挂灯者可先拜某位师公为师,拜师后称为"初教弟子",但不能带神兵,不能使用道法和惊动道教诸神,即虽称为"初教弟子",其实并未被视为道教的门徒。挂三台灯才是过山瑶的入教仪式。挂三台灯者称为"初教二戒弟子",挂七星灯者称为"初教三戒弟子"。挂大罗十二盏灯者称为"升度一戒弟子"。在挂灯之外,尚有度师和加职等更高级别的授箓仪式。

过山瑶挂灯,要夫妻婚后共同进行,挂灯时,由负责挂灯的师公授给他们阴阳牒,牒上写有孝顺父母、为人要讲信用、要懂家族的礼律、不可胡作非为、不得赌博和偷盗、不可奸人妇、不得好酒贪杯、不得争名利、不可好逸恶劳等戒条。

过山瑶的挂灯,是等级的划分。不同级别的挂灯,获得的戒名各不相同。夫妻已挂三台灯和七星灯的,可获得"法"某和某"姐"的称号;夫妻已挂大罗十二盏灯和度戒的,他们就分别获得某"郎"和某"娘"的称号。这些得以跻身神仙系统的"郎"和"娘",死后被视为真仙而纳入神祇系统之中。未婚男子挂了大罗十二盏灯和度戒之后,只得到法号,要待到有配偶时方可得到"郎"的称号。

(六)"众人堂"

"众人堂",又称"做堂",是连南过山瑶以村为单位在立冬后举行的一种祭祖祈福和传承民族文化的活动，每三至七年举行一次，活动时间多为3天。届时，瑶民在村中设立祭坛，杀猪宰鸡，隆重祭祀祖先，并请师公念诵瑶经，举行"请神""安神""送神""打马鞭""锁马鞭""捆杀四方妖怪"等一系列宗教仪式。活动期间，师公带徒弟学习瑶经、学做法事，歌郎歌姆带童男童女学唱瑶歌，众人"围堂"观看阳筶舞、花鼓舞。如是丰年或吉年吉日，瑶民还将"还愿""挂灯""度戒"连在一起举行，活动时间延至7天，举行"捡法名""挂灯""上刀梯""过火海""摸油锅""修炼"等仪式。

（七）打阎罗

打阎罗，是过去排瑶以寨为单位举行的一种祭祖驱鬼仪式。在发生瘟疫的时年，瑶民认为是瘟鬼作怪，需杀牛宰猪祭祀祖先，请先生公念一昼夜的瑶经，举行"打阎罗""收阎罗""明灯十八盏""寻天路""解结""散花""架桥送神"等仪式，并"做法术"将"瘟鬼"赶走。举行"打阎罗"仪式期间，全寨各房姓人举行"过州"活动。

（八）祈　雨

祈雨，是新中国成立前瑶民遇天旱久不下雨而举行的一种宗教仪式。请先生公或师爷念《求雨经》做法术，祈求"满天鬼"和"五海龙王"降雨。油岭排还用石灰或"闹鱼草药"去涡水河"闹鱼"，意即要鱼虾死亡，使海龙王伤心而降雨。在祈雨期间，全寨人吃素，不得戴雨帽，不得施肥下田和挑青菜，以表示诚心诚意。

（九）丧事打斋

丧事打斋，排瑶10岁以上死亡者要进行开丧打斋仪式，请先生公念经超度亡灵，给死者"指路"。正常死亡的成年人，还举行仪式立神位。打斋分上、中、下桥斋。未婚男女死亡打上桥斋，指路送其灵魂上天堂；正常死亡的已婚男女打中桥斋，指路送其灵魂去阴间地府中桥殿；非正常死亡如自杀、枪杀、野兽咬死、雷电击死、产妇死亡等，则打下桥斋，指路送其亡魂到地府下桥殿，并封路使其永远不得回阳间。先生公死亡的斋事比正常死亡的人隆重，仪式更多更复杂。德行高的先生公死后出殡时，由6个身强力壮的小伙子举着刀枪长矛，跟在

2位高举红旗、猪头的小伙子后面,围着丧宅奔跑6圈才起程。上路时,其大弟子在他的灵轿前对面坐着,不停地念诵瑶经,一起被抬到墓地为止。

弟子为仙逝的师傅念经,被一起抬到墓地。唐学情 摄

过山瑶以前实行土葬(特殊情况例外,如自杀、溺亡、被猛兽毒蛇咬死、妇女难产而死等,认为是野鬼恶魔作怪,死亡的人不举行常规葬礼,请师公做法事"超度":用12捆干柴连同棺材一起焚烧尸体,捡骨下葬)。老人临终时,亲属守候床前"送终"。死后家人给他(她)梳头、淋浴、穿寿衣,将遗体移至厅堂,全家举哀。子女请族人去向远处的亲友报丧,请师公做"道场"法事打斋,择吉日安葬。过山瑶丧葬法事,有做瑶斋,请瑶人师公念经超度亡灵;有做汉斋,请汉族道公念道经超度亡灵。打斋一般是一天一夜。

除上述外,较大的法事活动,还有"安龙""收金""赶鬼""除秽""架桥"等。中华人民共和国成立后,瑶族群众的科学知识和文化水平不断提高,信神信鬼的人已大为减少,许多劳民伤财和有不健康内容的法事活动被瑶民自觉革除。

三、先生公、师公

瑶族法事礼仪活动的主持人,排瑶称为先生公,过山瑶称为师公、师爷或仙公等。他们有一定文化,兼为瑶医、瑶老,集数职于一身,在民间有较高的声望,是瑶族社会组织的重要成员。

（一）排瑶先生公

排瑶人认为，先生公是能沟通神鬼的人，他们有一套法具，能背诵和掌握许多祖传的瑶经，通晓驱鬼治病的法术。因此，排内凡举行宗教活动都请他们念经作法。先生公在社会上颇受尊重，故许多人都学做先生公。排瑶小村寨，一般都有10多个会念瑶经、懂得些法术的先生公，大的瑶寨例如连南的南岗排多达70多个。先生公没有严格等级区别，全凭他在瑶民中形成的威望来决定受到尊重的程度。"香歌堂""耍歌堂""打斋"等重大法事仪式，由法术高、道行好、资历深、年纪大，威望高的大先生公主持。一般的先生公只能做一些送鬼之类的小法事。刚出师、资历浅的先生公不能单独主持法事仪式，只能给大先生公当助手。先生公平时同家人一起参加生产劳动，只在有事主相请，或由寨内瑶老会议推举，才出面主持法事仪式。为事主或公众做法事，虽然可按惯例收取米、肉、酒、钱、布等报酬，但并不是他们主要的生活来源。

做法事的排瑶"先生公"/唐学情　摄

先生公的承传方式是师徒承传。大先生公收徒弟，每次收10人左右，拜师者一年给师傅36斤米、360斤柴、油盐各1斤，逢年过节送些酒肉以示敬重。一般要三至四年才能出师。

排瑶宗教活动的重要人物，还有一类称"问仙公"，排瑶语称为"heu[22]

mian²⁴kung⁴⁴（厚缅公）"。问仙公专门给人们"查鬼"，即有人遇到灾难，或生病，且病情严重，先生公摸不清是那一类鬼作祟，便请教问仙公。各瑶排问仙公的人数不多。如南岗、油岭等大排只有1—2名，那些小排几个寨才有1名。

（二）过山瑶师公

过山瑶的师公有师表、师爸、仙公之分，一般统称为师公。其职能各不同。师表是经度大戒加职，被授予太上老君"神印"的大师公，能掌握无数护法"神兵"，故享有最高的权威。"打斋""打幡""拜千年王"等重要宗教活动，必由师表主持开坛，并担当主醮师、还愿师等要职。师爸只能做送鬼、占卜、查鬼、择日等，在大法事仪式中可担任诏禾师、赏兵师、五谷师、引度师、证明师、保举师、归坛师、纸缘师、执香师、茶酒师、鼓乐师、吹笛师等司职。仙公只充当前两级的助手。

过山瑶师公"跳盘王"/赵翔辉 摄

师公的传承方式是师徒传承。凡经过挂灯度戒获有法名者，才能拜师学做师公。青年人若要从师做师公，在成年挂灯度戒时就确定了师徒关系。在举行挂灯的前一个月，受戒人就到主醮师家封斋吃素，由师父教念经书，接受戒训，完成度戒仪式，取得法名后，师父便正式收其为徒弟，授徒时间一般为3年。

四、经书法器

瑶族经书包括经文、疏表、文榜、文牒、文状、咒语、神符等。瑶族经书没有统一的印刷版本,由师徒抄写承传。先生公、师公都有一套完整的经书,自己照师父的抄本抄写,或请人抄写。经书用汉字抄写,也有的用汉字写瑶音注,多用瑶语诵读、间中有不少自造生字,外人难以看懂。瑶经各自独立成篇,无严格的先后序列,使用时只按不同的法事仪式程序,诵读有关部分。

(一) 经 文

1. 排瑶经书

排瑶先生公举行宗教仪式时所念诵的经书,计有 24 类 74 册,其名称如下:《收耗》《造桥》《香花》《兵床》《收退》《洒秽》《迎兵》《召亡》《安公》《立九州》《收红尸》《户丁》《阎罗》《扫己》《祺香》《请公》《请神》《炉中》《生达》《收金》《解辛》《指路》《社部》《晕丹》《由细》《文引》《丙神沙》《怀胎六甲》《将军》《长沙王》《开光》《大传》《送亡》《退兵》《行光》《点灯》《买地》《扫板》《当丁》《份蹲》《安龙》《保出》《推龙》《上答下答》《打六》《里九子》《祖师文》《广水》《收花》《收魂》《解大岁》《医生救人》《架桥》《番解冤家咒咀》《荷桥》《荷船》《拜价》《收米魂》《净生》《原合》

抄写于明朝洪武年间的排瑶经书/唐学情 摄

《拜台》《存鸡》《谢宅》《厚龙》《开围》《接花》《送花点花》《地契》《串花》《正山》《古关疏》《收虫》《沙会》。这些瑶经的名称和分类，各排不尽相同。

2. 过山瑶经书

在清远各地过山瑶流传的经书，多为师公博采众家自己编写而成。抄写较规整，以汉文为主，不时也夹杂一些古瑶文。有数十种之多，主要有《开坛书》《挂灯书》《解意书》《传度答文戒民书》《传度书》《度曹》《三戒书》《三戒加职戒民书》《请圣科文》《下禁书》《法书》《起马出门书》《请神书》《开天门书》《度师男书》《度身书》《过度书》《上元书》《挂灯书》《神光书》《正度师爷书》《化十二醮坛书》《承接唐王圣帝众神书》《解心愁书》《千年歌堂书》《半路拜高王书》《拜山王书》《拜小王歌堂书》《治人疏书》《送鬼书》《赎魂书》《引度师爷书》《变身书》《送亡人书》《安葬书》《拜庙书》《祈年书》《祭祖书》《祈福用书》《祭墓书》《打猎用书》等。

（二）疏表、文榜、文牒、文状、咒语

排瑶先生公和过山瑶师公在"做法事"中使用的疏表、文榜、文牒、文状、咒语等，皆借用道教的程式，在丧事打斋、"香歌堂"、"度戒"等主要"法事"中使用，意即给天府或地府作文字报告。一般不独立成篇，大多亦无标题、少部分有标题，如排瑶的"大师爷用疏""游排书""黄榜""白榜""慈尊表""城隍恭状"等；过山瑶的"净口咒""元始咒""康元帅咒""献花咒""玄天咒"等。疏表多为长短句，咒语亦有长短句和 5 字、7 字的韵律句。过山瑶"度戒"弟子"上刀山""过火海"时，必由师公念了咒语后才进行。疏表、文状、文榜、咒语，在喃唱经文时穿插使用，读疏表声音高低快慢，有一定的规矩，咒语只能默念，不能读出声。读疏表、念咒语要保持安静，不得喧哗，肃穆而神秘。

（三）神　符

在瑶区流传的神符有一百多种，由师公（先生公）画就、念咒。神符用于镇妖、驱邪、斩鬼、救疾、护身、保宅等。瑶族神符有黄纸朱砂符、白纸朱砂符、桃符、竹符、黑纸白粉符。黄纸符、白纸符、桃符较常用，竹符、黑纸符较少用。焚烧、化食、张贴、随身带用纸符。钉插地上各个方位用桃符或竹符。其用途，有治病符、收魂符、护身符、安胎符、催生符、押丧出煞符、安龙谢土符、断狼虎鼠雀符、封山符、放水符、烧窑符等。

（四）法器、衣帽和祭品

排瑶、过山瑶使用的宗教法器大同小异，衣袍、法帽则各不相同，排瑶一般的先生公做法事时穿红布制成、无袖、长及膝盖之下的长马褂；道行高的大先生公头戴画有神牌神符的"相冠"，穿有袖的红绒长袍。过山瑶师公做法事时穿的服饰，上身穿特制的长衫，下身穿绣花裤，头戴黑色或蓝色布折成的"四方帽"。

法器有神印（盘古王印、盘王印、太上老君印）、神杖、神剑、铜铃、筶贝、神鞭、牛角、大刀、钱格印子、神像挂图、牙板（架桥木）、锣、鼓、铍等。

普通祭品有猪肉、鸡、酒、米、豆腐、糍粑、纸衣服、纸钱、香、烛。特殊祭品：排瑶"耍歌堂""香歌堂"，过山瑶"还盘王愿""度戒"，要杀牛、杀猪，用牛头、猪头祭鬼神。过山瑶还愿、拜王，要用老鼠干作祭品。

瑶族宗教信仰，是瑶族人民在长期的生产生活中逐渐形成的，是清远瑶族传统文化的重要组成部分，千百年来，在众多的瑶民中根深蒂固地保留着，主宰着他们的意识和行为。1958年，清远瑶区开展"双改"（民主改革、土地改革）运动，庙宇全被拆毁，瑶经大部分被烧掉，宗教活动被禁止。1978年中共中央十一届三中全会召开以后，落实党的民族政策和宗教政策，瑶族正常的宗教活动逐年恢复。与此同时，由于瑶族群众的科学知识和文化水平不断提高，信鬼信神的人大为减少，许多劳民伤财和有不健康内容的宗教活动也被瑶民自觉革除。

长生会——料理后事的民间组织

罗穆良

"长生会"册子封面

一个偶然机会,发现一本"长生会"的小册子。小册子左侧竖写着"长生会部"四字,右侧有"丙辰年立"四字,下方中间偏右写着小册子的主人"李永钦"。

据一位爱好收藏的耄耋老者说,这是几年前某家清理死者遗物时发现的。他说,小时候就曾听说过这样的"长生会",苦于一直没有相关的资料,无法知道这个会是具体如何开展活动的。现在有了这本资料,一看一打听就明白了。

根据小册子所记录的人物辈分推算,"丙辰年"应该是1916年造的册子。理由有二,一是"丙辰"之前并没有加上清朝皇帝的年号;二是根据册子记录的人物辈分推断,比如其中雁塘村人的"德"字辈,"朝"字辈,至今也就四五代人,时间跨度非常吻合。根据小册子中的人物姓氏,特别是封面的篆书印章上的字"泉山四村长生会图章"推断,这个会就是现在联红村委所辖的四个自然村联合发起的组织。如今的"猫公山"旧时称"石泉山",石泉山下环绕着香花村、寨脚村、陈屋村、雁塘村四个村寨。

这到底是一个怎样的民间组织呢?

乍一看,还以为是族谱世系图呢!细看又不像。最后还是老人家道破实情——这是一本"老人会"入会登记的册子。老人会是专门料理老人后事的民间组织。

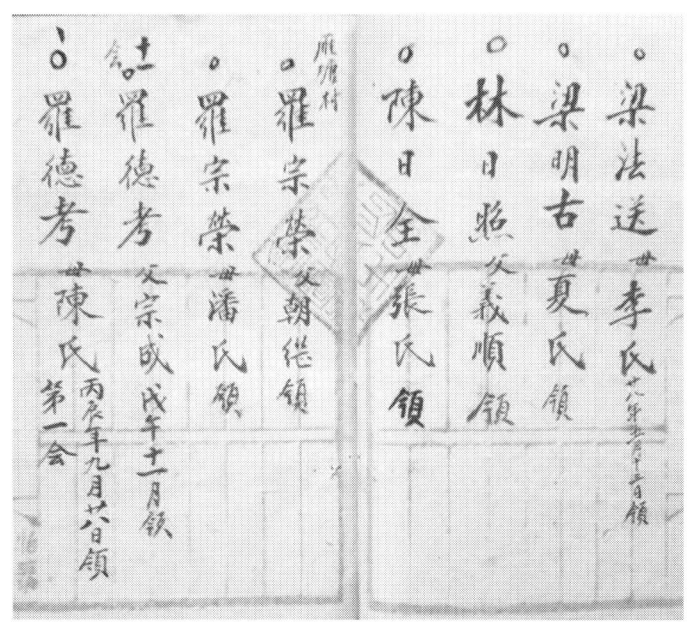

"长生会"册子第一页

小册子所记录的内容是什么意思呢?现举例说明。

例如第一页第一列所记录的"梁法送 母李氏 廿八年五月十三日领"。"梁法送"就是指这个人来加入"长生会";"母李氏"就是加入者今后需要帮会的力量给他的母亲李氏办理丧事;"廿八年五月十三日领"相当于备注,就是在民国廿八年（1939）五月十三日，已经领了帮会的资助办了母亲的丧事。

"长生会"反映了当时的一些社会现实。

一是"死者为大""入土为安"的传统观念深入人心。

二是当时人们的生活水平十分低下。入了会的人，按规定，其他会员有丧事要办，须要缴纳五斤大米作为会费资助。帮会收到大米后，还得从中拿出一部分出售换钱，以支付办理丧事的各项支出。

有人不禁要问，为什么一场后事，都要四村会员鼎力相助来操办呢？这也恰恰说明当时整个社会的生产力非常低下，绝大部分老百姓生活困窘不堪。试想，办一场丧事，要购置棺木等祭品，要招待吊唁的亲友，要支付"报丧""挖金井""抬丧"等费用……对于温饱都难以解决仅能勉强度日的老百姓，特别是那些家徒四壁的家庭来说，无疑是一笔巨大的开销。但按土葬习俗，丧事又不得不办，只好通过加入"长生会"的方式来缓解压力。

三是民风敦睦。数村同办一事而无龃龉，就充分证明了这一点。社会发展到如今，某些村子办丧事，甚至出现甲姓人家办丧事，乙姓人家不沾边；乙姓人家办丧事，甲姓人家也不帮忙的现象。或许，从一个侧面可以证明，如今的世风确实淡薄了许多。

至于为什么要将料理丧事的互助组织叫做"长生会"或"老人会"呢？探本穷源，这与我国长期盛行的避讳文化密切相关。人们在说话时遇到犯忌的事物，不直接说这样事物，而用别的话来回避、掩盖或装饰美化，这就是避讳或讳饰。比如说"死了"，就是大家都忌讳的事情，所以改用"老了""走了""冷了"等词汇来指说这件事。又比如"生病吃药"也是民众普遍忌讳的事情，所以常常将生病说成"不妥当""累了"；将吃两剂中药说成"吃两剂茶"。由此看来，把料理死者的组织称为"老人会"就不难理解了——"老人会"就是给"老去"的人办事的帮会嘛。

而将"老人会"的正名儿叫做"长生会"，情况稍为复杂一些。除了传统的避讳文化的影响，还与我国源远流长的道教文化有关联。

道教追求的是通过修炼元神，期望达到成神成仙、长生不灭的目的。将这样一个组织取名"长生会"，既符合"避讳"的文化风气（死了就是"长生"了），同时也寄托了希望先人的名字和影响永不磨灭，让子孙代代铭记的美好愿望。

长生会——料理后事的民间组织

如今，随着社会的进步，生产力和人们生活水平的提高，"长生会"早已成为历史的陈迹，这应该是值得庆幸的事。

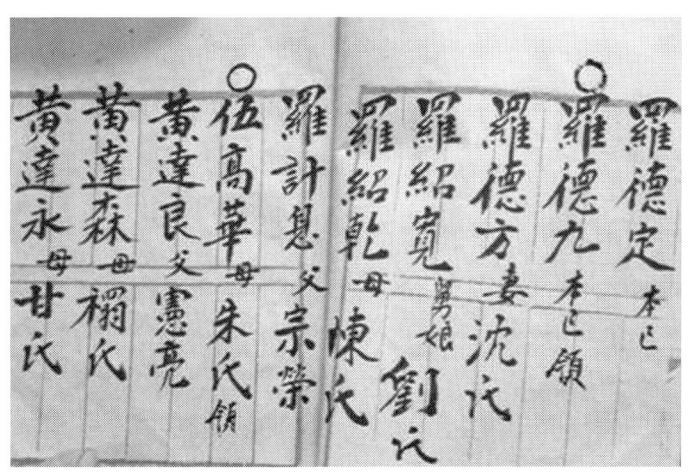

不一样的祭祖仪式

——连南三排排瑶"挂纸"亲身经历记

盘 鹃

连南瑶族自治县境内的八排瑶,有慎终追远的传统,逢年过节总不会忘记祭拜先人,尤其是年后初八至十五这段时间的"挂纸"(拜山)活动十分热闹且隆重。按照他们的观念,自己的祖先和天、地、神一样是应该认真顶礼膜拜的。认为祖先虽然过世了,灵魂仍然存在,可以降祸、赐福与子孙,列祖列宗的"在天之灵"时时刻刻地关心和注视着后代,尘世的人要通过祭祀来祈求他们的庇护和报答他们的恩典。

2019年2月14日,农历初十,我亲身经历了三排排瑶挂纸这种独特的民俗,体验了纯朴浓郁的民族文化。

是日凌晨3时,鸡刚啼第二遍,我就被亲友叫醒,亮着手电筒,跟着连水村的盘木生宗亲往山上走去。到达野外的墓地一看,这是一座新坟,墓碑上写着死者的名字是"盘君法成一郎",是2018年去世的。"盘君法成一郎"是阴间专用的名字,其阳名叫盘亚兰公,阴名是在生前的十月十六"耍歌堂"时由先生公安排"捡"到的。

天还是一片漆黑,还下着毛毛雨,这个宗族的族人还有他们的女儿女婿外甥外孙们,拎着酒肉奉品,带着香烟纸钱,陆陆续续来到了墓地。先来的人已经生起了火堆,人们在火堆上燃着香火,边拜边插入坟前的泥土。男的端出酒肉敬奉,女的拿出米饭祭祀,然后各找伙伴扎堆聊天,等候先生公做完法事。

不一样的祭祖仪式

坟头,亲人在上香,瑶族先生公唱念着瑶经,禀报宗族给先人挂纸(扫墓)

供奉给先人的猪头和纸钱

供奉给先人的糍粑和酒肉

亲人给坟头盖上白纸，意即给新坟盖上新瓦

挂上五色纸条，寓意先人的生活在阴间也多姿多彩

先生公据信是唯一一个能够"沟通阴阳两界"的人物，也是整个活动中最忙碌的一个。他忽而一手捧经书，一手端酒碗，在坟前"收疏"，禀告亡灵；忽而转入坟后，"打开五方五路"进行"推龙""谢坟疏"；之后又转出坟前，接"纸光"丢"阴筶"，忙得不亦乐乎。

坟前挂着九小片猪肉，寓意先人在阴间也六畜兴旺

趁着先生公念经的时间，部分年轻人忙着煮饭菜，而其余的人则听从先生公指挥，翻新坟堆，盖纸瓦。然后，女儿负责往大"竹幡"上挂五色彩纸，盘木生宗亲则往约一人高的芒秆上挂彩纸片，把大"竹幡"芒纸花全插在坟头上，说是为阴间的亲人装扮新房。一时间坟头呈现花枝招展景象。

153

亲人向先人敬献纸钱，要经
先生公丢"谐"决定先人是否接受

先生公将鸡血祭奠纸钱
和彩纸，让先人尝鲜

先生公念唱了3个多小时的经，饭菜也熟了。人们纷纷拿起"三片状"的大纸钱，给先生公丢"阴筶"。"阴筶"是用羊角锯开两半做成的，若是两面朝上或朝下，就表明亡灵认可给纸钱的人；若是两面相反，给大纸钱者则要补"纸钱"，直到亡灵认可为止。

先生公焚烧了纸钱，倒酒敬先人。然后，女七把敬奉的米饭倒在地上，男七把敬奉的酒倒在地上，让亡灵享用。接着，燃放鞭炮，众亲在坟的四周摆好筵席，大碗喝酒，大块吃肉，共享天伦之乐。

焚烧纸钱，让先人享用

仪式完毕，妇女们将带来敬献给
先人的米饭倒在坟墓前，让先人享用

挂纸（扫墓）仪式全部结束后，人们将煮熟的
饭菜摆上坟墓前，跟先人一起享用

排瑶"挂纸"，是给先人的道德信，是发自个体情感的感恩与缅怀。这种祭祖活动通过祭祀祖先强化社会教化的功能，培养社会成员的品德，加强社会成员之间的团结。

五、寻踪探析

连南主要姓氏来源与分布

许文清

连南是一个古老神奇的地方。在新石器时代，三江伏兔山（猫公山）已有人类居住；约在一千五百年前，中原文化已传播到连南，汉族人口已有一定的数量；隋唐时期，瑶族的祖先已迁徙到这里从事农林猎活动，聚族而居，生息繁衍；明朝正统年间后，壮族陆续迁来三江、寨岗等地定居。新中国成立后，因工作和婚姻等原因，有千余人的回、侗、黎、彝、土家、布依、朝鲜等11个民族迁居连南。在漫长的历史岁月中，各族人民友好往来，共同开发了连南这块神奇美丽的土地，并各自形成丰富多彩的民族文化。

连南居民的姓氏，据2016年统计，共有284个。其中瑶族人数较多的姓氏是房、唐、李3姓，每个姓氏有1万人以上，合计5万余人。壮族人数较多的是莫姓。汉族人数较多的是曾、罗、李、陈、潘、黄等姓。

据史籍记载，连南历史上居住有排瑶、箭瑶、顶板瑶、过山瑶等瑶族支系。现居有排瑶和过山瑶，箭瑶和顶板瑶去向不明。

一、排瑶部分姓氏迁徙与分布

房姓，火烧排房姓始祖是房成海公，于唐朝从湖南迁来连南定居，至今已有62代。南岗排、军寮排的房姓约唐末宋初从湖南经道州迁来，其后裔现多分布在三排、大坪、香坪、大麦山、涡水、三江（金坑）等镇。

唐姓，南岗排唐姓始祖是唐十二公，油岭排唐姓始祖是唐郎白公，相传于唐末宋初从湖南经道州迁来连南定居，在连南已居住了46代，其后裔现多分布在三排、大坪、香坪、大麦山、涡水、香坪、三江（金坑）等镇。

盘姓，南岗排盘姓始祖是盘先师八郎，相传在唐末宋初从湖南经道州迁来连南，至今已居住了45代。其后裔现多分布在三排镇（连水、东芒）、涡水镇

(马头冲)、大麦山镇（白浪、坪地）等地。

邓姓，南岗排邓姓始祖是邓惠许守大王，相传在唐代中期从道州迁至广西，后从广西迁至连州九陂，于唐末宋初迁来连南定居。金坑内田的邓姓约在元明期间从湖南江华迁来。邓姓后裔多分布在三排、大坪、香坪、涡水、三江（金坑）等镇。

沈姓，开基始祖是沈平皇公，相传在唐末从湖南经道州迁来连南，其后裔现多分布在三排、涡水、香坪、大麦山、三江（金坑）等镇，至今已传49代。

李姓，开基始祖是李君护法三郎，相传从陇西郡迁至湖南道州，于宋初迁来连南定居，至今已传43代，其后裔现多分布在大坪、香坪（盘石）、三江（金坑）等镇。

龙姓，开基始祖是龙十九公，于明朝初期从湖南经道州迁至英德，明朝中期迁到连南三排，至今已传26代。

许姓（高阳堂），始祖是壬保公，入籍连南祖先为许君法院一郎，祖居英德九龙，后迁英德青塘，清代初期从青塘迁到里八峒，居住了1代后移居马箭、军寮、中店、九龙寨等地，于清朝康熙年间移居到大麦山镇九寨马岭墩、庙应岗，至今有人口近600人。

排瑶分布定居的地方，在明代前已经形成"八排二十四冲"（排：上千户四千人以上的大山寨；冲：数十户数百人以上的山寨。八排：南岗、油岭、横坑、军寮、太度<又称火烧坪>、大掌、里八峒、马箭；二十四冲：香炉山、大莺、新寨、锅盖山、上坪、望佳岭、马头冲、天堂、大坪、山猪豹、杜下冲、八百粟、茅田、平安冲<龙水尾>、鱼赛、六对、坪地、下坪、甲塘冲、龙浮、水瓮尾、龙会、鸡公背、牛路水）。到民国十七年（1928）时，据凌锡华编纂的《连山县志》记载："排之大者八，小者七，其冲一百七十三。属连山者五大排，三小排，一百二十大小冲；属连县者三大排，一小排，十三小冲；属阳山者三小排，三十四小冲。"至今，排瑶居住地遍布百里瑶山，人口达9万余。

二、过山瑶部分姓氏来源与分布

过山瑶晚于排瑶进入连南居住，现多居住在大麦山镇黄连、塘氹、菜坑；寨岗镇山联、白水坑和板洞（牛塘）等地。人口较多的有赵、李、祝、盘等姓氏。据他们祖传的"过山榜"记载：

赵姓，堂号为"天水堂"。山联赵姓，其先祖从南京十宝殿迁至河南开封，又经洞庭湖迁至湖南桃源千家峒，居住了很长一段时间后，由赵子安的父辈率7户赵姓人，先后迁至湖南郴州万林乡龙榨洞，经广东乐昌、清远、阳山白莲等地，于清朝道光年间（约1840年前后），迁至连南山联凤岗山的大岭、深坑等地居住。白水坑赵姓，开基祖赵有华，于明朝万历四十三年（1615）从广西梧州迁居怀集十三坑。其后裔于民国十年（1921）移居白水坑。过山瑶赵姓按"春、文、荣、进、有、龙"6个字排辈，排至"龙"辈又从"春"辈重新排，循环轮回，周而复始。赵姓迁入连南至今已依次循环第二轮，共12世，现已排第三轮。后裔分居菜坑、塘凼等地。

李姓，山联李姓于清朝道光年间（约1821）从湖南郴州桂里冲迁居白芒菜坑，部分后裔分迁山联。白水坑李姓，上祖居军寮，有李更七、李更八等四兄弟。民国元年（1912），李更七后裔迁居大麦山塘凼，李更八后裔迁居白水坑、桐油顶。

黄姓，其上祖在清朝康熙五十一年（1712）前居嘉应州（今梅县），共有三子。第三子于清朝乾隆二十八年（1767）迁居广东广宁。清朝道光十年（1830）有3户后裔迁居大麦山黄连；清朝光绪十一年（1885）有6户后裔迁居大麦山菜坑；清朝光绪二十九年（1903）有7户迁居白水坑。民国后，其后裔先后移居山联等地。

邵姓，其祖先于清朝末年从湖南经连州迁至山联，后裔现分居山联、白水坑、塘凼等地。

祝姓，其先祖于清朝道光年间从湖南郴州松下经乐昌、乳源瑶山迁到连州，再迁入山联，后裔主要居住在白庙、板坳、菜坑、塘凼。白水坑祝姓从山联迁入。

郑姓，为过山瑶中最早迁入连南的姓氏，据考是明朝万历年间（约1573年前后）从湖南桂里冲迁入大麦山镇菜坑，后有部分迁至山联定居，至今已历"法香、法保、法龙、法林、法胜、法信、法前、法顺、法秀、法养、法教、法阳、法章、法喜、法潮"15世，迁居连南已有490多年。

莫姓，其祖先于明朝从广西迁到连山福堂，在清朝迁到大麦山镇菜坑，至今已传12代。现其后裔在板洞、塘凼、白水坑等地亦有分居。

冯姓，其祖先在清朝从广西迁至大麦山镇黄连，至今已传12代。

盘姓，先祖在清朝道光年间（约1830年前后）从湖南郴州松山经乐昌、乳源、连州，迁至山联大岭坑居住，其后裔分居亚基寨、板洞、黄连、塘凼等地。

新中国成立前，过山瑶长期游耕，受耕地的限制，其村寨一般小而分散，一个村寨只有十几户人家，甚至有的只有三五户。新中国成立后，已结寨定居。由于连南过山瑶多数从广西和湖南迁入，其语言、服饰和生活习惯，与湖南江华和广西贺州等地的过山瑶相近，而与排瑶则有明显的差异。

三、壮族主要姓氏来源与分布

世居连南的壮族，据2016年统计，有2028人，主要居住在三江镇沿陂和莫老寨；部分居住在寨岗镇山心和寨南吊尾、秤架。世居三江镇的壮族多属莫姓，莫老寨莫姓，先祖于明朝正统年间从连山迁至三江；沿陂莫姓，入籍连南始祖莫统卒，于清朝中后期从连山迁至三江梅村，后迁至沿陂。寨南的壮族主要有韦姓和陆姓。韦姓，堂号为"京兆堂"，先祖韦金于明朝洪熙元年（1425）从广西平乐迁至阳山小江罗汉塘村，韦金生有4个儿子，长子留居阳山，次子迁居清远，三子迁至连南寨南吊尾，四子迁居连山。迁居吊尾的韦金裔孙，至今已传21代。陆姓，堂号为"河南堂"，先祖陆天德于清朝康熙年间从英德（一说四会）迁到白芒板洞，裔孙迁居秤架、山心等地，至今传24世15代。

四、三江镇汉族部分姓氏来源与分布

据2016年户籍资料统计，现定居在三江镇的汉族居民共有156个姓氏。

黄姓，五代南汉时期曾官至尚书左仆射的黄损，是三江城西诸美冲人，相传其先祖从福建黄家巷迁来三江，世代不详，今三江城西仍留下黄损第四子的后裔。

甘姓，原籍南京珠玑巷，于宋朝初年迁至广西梧州，宋末迁至三江东塘，清朝嘉庆年间，长房迁至香花村，四房迁至岩口村（其中有数十人迁至新城），第二、三房居住在东塘、木高湾、迴龙湾等村。至今已传41代，三江镇甘姓人口现有1800多人。

梁姓，原籍浙江，明朝初年，其一世祖隆常公迁来三江寨脚村（原名常塘埂）落业，至今已传30代。

禤姓，原籍广东三水县，一世祖迁居连山上草村，五世祖延稳公于清朝时迁

到三江莫老寨，继迁三江寨脚村，至今已传26代。

李姓，原籍广东南海县，明朝中期一世祖向阳公迁来连州市南门街经商，二世祖迁至三江寨脚村，至今已传24代。

孔姓，据其民国十七年（1928）重修的族谱记载，其先祖于明朝正德年间由广州迁来三江小溪冲，至今已24代。

陈姓，原籍北京，一世祖于明朝中期因避难到三江寨脚村落业，至今已传23代。

城西钟姓，堂号为"荥阳堂"，原籍始兴县，其先祖于清康熙四十三年（1704）随始兴营来三江协驻防，遂在三江城西落业，至今已传16代。

梅村潘姓，来源有三：一是于清朝道光年间从寨南迁来（原籍新丰县）；二是清朝（年份不详）从阳山小江迁来；三是清朝（年份不详）从翁源迁来。至今已传14代。三江镇现有潘姓人口近3000人。

三江城毛姓，原籍浙江省，一世祖毛五鄰携其弟六鄰于清朝乾隆年间迁来三江协台任军职，遂落业三江城，至今已传15代。现五鄰公的后裔已外迁广州、北京等地，仅有六鄰公的后裔延居三江城西。

铜锣营、石蛤塘等地的廖姓、沈姓、黄姓，其祖先均是清朝初年三江协驻军军人。城西董姓原居连山太保百丈村，清朝乾隆年间迁来三江，至今已传12代。

今三江城内和城西的街道居民，大部分是清朝康熙、乾隆年间来三江协驻军者的后裔，部分是明末、清朝和民国时期从湖南等地迁来谋生的手工业者。

五、寨岗（寨南）汉族部分姓氏来源与分布

据2016年户籍资料统计，现定居寨岗圩镇及各村的汉族居民共有96个姓氏。金光、阳爱两村的班、梁、蒋、颜、邓、徐姓（俗称"五旗六姓"），其始祖均于明朝洪武二十四年（1391）前后，到该地"屯田"，遂于此落业，此为现在所知最早到寨岗地区定居的汉族人。

曾姓，堂号为"忠恕堂"，太始祖曾巫。今寨岗曾姓，多于清朝乾隆和嘉庆年间从粤东河源、龙川、新宁（今台山）等地迁居入籍。有衍述、衍仁、贞继、贞瑞、贞达、贞哥、兴许、贞新、贞声、贞球、贞君、贞柏、茂隆、俊陶（震连）、允士15个世系。后裔主要分居在安田、社墩、金鸡、吊尾、木岗、秤架田心、黄岔（属阳山）、石坑崀、寨岗圩（新埠、岗顶）、官坑、万角、香车、铁

坑、高滩坝、坝心、老虎冲、城头冲等地。除上述世系外，阳爱曾姓从阳山黎埠均安村迁入，已有100余年。寨岗曾姓共有6000多人，为寨岗镇人口最多的姓氏之一。

罗姓，堂号为"豫章堂"，有达先、君发、宗日、宗星、仕秀、延义6个世系。达先世系，先祖罗达先，于清朝康熙四十六年（1707）从兴宁县大坪丰坑塘迁居惠阳赤泥坡；其子（三兄弟）于清乾隆二年（1737）再迁台山珍珠坪，其后裔于清朝乾隆十二年（1747）和清朝道光十年（1830）迁居寨岗石坑崀，其中移居马来西亚等国近1000人，入籍瑶族700多人，其余主要分布在金光、官坑、东升、香车、高滩坝、石坑崀、称架等地。君发世系，原居兴宁大坪，后迁居惠阳永安角桥子头，清朝乾隆年间，罗君发举家迁到寨岗高滩坝，清朝嘉庆晚期又迁居淇潭湾。宗日、宗星、仕秀世系，祖居地福建宁化县，后迁居广东五华、龙川、台山、英德等地，清朝道光年间，先后迁入寨岗石坑崀。延义世系，原居兴宁大坪，约在清朝道光年间迁到山心村。全镇罗姓共有近6000人。

李姓，堂号为"陇西堂"，全镇有4000多人。金光李姓，入籍连南始祖李芳长，于清朝嘉庆年间从嘉应州云车乡迁来寨岗，约道光年间在金光村马安建安贞第。官坑李姓，支派有五：李军儒（李火德20世裔孙），于清朝乾隆四十八年（1783）从广东新宁（今台山市三合镇）迁居官坑高山；李盛茂（李火德20世裔孙），于清朝乾隆六十年（1795）从惠州迁居官坑寨岗坳；李国汉（李火德24世裔孙），于清朝嘉庆元年（1796）从嘉应州（今梅县）松口迁来官坑大树脚；李英龄（李火德20世裔孙），于清朝乾隆年间从嘉应州龙芽村迁来官坑安东；李北岳（李火德21世裔孙），于清朝乾隆年间从嘉应州丝茅塘迁居官坑隔江。老虎冲李姓，入籍连南始祖李德秀（李火德30世裔孙），于清朝道光年间从河源迁居老虎冲坳仔。吊尾李姓，支派有四：吊尾李姓，入籍连南始祖李秀文，于清朝道光二十八年（1848）从嘉应州松口倒车村迁居来；桐油顶李姓，入籍连南始祖李发兴，于清朝嘉庆年间从嘉应州迁来；石塘李姓，入籍连南始祖李远云，于清朝康熙年间从阳山七拱迁来；回龙李姓，入籍连南始祖李俊长（李火德23世裔孙），于清朝嘉庆年间从嘉应州云车乡迁来。

刘姓，堂名为"彭城堂"（天禄第），全镇有900多人。山心刘姓，入籍连南开基始祖刘粤霖，于清朝乾隆末年嘉庆初年（约1800年前后）从河源玖社（今黄田镇）迁来山心岗嘴居住。社墩刘姓，入籍连南开基始祖刘德皆，于清朝咸丰七年（1857）从黎埠石板坳迁居社墩。寨南称架刘姓，入籍连南开基始祖刘福财，于清朝乾隆晚期（约1789年前后）从平远黄斜太湖盈迁居称架佛洞。寨南新寨刘姓，入籍连南开基始祖刘德茂，于清朝嘉庆末年（约1822年前后）从英德迁居新寨马流带。

梁姓，堂号为"安定堂"（安定第）。金光梁姓，入籍连南始祖梁均达，因随军驻守，于明朝洪武二十七年（1394）从顺德马宁都石桥头园江乡（现属乐从镇）来到连州九陂下水乡驻马槽屯（现为寨岗镇阳爱村二所，为五旗六姓之一）。安田梁姓，开基始祖梁文瑞，于明洪武二十六年（1393）从怀集迁居安田海螺墩，建"奕朝公祠"。称架梁姓，入籍连南始祖梁应亨，于清末从英德大镇乡迁来；在东升、白水坑、寨岗圩亦有裔孙衍居。梁姓人口现共有1750人。

陈姓，堂号为"颍川堂""太邱堂"。社墩陈姓（颍川堂），思忠世系，先祖陈思忠于清朝乾隆三十二年（1767）从河源久社陈村迁来社墩石仔洞。文通世系，先祖陈文通，其后裔以清朝咸丰年间（约1852年前后）从河源连平县忠信镇高村迁来石仔洞。观连世系，先祖陈观连，其后裔于清朝咸丰年间从惠州三菀竹迁来石仔洞。必晟世系，先祖陈必晟于清朝道光年间（约1825年前后）从嘉应州迁来石仔洞。官坑陈姓，先祖陈阳满于元代从福建泉州迁来阳山杜步东江村，其6世裔孙陈钦妣高姓、蒋姓生6子，从东江村迁居官坑酒楼。寨南称架陈姓，陈阳满12世裔孙陈阳贵从官坑酒楼迁白芒三州，其后裔于清朝嘉庆年间迁至称架姓坪。安田陈姓（太邱堂），陈阳满6世裔孙陈文缘于清朝顺治年间从福建迁至安田千家寨（今仙人寨）。瓦厂排陈姓，先祖陈世培于清朝乾隆后期从阳山七拱迁来；另一支陈姓系从官坑酒楼迁入。金鸡陈姓，先祖陈心贤于明朝崇祯十年（1637）从阳山黎埠牛洞磅（今均安）迁居金鸡磅。陈姓裔孙在白水坑、万角、迴龙、成头冲、吊尾、山联、寨岗圩亦有衍居。全镇陈姓有2500多人。

黄姓，堂号为"江夏堂"。吊尾黄姓，先祖黄震于明朝永乐十三年（1415）从福建长汀府上杭县瓦子街珠玑巷迁居吊尾村夫冲（今乌冲）是最早迁入寨南的黄姓居民。称架黄姓，先祖黄朝凤于清朝嘉庆晚期从嘉应州迁居称架铁屎墩。迴龙、鱼冲黄姓，先祖黄志畔于明朝嘉靖晚期从江西南丰迁居鱼冲。成头冲姓氏，支派有三：黄文芳于清朝嘉庆年间从嘉应州迁来定居；黄开云于清朝嘉庆年间从阳山七拱四方楼迁来定居；黄斗魁于清朝嘉庆年间从嘉应州海螺村迁来。阳爱黄姓，先祖黄作翁于清朝嘉庆年间从阳山七拱大坪白花冲迁来。黄姓裔孙在白水坑、山联、社墩、官坑、东升、新埠、寨岗圩亦有衍居。全镇黄姓共有近3000人。

谢姓，堂号为"宏树堂"。山心村谢姓，先祖谢德泰，世居南海县乌衣巷，任千总武职，于清朝初年随军举家迁居山心，另有后裔分居回龙鱼冲。安田谢姓，先祖谢南祝，于清朝乾隆年间从龙川迁来。金鸡村谢姓，始祖谢三赦，15世孙谢鐏于清朝乾隆年间从龙川县迁居金鸡福兴墩；18世孙谢永富于清朝嘉庆年间从龙川迁来。石径谢姓，支派有二：谢昌茂于清朝道光年间从阳山杜步石溪迁来石径高界上寨结石下；谢立轮之父（名失考）于清朝乾隆十二年（1747）从阳山杜步迁来石径高界。称架谢姓，支派有二：居深洞谢姓于民国初年从连山永丰迁来；居佛洞谢姓约在清朝中晚期从江西迁来入籍。万角谢姓，先祖谢谟，于清朝乾隆四十四年（1779）从龙川迁居万角后岗。谢姓裔孙在吊尾、社墩、老虎冲、铁坑、白水坑、寨岗圩亦有衍居。全镇谢姓有近2000人。

潘姓，堂号为"荥阳堂"。始祖为潘伯澜，分为埝二（玫）、埝三（玲）、埝五（珠）3个世系。埝二（玫）世系：其先祖于清朝乾隆十一年（1746）从新丰迁居寨南，分居鸡洞、莆芦墩、石坎、松柏洞、新寨。埝三（玲）世系，其先祖于清朝乾隆二十一年（1756）从新丰迁居寨南，分居集牛坪、径口、铁屎墩。埝五（珠）世系，其先祖于清朝乾隆五十五年（1790）从新丰迁居寨南，分居棠梨坳、增塘坳、三家村、木崀、新村、白水坑、石羊坑等地。潘姓共有5000多人，在桂坑、水打坝、山联、社墩等地亦有潘姓后裔衍居。

班姓，堂号为"定远堂"。先祖班博官封骑都尉（正三品），明朝洪武二十年（1387）奉命率兵扼守马槽屯（又称军洞，今阳爱村）后定居阳爱，至今有1200多人。

蒋姓，堂号为"安乐堂"。先祖蒋监，官封明军广东所都指挥使属下参将，于明朝洪武二十四年（1391）由南海率军到连阳地区剿抚叛乱，殁于军中。长子蒋祖升任职阳爱百户所，清朝雍正三年（1725）奉命裁撤军户屯所，入籍阳爱，至今有700多人。

颜姓，堂号为"鲁国堂"。入籍连南开基祖为颜蒂护，原居住在番禺高都堂廖道保，为明军丁，明朝洪武二十四年（1391）随军驻守阳山马槽屯（今阳爱村），遂落籍，至今有600多人。

钟姓，堂号为"颖川堂"。金光钟姓，先祖钟鸣芳于清朝嘉庆十五年

（1810）从新宁县麟凤塘迁居寨岗马安山金坑崀（今金光）。万角钟姓，支派有三：钟顺长世系于清朝嘉庆年间从嘉应州（今梅县）迁居万角龙岗；钟九清世系于清朝嘉庆六年（1801）从惠州迁居阳山黎埠扶村，后迁居万角老埠；另一世系则在清朝嘉庆年间入籍老埠。安田钟姓，先祖钟增端于清乾隆年间从嘉应州嵩山迁居万角，后迁安田庙墩定居。官坑钟姓，先祖钟九满于清朝嘉庆六年（1801）从惠州迁居官坑下围。新寨钟姓，先祖钟成连于清朝道光二十一年（1841）从江西武宁县乌石迁居寨南新寨石羊坑。全镇钟姓有900多人。

朱姓，堂号为"沛国堂"。万角朱姓，始祖朱思纯，于清朝乾隆年间从龙川和平镇横岗迁居万角石塘。安田朱姓，先祖朱习琬于清朝乾隆年间从兴宁迁居安田火坳石源。吊尾朱姓，先祖朱元达于清朝同治年间从安田火坳迁居吊尾石塘。金光朱姓，先祖朱宁琇于清朝乾隆晚期从兴宁迁居寨岗马安山金坑崀。迴龙朱姓，先祖朱木清于清朝乾隆末年从连山太保迁居迴龙鱼冲。新埠朱姓，先祖朱锡富（朱木清后裔）于清朝光绪年间从鱼冲迁居寨岗圩岗顶（今新埠）。朱姓裔孙在香车、山心、石坑崀亦有衍居。全镇朱姓共有900多人。

丘（邱）姓，堂号为"渤海堂""河南堂"。丘、邱同源，始祖穆公。称架邱姓，先祖邱玉云于清乾隆年间从长宁县迁居寨南称架。山心邱姓，先祖邱秋福、邱凤秀分别于清朝嘉庆年间和同治年间从龙川小黄花迁居山心。香车丘姓，无"阝"旁，其先祖丘郁宗于清朝嘉庆八年（1803）从惠州归善三苑竹仙女石（今惠东县多竹镇仙洞）迁居寨岗竹山塘。

张姓，堂号为"清河堂"，世系有四：社墩张姓，先祖张谷停于明朝万历年间从阳山黎埠迁居社墩湖塘；吊尾张姓，先祖张宗南（又名茂南）于清朝乾隆五十五年（1790）从河源古竹镇迁居寨南吊尾鸭麻湖；迴龙张姓，先祖张顺于清朝乾隆年间从龙川迁居迴龙；金鸡张姓，支派有二：张文三世系于清朝乾隆年间从嘉应州迁居金鸡横岭；张九龄世系于清朝同治年间从嘉应州迁居金鸡。张姓裔孙在老虎冲、成头冲、白水坑、寨岗圩亦有衍居，全镇共有1000多人。

邓姓，堂号为"南阳堂"。阳爱邓姓，入连始祖邓思彬（为副将）于明朝洪武二十四年（1391）随军入籍，驻军马槽屯（又称军洞），居住寨岗官坑邓屋堂，后裔迁居阳爱。万角邓姓，祖居英德，后迁阳黎埠，于清朝雍正元年（1723）迁至万角堂黎村。城头冲邓姓，先祖邓开贵于清朝嘉庆二十一年（1816）从丰顺叶田村迁居连州九陂，居住3年后迁至城头冲。金光邓姓，先祖邓铭廷于清朝嘉庆年间（约1800年前后）从兴宁迁至金光打锣岭。石径邓姓，先祖邓安聚于清朝乾隆年间（约1760年前后）从英德迁至石径石桥。吊尾邓姓，先祖为石径石桥邓姓13世邓金鑫，其后裔于清末迁至吊尾。山心邓姓，为石径石桥邓姓后裔，于清末迁至山心居住。邓姓裔孙在安田、官坑、白水坑、寨岗圩亦有衍居。总人口有近1000人。

古姓，堂号为"新安堂"，于清朝乾隆晚期迁入，分居官坑、金光、石坑崀、石径、新埠等地。全镇古姓人口有近800人。

骆姓，堂号为"内黄堂"，先祖骆天作于清朝乾隆年间从龙川迁入；骆天清于清朝嘉庆年间从龙川迁入。裔孙现分居山心、社墩、白水坑、寨岗圩等地。

林姓，堂号为"西河堂"。迴龙林姓，先祖林文科于明朝嘉庆年间从翁源经英德迁至迴龙下寨。石径林姓，支派有三：林六长于清朝乾隆年间从广宁迁至石径高界；林瑞庭于清朝同治元年（1862）从江西吉安府龙泉县（今遂川县）迁至石径高界；林新洪、林新来兄弟两人于清朝道光年间从兴宁迁至石径。阳爱林姓，先祖林奇昌于道光十九年（1940）从河源迁至。林姓裔孙在秤架、吊尾、新埠、寨岗圩亦有衍居。

蓝姓，堂号为"汝南堂"。城头冲蓝姓，先祖蓝杨宣于清朝嘉庆年间从广宁黄竹乡迁至。金鸡蓝姓，先祖蓝碧锦于清朝康熙十七年（1678）从英德迁至。蓝姓裔孙在石坑崀亦有衍居。

吴姓，堂号为"渤海堂"。万角吴姓，始祖吴念三，从福建永定迁居嘉应州，其裔孙吴增先到阳山经营生意，于清朝雍正年间从阳山七拱迁入。老埠、东升吴姓，先祖吴铺任于清朝嘉庆年间从英德迁至。石径吴姓，支派有二：吴裕祥于清朝康熙年间从阳山淇潭迁至石径高界；吴广德于清朝道光初年从大埔珠玉坑迁至石径岭脚下。吊尾吴姓，先祖吴绍联于清朝道光年间从嘉应州蕉岭迁至。老虎冲吴姓，先祖吴应坤于清朝乾隆年间从嘉应州三苑竹迁至。吴姓裔孙在社墩、铁坑、寨岗圩已有衍居。

范姓，堂号为"高平堂"，先祖于清朝乾隆五十七年（1792）迁至万角。

巫姓，堂号为"平阳堂"，先祖巫重秀于清朝康熙三十三年（1694）从龙川县下塔迁至社墩。

徐姓，堂号为"东海堂"。社墩徐姓，先祖徐奕富于清朝乾隆年间从和平县长堂茶仔墩迁居老虎冲，后迁社墩石仔洞。迴龙徐姓，先祖徐进华于清朝嘉庆年间从河源迁至。裔孙在社墩、阳爱、寨岗圩亦有衍居。

江姓，堂号为"济阳堂"，先祖江上联于清朝乾隆五十九年（1794）从河源蓝溪社前岭桃子村迁至石坑崀，裔孙在老虎冲、安田亦有衍居。

姚姓，堂号为"虹瑞堂"，先祖姚垂阳于清朝嘉庆元年（1796）从平远县大拓丰盈岗迁居社墩。部分后裔分迁连州城、西岸。留居社墩的裔孙近500人。

吕姓，堂号为"河东堂"，祖居自福建上杭。清朝乾隆二十二年（1757），先祖吕恒祯、吕恒球、吕恒辉兄弟3人自上杭迁至寨岗山心，裔孙分居社墩新营。

迁居寨岗地区历史较久、人口较多的姓氏亦有：邬姓（颍川堂）、禤姓（南粤堂）、韩姓（南阳堂）、杜姓（京兆堂）、毛姓（风雅堂）、蔡姓（济阳堂）、邝姓（宣城堂）、王姓（京兆堂）、沈姓（吴兴堂）、董姓（陇西堂）、魏姓（钜鹿堂）、何姓（庐江堂）、莫姓（钜鹿堂）、赖姓（颍川堂）、廖姓（武威堂）、曹姓（焦国堂）等，均在清朝乾隆和嘉庆年间前后入籍寨岗各地，因篇幅有限，不再一一记述。

三江镇居民的源流

萧维国

人口的源流与构成

早在旧石器时代的晚期，三江地面就有远古人类活动的遗迹，其山川土地又足以哺育万物，没有特殊的历史变故，人口是不会自然消失的。

三江地处五岭山脉南端的群山溪洞之间，远离中原地区。夏、商、西周时期，是朝廷所谓的荒服地带。当时南方的少数民族，被称为"荆蛮"或"苗蛮"。春秋、战国时（公元前770—前221），南方的少数民族众多，统称为"南蛮百越"。《汉书·地理志》说："自交趾（今越南）到会稽七八千里，百越杂处，各有种姓"；"越以百称，明其种类之多也"。那时三江的土著居民，自然是雕发文身，葛衣短袖、跣足不履的山越人了（当时今两广一带，有仓吾、南越、雒越、产里、雕题等）。

然而，这些两三千年前的越人，是怎样变成今天三江的汉族客家人的呢？这就涉及我国历史的发展和民族融合的过程。地方史是国史的组成部分，国家历史发展的进程，时刻影响和改变着三江地区的人口构成。自秦始皇开发南越，三江正式纳入国家版图。史籍最早记载中原人南迁的，秦朝时有三批：一是秦始皇三十三年（公元前214）"发诸尝逋亡人、赘婿、贾人……以适遣戍"；二是"适治狱吏不直者，筑长城及南越地"（《史记·秦始皇本纪》）；三是赵佗做了南海郡守后，又"求女无夫家者三万，以为士卒补衣，秦始皇帝可其三千"（《史记·淮南衡山列传》）。他们不但带来了铁器和先进的耕作技术，还带来了先进的文化和生活习俗。西汉武帝时（公元前 140—前 87）平定南越国后，又有大批汉军留戍落籍，大量的贵族和官员流放，加上躲避战乱的老百姓，南下的中原人更多。而到达三江并与土人共同开发本地的，自然不乏其人。东汉时（25—220），领头在高良乡筑龙凤坡（自牛脚起经老圩、磨头岩、新村、龙口到水坝塘，总长 11 公里）的袁氏三兄弟，是南下的中原人还是土著已无从稽考，总之就是三江的汉人了。那时崇山峻岭，交通闭塞，"桂阳郡粤北诸县山洞之民，习其风土，不出田租"（《后汉书·循吏列传》）。到了东晋（317—420）、南朝（420—589）时，由于五胡（匈奴、鲜卑、羯、氐、羌）内迁，天下大乱，出现了北人南迁的大高潮，更促进了民族融合。当时岭南越人多称俚人，虽"尚仍蛮俗，各有长帅"，但在历史大潮的裹挟下，尤其在南下贵族和地方大吏的影响下，"其流风遗韵，衣冠习气，熏陶渐染，故习渐变，而庶几中州矣！"（道光《广东通志》卷 92）唐朝时（618—907），张九龄召民伕开通大庾岭新道，刘禹锡又贬来当连州刺史，于是"五岭之南人才出矣，财货通矣，中原之声教日近矣。遐陬之风俗日变矣"（广文献公开大庾岭路碑阴记）。可见其时岭南与江南及北方各地交通日渐频繁，经济得到发展，文化习俗已与中土无大异了。五代（907—960）的三江人黄损当了南汉的尚书左仆射，并有多种著述传世，亦说明了本地文风日盛，且有鸿才硕学者脱颖而出。此后更大规模的北人南迁大潮还有南宋末年（1279）和明末清初（1644）两次，即蒙古人和满洲人入主中原，百姓为避战乱而南下，到达三江的肯定为数不少。三江筑城后（康熙四十二年即 1703 年筑老城，乾隆三年即 1738 年筑新城）成了粤北的军事重镇，一批又一批的满汉官员来此任职，从始兴、韶关、广州等地调来的绿营兵，纷纷在此落户，五邑（南海、番禺、顺德、东莞、新会）和外省客商亦先后云集三江，本地的人口构成空前复杂起来。自连南设县，三江成了县城，集本县政治、经济、文化中心于一体，到此参加工作的外籍人士，迅速增加。改革开放以来，国土开发和建设规模空前扩大，新增设了许多行政管理部门，外来设厂及本地民营企业，更如雨后春笋，前来务工的境外人员亦大量涌来，所以当今三江居民的成分，就更趋复杂了。

综上所述，远古时代本地土著，或说春秋战国时的百越人，是三江居民的源，与历代南下中原人融合后的本地人，是三江居民的流。新中国成立前三江人不足五十姓，除莫、韦两姓是壮族人外，几乎是清一色的汉族人。而据 2000 年全国第五次人口普查的统计，在三江镇32084人之中，有少数民族5687人（其中瑶族4749人，壮族908人，其他民族66人），占总人口17.55%。

唐代以前的居民已无法稽考。现全镇居民共有122姓，居民的源流，大致上有四种类别。

第一，清朝以前迁来的居民。现全镇居民中，居住最久的是五代期间官至南汉尚书左仆射黄损的后裔。黄家相传从福建黄家巷迁来三江，据调查，黄损及其母的坟墓现仍葬在三江梅花岭，原居住诸美冲（今淳溪中学附近）。当地人素有"先有诸美冲，后有三江城"的传言。诸美冲地处丘陵地带，不易被洪水侵扰，适宜人类居住。1948年间，曾在该处耕地上挖出不少黄损旧宅的青砖、陶碗、茶壶等物。黄损有四子，前三子后裔迁往连县东陂落籍；第四子留在三江。1988年底统计，现仍有24户，116人。其中男57人，女59人。分布在新城4户，23人；塘基头村7户，38人；盛平村8户，34人；伙铺尾5户，19人。甘姓原籍南京珠玑巷，宋朝迁至广西梧州府，宋朝末年迁至三江东和村落籍，第三代共有五房人。清朝嘉庆年间，长房再迁至香花村，四房再迁至岩口村，其中有数十人迁至三江新城落业。长房随后有数十人再由香花村迁至连山县黑山村落业。第二、三房仍散居东塘、木高湾、迴龙湾等村。甘姓迁来三江的第二世祖甘露公，因倡建三江万税圳而名重一时，为当地人民敬仰，现留居三江子孙约有3000人。

寨脚村原称长塘埂，现住居民梁、禤、李、陈四姓。最早迁来的是梁姓。梁姓原籍浙江，一世祖隆常公于明朝初年迁来寨脚村，至今已有26代，现有人口400余人，其中140多人住在寨脚村及三江新城；有300人左右迁居连县。禤姓原籍广东三水县，第一代祖迁居连山县上草村。第五代祖廷稳公迁至三江莫老寨，继又迁寨脚村落业。其十二代祖德仁公生于清朝康熙四十七年，以此推算，约于明朝中期迁来三江，至今已有22世，共有人口800余人。其中仍住在寨脚村的有200余人，迁居连县的有700人。李姓原籍广东南海县，第一世祖向阳公于明朝中期迁至连县县城南门街经商，第二世祖迁来寨脚村落业，至今已历20世，有人口130余人。陈姓原籍北京，第一世祖陈进于明朝中期因避难而逃来寨脚村落业，至今已历20世，约有人口900人。新岩浸谷塘村孔姓，据民国十七年重修的族谱记载，于明朝正德年间（1506—1521）由广州附近迁来三江小溪冲，至今已有20代人。

第二，清朝时期驻军后裔。清康熙四十三年及乾隆三年，先后建立三江老城、新城后,长期驻军约达2000人,实行耕战合一的屯田政策,有事作战,无事牧耕,可子承父业。凡有男丁,每月领取饷粮3分3厘。不少官兵留在三江落业,形成有独特习惯的居民聚居群落。现城西钟姓迁来三江的始祖,原是清朝驻防始兴县的兵勇,于康熙四十三年随营迁来三江协驻防,遂在驻防地落业,至今已历12世。其第四世祖钟汉亭,在三江协任把总武职。现留在城西有200余人,迁居广州有170余人。当地著名人士毛文明,原籍浙江人,其第一世先祖五邺公偕弟六邺公于清朝乾隆年间到三江协任军职,第三世祖毛石生任三江协骑都尉,第四世祖任三江协左营把总,第五世祖毛永亨任三江协中军都司,至今已历11世,原住三江新城毛家巷。现五邺公遗裔已迁往广州、北京等处,六邺公遗裔仅有城西毛文勇1户。著名爱国民主人士何春帆先生的父亲何遐龄,在清朝同治、光绪年间,历任三江协把总,城西何姓至今已历6世。铜锣营村,原亦是一驻防营汛,至今仍遗有官兵聚集的官厅庙遗址,现今居民沈姓、廖姓、黄姓等,均是于清朝初年迁来的驻军后裔。现三江新、老城于新中国成立前迁来的居民,百分之八十以上是驻军后裔。

第三,清朝及民国时期迁来的其他移民。莫姓,原籍广东封开县,始祖莫宣卿是唐朝宣宗大中五年(851)状元,时年17岁,是中国历史上最年轻的状元,亦是两广地区历史上第一名状元。第19世有一支人从封开县迁至连山县上坪村,第36世于清朝道光年间再从连山迁至三江居住,至今已历6世,主要集居于沿陂村,有部分人散居于东塘、新岩、五星等处,人口有300至400人。梅村潘姓,约于清朝乾隆至道光年间分别从本县寨南乡、阳山县小江乡,乳源县三处迁来,至今已历10世左右。城西董姓,原籍连山县太保白犬村,于清朝乾隆年间迁来三江经商,遂在当地落业,至今已历七八世。珠江三角洲南海县等地不少商人在清朝及抗战期间,相继来三江经营商业,有一小部分人留在三江落业,现今欧阳、何、张、关等姓人,均是原籍南海县人。欧阳姓于清朝咸丰年间来三江经商,至今已历6世。抗日战争时期,其本姓亲属相继由南海县迁来,遂在三江落业,人口约有100人。住在三江城东老桥头附近的张姓,于清光绪二十二年迁来三江经商,至今已历4世,共有人口50余人,何姓是抗战期间从南海迁来三江经商落籍的居民,除1户人迁居迴龙湾外,其余留在新城居住,有人口30余人。关姓亦是抗战期间迁来经商落业,人口有10余人。文化界著名人士杨芝泉先生,原籍阳山县黎埠镇凤山村人,其祖父母于清朝同治年间迁至连县九陂小水乡,于光绪年间迁至三江城西,至今已历 6 世。此外,还有不少从湖南迁来的湘籍人,这一部分人除少数经商外,大部分从事木匠、铁匠、泥水匠、石匠、裁逢匠等,估算至今有六七百人。

第四,中华人民共和国成立后的外来居民。中华人民共和国成立后居住在三江县城的干部、职工逐年增加,80%以上是外地迁来的居民。其中约 20%是本县寨岗镇、寨南乡人;20%是本县瑶区迁来的瑶族同胞;40%是分别从连县、兴宁、梅县、潮汕、广州、北方等处迁来的居民,其中以连县、兴宁县人为最多,北方人最少。

人口发展及其在镇内的分布

一、人口发展

历史上人口的发展不是单纯的自然增长,一个地方土地资源(或其他如矿产、森林、江河湖泊)的多寡、生产力水平的高下、自然灾害的程度、社会的动荡和战争的频繁,都制约着本地区人口的发展。

我国从西汉开始有人口统计,然而都是天下各郡或相加后全国的总人数。三江素来不是郡治县治,仅不过是僻处粤西北的弹丸之地,所以其历史上的人口是无法考究的。我们今天只能从中国历史发展的主流、历代全国的人口统计数字,结合本地区已开发的田亩总数和民间的各种职业,去推考出一个大约的数字。

在远古生产力水平极其低下的原始时代,人类使用粗糙打制(后来则磨制)的石器(猫公山、岩口狮子山、湟本石山均有发现),靠渔猎和采集植物的果实与块茎充饥,三江的人口当然不会很多。根据这里的自然条件,大抵只有一些群居穴处的零星氏族,或氏族与氏族之间组成的小部落,充其量不过一两百人罢了。在火耕水耨,铁器和牛耕尚未普及的奴隶社会(夏、商、西周和春秋)阶段,人口的增长也是很有限的。封建社会初期的秦朝,岭南人口不足 9 万,即此可以推想三江的一斑了。东汉袁氏兄弟倡开龙凤陂,灌田 1700 余亩,如果再加上原先开垦的田地以及从事其他职业为生者,一河两岸的三江人,当不下五六百人。五代的黄损捐资筑邪陂圳、彩陂圳,灌田 3000 余亩;明朝后期东和的甘露率乡人筑万税圳，灌田 1200 余亩；而东和人增筑老婆陂，又可灌田近千亩；此外还有木林陂、白鹤滩陂等较小的水圳，总计到明朝覆灭时，三江水田面积应有七八千亩，加上大量可种植旱粮的山坡地，光是务农为业者及其家眷，亦当有两千余人。其他职业如戍守营汛的兵勇、长途贩运的挑夫、开店营生的商人、街边摆摊的小贩、烧砖做瓦的陶工、造屋建房的泥水匠、卖药看病的郎中、砍柴割草和捞鱼捉虾的贫民，还有铁匠、木匠、竹篾匠以及儒生和缙绅等，总数起码有三千余人。清朝时期由于驻军的增多以及外来人口的迁入，人口发展至五六千人，沿至民国时期仍基本保持此一人口基数。据民国二十七年（1938）连县县政府户政室统计，高良上乡（不含新塘、新岩）有 1560 户，6844 人。

中华人民共和国成立后，1952 年全镇人口 7671 人。1953 年 1 月增至 8403 人。1953 年 6 月 30 日第一次人口普查，全镇总人口 9526 人。1964 年 6 月 30 日第二次人口普查，全镇总人口 13067 人，其中农业人口 9331 人，城镇非农业人口 3736。1982 年 7 月 1 日第三次人口普查，全镇总人口 23137 人，其中农业人口 11694 人，城镇非农业人口 11443 人。1988 年，全镇总人口 25467 人，其中农业人口 14915 人，城镇非农业人口 10552 人。1990 年 7 月 1 日第四次人口普查，全镇总人口 27111 人，其中农业人口 15022 人，城镇非农业人口 12089 人。在 40 年间，农业人口增加 2 倍以上，城镇非农业人口增加 4 倍左右。

三江镇人口发展一览表

时间	总人口	其中		备考
		男	女	
新时器时代 西周至明朝	100—200 1500—2500			距今四五千年 至五六百年前
清朝时期 民国二十七年（1938） 民国三十六年（1947） 1952 年 1953 年 1 月	5000 左右 6844 7088 7671 8403	3520 3714	3324 3374	县户政室统计不含 新和村 同上 含城镇人口在内

续表

时间	总人口	其中		备考
		男	女	
1953年6月	9526	5152	4374	同上
1954年	10143	5347	4796	同上
1964年三江镇	9331	4590	4741	其中城镇人口3401人
1964年三江镇居民	3736	2199	1537	
1984年三江镇	11694	5666	6028	
1984年三江镇居民	11443	6034	5409	
1988年三江镇	14915	7280	7635	
1988年三江镇居民	11542	6185	5357	

第一次人口普查统计表

地区	总户数	总人口			18岁以上者		
		总计	男	女	合计	有选举权	无选举权
合计	2113	9526	5152	5152	5587	5328	259
城西	550	2223	1182	1182	1296	1248	48
城和	846	4141	2346	2346	2457	2311	146
东和	435	1929	991	991	1096	1056	40
新和	282	1233	633	633	738	713	25

注：其中回族3人，瑶族231人，壮族44人。

（三江联乡办事处1953年6月30日24时）

第二次人口普查统计表计表

地区	总户数	总人口				汉族	瑶族	壮族	回族	满族
		合计	男	女	非人口					
三江镇	727	3736	3199	1537	3514	3557	147	20	11	1
三江公社	2074	9331	4590	4741	131	9251	77	3		
合计	3801	13067	6789	6278	3645	12808	224	23	11	1

文化程度

地区	合计	12岁以下不在校儿童	13—40岁			小学文化	初中文化	高中文化	大学文化
			不识字	初识字	初小				
三江镇	3736	957	413	62	749	478	600	381	7
三江公社	9331	2347	2372	315	2987	1102	487	109	6
合计	130637	3304	2785	377	3736	1580	1087	490	13

(三江地区1964年6月30日24日)

1982年7月1日,全国进行第三次人口普查,三江总人口为23137人(其中农业人口11694人,非农业人口11443人)。

三江1990年7月1日第四次人口普查统计表

地区别	总户数	总人口			家庭户				集体户			
		合计	男	女	户数	人口			户数	人口		
						合计	男	女		合计	男	女
甲	1	2	3	4	5	6	7	8	9	10	11	12
总计	6484	27111	13684	13426	6448	26719	13448	13271	38	391	236	155
居委一	618	2343	1180	1163	609	2290	1135	1155	9	53	45	8
居委二	898	3274	1617	1657	896	3266	1611	1655	2	8	6	2
居委三	774	2827	1439	1388	767	2771	1405	1366	7	56	34	22
居委四	858	3362	1665	1696	743	3205	1625	1580	15	157	41	116
东和	499	2290	1175	1116	498	2276	1163	1113	1	14	11	3
六联	432	2034	1031	1003	432	2034	1031	1003				
城西	779	3417	1730	1687	779	3417	1730	1687				
五星	525	2446	1227	1222	525	2446	1224	1222				
联红	508	2353	1182	117	507	2348	1179	1169	1	5	3	2
新岩	297	1365	698	667	296	1362	695	667	1	3	3	
新塘	243	1117	551	566	243	1117	551	566				
公安、武警、消防	43	283	191	92	49	188	98	90	4	95	93	2

各种文化程度人口

地区别	合计	大学本科	大学专科	中专	高中	初中	小学	不识字或识字很小		0-5周岁人口	其中5周岁人口
								小计	其中:12周岁以下		
甲	1	2	3	4	5	6	7	8	9	10	11
总计	27111	143	578	902	3373	7257	9087	2654	2069	3117	199
居委一	2343	55	186	170	420	593	603	135	119	181	
居委二	3274	45	159	239	677	897	746	232	182	279	
居委三	2827	20	96	193	535	799	728	182	147	274	14
居委四	3362		94	190	656	1036	867	211	147	288	14
东和	2290	1	1	7	113	479	991	373	286	327	283
六联	2034		5	11	121	471	785	302	233	338	220
城西	3417	2	2	30	260	995	1358	319	262	453	225
五星	2446		8	17	201	732	929	252	212	305	212
联红	2353		3	13	168	616	960	276	214	317	211
新岩	1365		3	3	95	304	583	205	141	172	140
新塘	1117		3	5	62	234	490	154	114	169	11
公安、武警、消防	283		18	24	65	102	47	13	12	14	12

各民族人口

地区别	合计	汉族	瑶族	壮族	回族	黎族	侗族
甲	1	2	3	4	5	6	7
总计	27111	24081	2502	512	8	5	3
居委一	2343	1901	371	63	6	2	
居委二	3274	2752	466	55		1	
居委三	2827	2451	331	42			3
居委四	3362	2868	425	65	2	2	
东和	2290	1729	396	165			
六联	2034	1963	67	4			

续表

地区别	合计	汉族	瑶族	壮族	回族	黎族	侗族
城西	3417	3204	169	44			
五星	2446	2343	69	34			
联红	2353	2221	132				
新岩	1365	1313	17	35			
新塘	1117	1096	21				
公安、武警、消防	283	38	5				

二、人口分布

据1990年7月1日第四次人口普查统计，城镇居民家庭户3164户，11720人；集体户37户，369人。县委公共宿舍至鱼苗场、农场、农林技校、民族中学、三江中学、地震台、林科所、爱民街上侧至红街为居委第一普查区，有家庭户609户，2290人；集体户9户，53人；民中路下侧到民族路二巷上侧、爱民路下侧、房管所至环城北巷口、北楼巷、东门街、环城西巷、南巷到河边为居委第二普查区，有家庭户896户，2066人；集体户2户，8人；工商银行沿市场至商业局，水电局至怀连旅店、东门街、大新街、老旅店至老粮局一片，环城南巷、担水巷至河边、大桥头一片，县水泥厂为居委第三普查区，有家庭户707户，2766人；集体户7户，61人；民族一路二巷下侧沿至四巷下侧、韶南厂区、金坑路口沿至香花木场、福利食品厂、大新街下侧沿至汽车站、中医院、东风街、水运公司、桥头、机耕路、林业局宿舍为居委第四普查区，有家庭户843户，3205人；集体户15户，157人；公安、武警、消防普查单位有家庭户49户，188人；集体户4户，95人。

农村居民家庭户3280户，15000人；集体户3户，22人，计有东和管理区499户，2290人，其中沿陂村1、2村民小组54户，267人；3、4、5村民小组82户，301人；东新6、8村民小组85户，353人；7、9村民小组82户，369人；10、11村民小组58户，270人；12、13村民小组90户，409人；迴龙村68户，321人（其中集体户1户，14人）。六联管理区432户，2034人，其中木高湾村69户，336人；老圩、菜园坝68户，300人；大石坪44户，239人；高联村115户,516人;新村10、11村民小组66户,319人;新村12、13村民小组70户,324人。城西管理区有779户,3417人,其中梅村1、2、3村民小组91户,391人;4、5、6村民小组79户,341人;7、8村民小组66户,259人;盛平9、10、12村民小组78户,337人;11、13村民小组71户,295人;南中14、18村民小组82户,359人;15、16、17村民小组73户,343人;永接19、20村民小组66户,289人;21、22、23村民小组94户,416人;24、26村民小组79户,390人。五星管理区有525户,2446人,其中新城1、2村民小组90户,434人;3、4村民小组98户,477人;5、6村民小组109户,497人;城东7、8村小组68户,279人;9、10村民小组81户,386人;11、12村民小组79户,373人。联红管理区508户,2353人(其中集体户1户,5人),其中寨脚1、2、3村民小组117户,546人;5、6村民小组77户,340人;4、7村民小组83户,404人;香花村8、9村民小组77户,362人;10、11村民小组73户,343人;雁塘庙村82户,258人(其中集体户1户,5人)。新岩管理区有297户,1365人(其中集体户1户,3人),其中岩口1、2村民小组72户,339人;3、4村民小组62户,283人;5、6、7村民小组88户,400人(其中集体户1户,3人);塘冲口75户,343人。新塘管理区243户,1117人,其中新塘、石蛤塘村74户,338人;凉水岩村、新力寨村84户,410人;老虎头村、铜锣营村85户,369人。

2000年11月1日零时,我国进行了中华人民共和国成立后的第五次人口普查。据普查统计,三江镇人口为32084人,比1990年第四次人口普查时增加5287人(包括外来在本地务工者),十年间人口增幅为19.5%。

在总人口中,50年来性别比(以女性为100)如下:

1950年	1964年	1982年	1990年	2000年
117.79	108.14	102.92	102.09	99.11

家庭户类型,本镇共8879户,户均3.51人,分别为:

一代户	二代户	三代户	四代户
1806,占20.34%	4827,占54.36%	2179,占24.54%	67,占0.67%

文化程序空前提高,详见下表:

6岁及6岁以上人数	大学		高中		初中		小学	
	人数	占比(%)	人数	占比(%)	人数	占比(%)	人数	占比(%)
30007	2330	7.76	5851	19.50	10765	35.87	9188	30.62

少数民族居住于本镇的人口增多,总数为5687人,占三江人口总数的17.55%,分别为:

瑶族	壮族	其他民族
4749	908	66

2004年6月22日,三江镇与金坑镇合并。合并后具有11个村委会和1个居委会,总面积294.54平方公里,总人口42052人,镇政府驻地为三江镇政府原址。

2010年全国第六次人口普查

乡镇名称	户数	人口	男	女	农业人口	非农业人口
三江镇	12344	42674	21561	21113	24028	18646

其中瑶族2953户,11883人(男6268人,女5615人)。

注:本文姓氏来源的四种类别,中华人民共和国成立后的第一、二次人口普查数据为罗昆烈收集整理。

寨岗"曾罗李"姓的故事

罗永新

在粤西北的寨岗小镇,清朝后期有一句社会流行的俗语:"曾罗李恶到死。"有人说这句话是褒扬"曾罗李"姓在匪患猖獗的时候,敢于挺身而出,英勇善战,击退匪贼;也有人说"曾罗李"姓人多势大,对一些小姓人家有欺霸现象,这是小姓人家诋毁他们的说法。

从历史上看,"曾罗李"姓,不是寨岗本地族群,他们是清朝中期迁来的客家人,本属无地、无钱、无权的外来客,但在短短一百几十年间成为当地的强势族群,实现"客家占地主"(后来反胜早来的本地人)的奇迹。当时黎埠的"黄杨邓""七拱邱姓"等客家望族均是如此,迅速崛起,掌控了阳山县境的军政、经济、文化权柄,这个社会现象,引起了连阳史学家的关注与研究。

史学家们或从阳山县黎寨地区的族群角度,特别是客家人的族群特性去研究;或从穿过阳山关、桂阳郡(连州)通达湘楚的古道、湟水的地理特性去研究,得出客家人来阳山后成功的几个优点:一是崇尚武功,不怕牺牲,放牛郎、黄埔生,皆为将军之才;二是白手起家,苦心经营,穷乡僻壤有致富"金山";三是穷而读书,富也读书,读书儿郎多成安邦治国的栋梁。

笔者通过对连阳历史,特别是寨岗"曾罗李"等姓氏族群的研究,发现"曾罗李"姓这些优秀的客家族群取得成功的现象,应该从中国封建社会体制及客家族群的特性去解释说明。

一、深谙封建社会的宗法运行体制

寨岗曾、罗、李等姓虽远方迁来,势单力薄,无田无地又无权。但从"曾罗李"姓的族谱可知,这些客家人自中原南迁以来,先民自身团结的精神形成了很强的向心力,正是这种向心力使他们在漫长的迁徙过程中把中原灿烂的文明带到南方播衍。"振纲立纪，成德达才"，教人遵纲纪、重德才，奋发进取。这些文化印记无不闪耀着中原文明崇文尚武、耕读传家的精神光芒。

寨岗镇曾姓始迁祖九粦公，贡生，于清乾隆四十八年（1783）从粤东河源县三笕竹村迁入寨岗安田村，迄今已历13世，分为四大房，后裔分居安田、山心、金鸡、社墩、铁坑、石坑崀、新埠等处，人丁繁衍，现有人丁近万。

罗姓遵奉达先公为始迁祖，原籍为粤东兴宁县大坪镇人，辗转经惠阳、台山两县，后于清乾隆五十三年（1788）和道光年间先后迁入寨岗高滩坝、石坑崀，分为三大房。后裔分居于高滩坝、石坑崀、官坑、独石坝、东升村、金光村、阳山县黎埠镇大龙村、白石门村、黄垒镇雷村等地，也有人丁近万，蔚为巨族。

李姓多于清代乾隆、嘉庆年间从粤东梅县松口迁入，主要分布于官坑村、万角村、金光村等地，其始迁祖皆为梅县李姓同一源流，但支系不同。最著名的是金光村李姓，该世系李芳长，原籍梅县云车乡人，于清嘉庆年间迁居寨岗金光村，被遵奉为一世开基祖，至今已历7世，有人丁近4000人，人才辈出，为当地著姓。

曾、罗、李三大姓来到黎埠、寨岗之后，因深谙封建礼制，特别是宗法制度，能够较好地规划宗族发展，按封建社会要求培育宗族后代，壮大宗族势力，影响社会，最终成为望族。其中，以下观念有重要影响：

1. 家国天下，宗族意识尤其强烈

中国的封建社会，宗法体制森严。宗族主要以家族方式体现，家族长盛不衰的依据有祠堂、家谱、族权。对祖先的崇拜，是中国传统文化心理的一个重要特征。所以祠堂起着强化家族意识、维系家族团结、训导家族尊宗的作用。曾、罗、李姓的开基族人，都非常注重祠堂的选址建设和维护发展，金鸡松山下曾氏的传经第桅杆屋，高滩坝的豫章第必锦罗公祠、必达公祠，石坑崀的必祯罗公祠，金光豆角墩李氏的安贞第，都是寨岗赫赫有名的历史名祠，让人感受到这几姓人的宗祠文化不同一般。

高滩坝必达罗公祠有一联："必须立志立身勤读勤耕好将力量献祖国，达到成材成器能文能武自有名利振家声。"曾、罗、李姓承继传统文明，尊儒为尚，理学兴宗；持之书田立本，以文荣族。族人遵守封建礼制，常怀"修身齐家治国平天下"之情怀，繁衍拓展，惟进惟新。同时非常重视嫡系的培养，特别是长子嫡孙，既着重培养他们成为家族的接班人，也注重培养他们成为对国家、社会有所作为的人才。

金鸡松山下曾氏的传经第桅杆屋

高滩坝的豫章第必锦罗公祠

高滩坝的豫章第必达公祠

金光豆角墩李氏的安贞第

2. 多子多福，添丁增人族中常念

封建思想中，向来有多子多福的提法。尤其是增添男丁，是一个家族壮大的重要举措。寨岗"曾罗李"姓就非常重视人丁增加。寨岗素来有"曾家屋场、罗家风水"之说，人丁兴旺是这些大姓人家的一大突出现象。在寨岗的各姓氏为鼓励增加男丁，每逢春节的正月半均有一个隆重的"上灯仪式"，每家以增添男丁为荣，其中"曾罗李"姓等更为隆重。清远电视台《北江纪实》栏目还对寨岗罗氏家族的"上灯仪式"作过专题报道，揭示客家人增丁的强烈意识及文化传统。截至2007年，寨岗镇人口统计所知，全镇48000多人口，"曾罗潘李"四姓竟占据一半之多，其中曾、罗姓氏各有近万人口，而明代传入的班、蒋、梁、邓、颜、徐等各姓人口合计也不足4000人。

二、客家人具有忍韧苦干而后发的精神

清朝"康乾盛世"期间，客家原居地（梅州、河源等）人口滋长，人多地少成为迁徙粤北山区阳山县（寨岗时属阳山）的原因，也有些客家人是先迁江门、台山，但迫于"土客之争"而转入阳山的。初来乍到的客家人，是没有一寸土地的。那么，客家人如何获取土地呢？一是开垦荒地，阳山知县陆向荣说："凡山场可以用工开垦者，悉听惠、嘉等处客民耕管，获利自甘，穷苦而莫与争。"二是与本地人联姻攀亲，得到赠送的土地。三是通过出卖劳动力、做生意而积聚钱财，购买土地。至清朝后期，勤劳节俭的客家族群，得到土地之后，修建房屋，开设店铺，经营商贸，落地生根。

初来乍到时，客家人是很艰难的，要么卖苦力、做佣工；要么做走街串巷的小商贩；要么就做教书先生，收入微薄，生活艰苦。但他们吃苦隐忍，迁来寨岗后，不与人相争，不游手好闲，开垦耕地，居住生产，勤劳耕作，筹谋发展。罗氏贻华公子孙等初来寨岗时，不急于与人争地，而是游历山水，察看地形，看好而后动，在高滩坝亦农亦商，逐步发展。李氏芳长公初到寨岗，以卖货郎、小货店起家，到经营"义合"商号，致富后又谋划忍隐多年而买下金光豆角墩宝地建成安贞第。在这些开基先人的艰苦创业下，各姓氏家族因此而发展。

三、学而优则仕，考取功名壮家声

封建的科举制度自隋朝推行以来，唐宋已完善。科举是普通人家走向社会上层的通道，"万般皆下品，唯有读书高"是当时社会的普遍思想。从寨岗的历史来看，明朝时鲜有听闻考取功名的，多是记载世袭官位，而到了清朝中后期，客家人大量迁入后，科举官封才有较多的记录。

金鸡人曾庆襄，同治六年考取为广东82名举人之一，为当时同冠流域唯一举人。其儿子曾绍班、孙曾启宇均为贡生，成就了一门三代均考取功名的佳话。在他的影响下，曾氏后人勤耕好读，人才辈出，获取监、贡生者有25人，松山

下的传经第曾竖起了六根桅杆，让金鸡的"桅杆屋"扬名四乡。

"必须博学才高缅先祖金顶朱袍科举荣登故国土，达到智多识广望后裔青从蓝出鳌头独占振家声。"高滩坝（二村）、石坑崀的罗氏家族，清乾隆至光绪年间，获取监、贡生以上者有40多人，高居寨岗各姓首位。罗文云、罗传经、罗传心、罗传敏、罗传楷、罗传濂、罗传熙曾在阳山、连州科试中名列第一，荣获附贡生、恩贡生、岁贡生、拨贡生、明经进士等功名，并在寨岗独石坝、石坑崀、东升、黎埠大陂竖起文官标桅杆。直至民国，罗信初、罗启霖、罗映锋等还以优异成绩考入广东法政学校就读。

清朝时期，寨岗李氏家族获监、贡生者有9人，其中金光李钟瀛（锦文公），贡生，为寨岗名贤；吴氏家族获监、贡生者有20人，其中吴增先、吴运祥为国学生并赐"文林郎"；潘氏家族获得监、贡生者有19人，其中潘延升贡生并立桅杆。

这些姓氏人家考取功名后均获政府授官，享受奉禄，如曾庆襄、罗传心、李钟瀛、罗传芳等均获清廷授予五品蓝翎顶戴，曾绍班被任为广西来宾县令，罗家德官至桂林知府，罗文瑄履职地方巡政厅，罗传典、李钟瀛任职按察司照磨……当然他们掌握了行政资源，也为家族的进一步壮大、发展发挥了促进作用。

四、推崇儒学，兴文重教振文化

黎寨地区的客家人为鼓励子女读书上进，无不倾力支持，甚至举全族之力协助。高滩坝必锦罗公祠堂内有一联："想前人红顶朱衣名题凤阁功勋广，望后裔学文习武威显京都姓氏扬。"必通必俊罗公祠的"望重琳琅"匾，石坑崀必祯罗公祠的"簪缨奕世"匾，均道出客家人力弘耕读传家之风，勤学善进，致科举冠裳的追求。清朝时期曾、罗、李、吴、潘、梁、班、蒋、颜等族，皆由公尝出资，单独设立私塾，竭力培植子孙。客家人兴文重教的成就，阳山知县陆向荣也不得不佩服，由衷赞道："阳山、连州乡试获绥者半系惠、嘉客寄籍子弟。"

此外，寨岗的客家人热心公益办学，同治六年，曾庆襄、李钟瀛创办了寨岗的凤鸣社学，大兴儒学之风，一时各种社学、私塾遍布各村寨。比较出名的有"立学社"，寨岗高滩坝的"萃英斋"学堂，寨南石径的学宫堂。正是客家人兴文重教，所以黎埠、寨岗成为连阳地区的四大文化区之一，儒学思想已深入民众，1851年太平天国洪秀全曾来寨岗和南岗瑶寨动员民众参与起义，因其拜上帝教教义与儒家思想相悖，所以未得到民众响应。

五、地方武装，防匪御敌护根基

晚清咸丰年间"太平天国起义"直到民国，粤北山区陷入百年动荡的乱世。经历长期流离迁徙、客居异地而形成注重习武自卫的客家人，不惜身家性命，积极投身保家卫乡、平定战乱、反抗入侵的安邦定国运动之中。

咸丰至同治初年的十多年中，借响应"太平天国运动"名义而趁火打劫的各路匪贼，经常出没阳山城乡，掳掠妇女财物。当时，久为地主的本地人习惯坐享其成而丧失战斗力，难以抵挡匪贼的进攻，寨岗墟镇乡村深受其害。为了保卫千辛万苦得来的田地房屋产业，曾庆襄、罗传心、李钟瀛、罗传芳、王宪章（黎埠人）等组织乡绅出钱、出力，募集乡勇，组建"白虎团"，抵抗匪贼，同时还协助官军收复阳山县城，解连州城围，救援三江城，设计生擒李福祐，解至黎埠墟市公审处决，名震粤北。"曾、罗、李"姓组建的"白虎团"能打善战，保百姓生命、护寨岗平安，深受黎寨地区老百姓的爱戴和赞扬，史书及民间传说中更是凸显了"曾罗李"姓在黎寨地区人民心目中的社会地位。

六、崇尚公益，推动发展为社会

"曾罗李"姓不但能够领军御匪，而且热心社会公益。同治六年，曾庆襄中举后，归教阳山韩山书院，次年被任为和平县书院训导，但他心系乡梓，同年便与金光村李钟瀛创办了寨岗的凤鸣社学。曾李二人不但出钱粮维持"社学"运作，还亲自讲学，传播儒学，"凤鸣社学"影响日增，成为寨岗最大的社学。在曾庆襄、李钟瀛创办了凤鸣社学的影响下，寨岗各地的社学、学堂如雨后春笋，一时寨岗的文风浓郁，人才辈出。

后来，曾庆襄的儿子曾绍班、孙子曾启宇等继续资助凤鸣社学，直至民国。此外曾启宇还出资捐建寨岗木桥（通往寨南的大桥），他们的所作所为堪为寨岗人称颂。

高滩坝罗国智，监生，乃寨岗名贤。嘉庆年间，他主持修通了龙船坝至高滩坝的水圳，并长期捐资维护，灌溉良田数百亩，道光二十四年辞世，于必锦罗公祠内修斋三天三夜，有过千众的族内外人参加吊唁。

高滩坝人罗传心、罗传芳热心村中公益，修路、兴办学堂。据《寨岗镇志》

记载：罗传芳、王宪章因御敌、救城有功，官府除赐五品蓝领顶戴之外，还赏赐两人良田、租谷一万二千余司码斤，但二人淡泊名利，不分赏田，委托乡人贤能者设立"同德堂"管理，以将所得良田银两均作为族中学堂资用，年收租谷奖励两乡教育及周济贫乏，泽垂百年。

石坑崀罗家德，贡生（明经进士），其任广西皋清县司时，每逢回乡，都关心乡梓的贫苦人家，并用家资周济。罗侨华，时为连阳富豪，为人大方，常为当地公益捐资捐物，并孝敬老人。

高滩坝人罗子芳，参与黄花岗起义，追随孙中山在临时大总统府任随员，后回乡创办中医诊所，以医术济世。罗铁君，参加国民革命任军医官，后回乡夫妇办起寨岗第一间西医诊所，造福乡民，为邑人称颂。

历史如烟，二百多年来，曾罗李三大姓不但宗族得以壮大，而且为寨岗的经济文化发展做出了自己的贡献，时值今天，三大姓人家仍然人才辈出，遍布海内外，在各行各业中获得成功者无数。

现寨岗域内共有91个姓氏，中华人民共和国成立以来，特别是改革开放以来，群英奋起，许多姓氏的后辈，攻读上进，或履职有绩，或创业成功，成为寨岗经济、文化发展有力的推动者，不断为家乡的发展做出贡献，为寨岗美好的明天而努力奋斗！

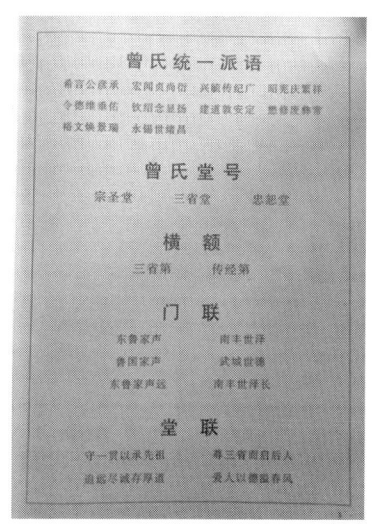

寨岗曾氏族谱

寨岗罗氏奖学金颁奖大会

对连阳罗氏达先世系班辈诗文的考析

罗梓渊　罗永新

前　言

在中华传统姓氏文化中，名、字辈派或班辈字派是重要内容之一，一般在族谱的版面安排上处于很突出的位置，且代代相传，具有顽强的生命力。班辈字派的制定，一般由族中德高望重或文重者制定，或从留传的好诗词中选取，所以班辈诗中存有很深的文化内涵，值得后辈学习与承继。现将连阳罗氏班辈诗考析与大家分享，希望寨岗众多姓氏后裔也认真学习析解本姓氏班辈诗，更好传承发扬良好的家风家训。

豫章第连阳罗氏达先世系，清代中晚叶年间拟立出一篇诗文，规制了先祖及下延后裔共八十个班辈的字派。现对此文的结构、成型过程和其中的含义作出以下的考析。

（一）

这篇在族内一代代伸接使用的字派，作为文体其内容广阔，以作诗句其形构工整。我们先把全文转录如下：

　　达贻必国文，绍（传）家启汝勋（昆）；
　　经纶诚广大，道学仰清芬。
　　伦纪纲常正，仁慈礼让敦；

显扬宗祖耀，富有日星云。
谟烈昭垂远，英才建树勤；
宪章隆继盛，忠义冠同群。
书策芳香溢，猷谋美善闻；
钦明修骏德，万世毓贤孙。

诗文中，在绍字派再列一个传字，在勋字派也多用一个昆字与之同序，其中之因在下文将有解释。

纵览这篇用班辈派字组成的诗文，我们可以从中发现，它取之古律诗的写式，以五言立句，象征金木水火土五行处在一个统一体中。悉心地从含有庄健、文雅、清新之义的字种里选择辈分用字，八十二个派字喻之八方物象尽纳其中。把第一句的句脚文字作为原音点，形成勋、芬、敦、云、勤、群、闻、孙一韵到底的声线。以理学兴宗、崇文重教、遵纲循常、重拓重衍为主体内容来构建全诗。从文义上来说，它蕴藏着一种天地人和、知行合一的意境，透析出规范族孙于人世间应厚德敏行的宗室元素，期望族系致高向远风光无限。在每一个派字都是一种标识的语境中，全诗实现了形构与涵义的有机结合，给一脉世系留下了芳香溢远的春秋书策。

（二）

当今的族孙，对诗文的作者以及此诗产生的时间和形成的过程，众说纷纭，各有推测。然而主要的看法可以概括为两种：一种认为全文出于先祖达先公之手，另一种则指出这是不少族人接力创作而成。正确的结论应根据史籍的记载而推出，但在尚未查找到核心资料的情况下，只能依于符合逻辑的分析。经过对全文形构、义涵、风格的研辨，我们的看法是：

多类型的句式表明多人参与了拟写。这篇班辈诗，第一、二句以选字的形式立建；第三、四句以词组为主组成句式；第五、六句使用经典佳语来表述；第七句至第十六句又转为词组的架构。同时，诗的开首两句为一种延接形态，结尾两句是因果关系，其他的上下两句之间基本是并列现象。只有多人又不在同一时段里拟写，才会形成这种分型但又不分核的格局，才可出现这样一种既严谨又多彩的文面。

环境的变化影响到此诗成型的进程。根据族谱的记录，族室在 1707 年至 1788 年的 80 余年里，经历了从兴宁迁居惠阳、后徙台山、再溯江北上入阳的奔波阶段。当然，生活环境的变化对诗文的拟写不会起到决定性的作用，但是也不能忽视某些因素带来的重要影响。从 1832 年石坑崀族孙抄录广西桂岭罗氏洪德公十九世孙甲子科举人罗俊魁携来的族谱中，仍无发现有班辈诗文的入载，已能说明在三大房齐集连阳即 1830 年前，罗氏班辈诗至少还未完善与定型。

文字班辈发挥了重要的续成作用。当族系根扎寨岗水域之后，随着族人的乐业安居和祠堂文化的振兴，高滩坝、石坑崀等地先后涌现出 40 多名监、贡、廪生以及一批乡间俊才。根据班辈诗全文正式出现在 1866 年贡生罗传濂修编的族谱中的史实，可以推定出此诗完成于 1830 年至 1866 年这个年段。此间，罗文玉、罗文云、罗藻文、罗文瑢、罗文谟、罗文瑄、罗赞文、罗参文、罗彬文、罗彰文等一批有功名的俊杰或在官府任职，或已经担起族中重任，他们中的一些人续接了大部分句式并对全文作了核认。我们可以从第二个句式两处使用并列的字派中，明确只有处在统筹和定稿人的位置上，也就是文字辈这批人才能具有如此的动议条件和决定成型的威权。

（三）

从以上的叙述及分析中，可作出如下的认定：达先公饱读儒书，肃肃懿德，猷谋卓识，他拟出了全诗的第一句，确定了整篇的立意和下延的脉径，这完全符合他循理学兴族邦的理识，然而可能由于家室搬迁和年纪的原故无法继续写出全文。贻、必两辈也许因相似的环境变迁而无心续拟。

后来，贻华祖母江氏和必字辈族孙把第一个句式（达贻必国文）带到了高滩坝继之而行，族系稳定时即以含有紧连之义的"绍"字开续第二个字派句。有些人感觉此处行文风格和字词取向与第三句有着明显的区别，便推测出是国字辈的俊贤所拟。但仔细思量，就觉与常理相矛盾，这个辈分不可能为隔了一代的裔孙设制出一个独一无二的扬誉性的"传"字派识。而实际是文字辈在续诗时，多人次参与了这项重要的人文建设，各具不同才识的族秀自然会行写出不一样的句式。他们依沿着前面的意涵轨迹，先以选字的形式实现了第二句与第一句的顺延对接，然后又以词组为主拟成第三句至第十六句，层次分明地表述了重经典、恪纲常、蔚人文、行美善、毓贤孙这些兴族的内容，并对全文进行了统审。

在此诗定型前,为更好地激励下一辈奋攀书山立志成才,决定对绍字辈中于科考时获得功名的授予"传"字标识(旧族谱中凡绍字辈的人名均带有"绍"字,"传"是有功名后,以字的形式出现,如石坑崀村的罗绍杏,字传熙;罗绍源,字传濂;罗绍南,字传铨。高滩坝村的罗绍荣,字传芳;罗绍中,字传湘;罗绍京,字传洛;等等)。第十个字位因对勋、昆两字存在不同的看法且在理意上各具千秋,确准并列使用,使全句形成一种五子登科各业齐荣的景意。总之,没有达先公的始创,就不可能有"达贻必国文"这五个从先祖起的形制辈识;然而认为他完成了全篇,则理解不了此诗直到入阳七十八年后才出现在本族的谱志上,也无法解释第二个句式的特例和一文多型的格构。

(四)

意深风古韵长,是这篇班辈诗文的总体概貌,一百多年来许多族人对它进行了不少的析义。现在我们在参考、借鉴前辈族贤析文成果的基础上,试之对应每一派字和每一个词组,按照上下句之间的相互关系,以每两句为一单元,再行作出译释。

达贻必国文[①],绍(传)家启汝勋(昆)[②]。达先公昭示族人,汝等必须研习通畅理学,承继脉统,传弘家风,不断开启大道。

经纶诚广大,道学仰清芬[③]。仰崇先哲,博览经典,穷以探索,格物致知,力于使自己的道行达到至高境界。

伦纪纲常正,仁慈礼让敦[④]。恪守三纲五常,敦之仁慈礼让,庄正立世,谆导后人,循理处事。

显扬[⑤]宗祖耀,富有日星云。标显和光大先祖德功,可引导族人不断地前行,使事业有如云天之壮阔,似日星般的长灿。

谟烈昭垂[⑥]远,英才建树勤。族中的英才俊杰,深谋远识,文韬武略,勤奋进取,他们建立的勋业,长昭于宗室。

宪章隆[⑦]继盛,忠义冠同群。建章立制,执忠维义,致新领先,族系则能健行于世,人丁延绵,文蔚业兴。

书策芳香溢,猷谋[⑧]美善闻。谋大事为大众,厚诚信行仁善,这样的族孙,当会誉载史册,名芳千古。

钦明修骏德,万世毓[⑨]贤孙。敬肃明察,修齐治平,厚德载物,以此理学经纬育规裔孙，族系必会德才齐馨，麟凤满堂，千秋锦绣，万代荣昌。

综合上述的释义，达先世系班辈诗文，其内涵凸显了理学兴宗的本识，通过字派教化族裔以德立族，以文荣族，以业昌族。深刻地反映出先祖先贤在正心、修身、齐家、报国上所奉行的理识，寄寓着对建设壮丽族园的宏远愿景。对这些祠堂传统文明的瑰宝，族系后昆要格外珍惜，并薪火相传地给它注入新的生机与活力，为迎来更加美好的明天而作出应有的贡献。

【注】：

①达：达先公，也释畅通、通晓；贻：赠送、赠遗，唐·韩愈《师说》："余嘉其能行古道，儿〈师说〉以贻之"；必：期必也，《论语》："子绝四：毋意，毋必毋固，毋我"；国文，泛指儒学教育。

②绍：引导、呼唤；传家：传于后代子弟；启：启示、告诫；勋：功勋和事业；昆：后昆，子孙后代。

③经纶：施展抱负，有所作为；《易·屯》："云雷屯，君子以经纶"；道学，亦称理学；仰：敬慕；清芬，高洁的德行。

④伦纪：伦常纲纪，汉·贾谊《新书·服疑》："谨守伦纪，则乱无由生"；纲常：三纲五常；礼让：礼貌、谦和；敦：敦促，《北史列传·卷五十》："俊乃令郡县为立庠序，劝其耕桑，敦以礼让。数年之中，风俗顿革。"

⑤显扬：称扬、表彰，《礼记·祭统》："显扬先祖，所以崇孝也。"

⑥谟烈：谋略与功业，明·归有光《隆庆元年浙江程策四道》："自昔帝王立极垂统，为后世计，如禹有典则，汤有风衍，文武有谟烈，其子孙能敬承之"；昭垂：昭示、垂示。

⑦宪章：指典章制度；隆：尊崇、尊重，《荀子》："学之经，莫速乎好其人，隆礼次之。"

⑧书策：书册、书卷；溢：溢出；猷：谋划；谋：指谋略。

⑨钦明：敬肃明察，《尚书·尧典》："曰若稽古帝尧，曰放勋，钦明文思安安，允恭克让"。陆德明释文引马融曰："威仪表备谓之钦，照临四方谓之明。"骏德，高尚的德操，出自南朝齐·王融《赠族叔卫军俭诗》。毓：培养，颜延之《皇太子释奠会作诗》："禀道毓德，讲艺立言。"

【附】

1. 寨岗罗氏族中口传，乾隆五十三年（1788）贻华公妣江氏率旺、华两房子侄落户高滩坝时，只带来几个字辈，此口传历史证明达先公不是班辈诗全诗作者。按罗氏族谱记载，入阳前罗氏家族在新宁（台山）、归善（惠州）居住时是大家族生活，一家之主的达先公猷谋卓识，文武双全，其起草班辈诗（规划族脉发展），这是可以肯定的。

2. 连阳罗氏贻旺、贻华两房落户寨岗高滩坝后，经42年发展，已经有所壮大，人力、财力也有所具备，但直至道光十年（1830）仍未修谱、出班辈诗，因按中国传统，家族事宜，需长房拍板。1830年，长房贻光公之子必祯公后人入阳定居于石坑崀田心村后，1832年，三大房始正式商议开展修谱工作，因工程浩大，至1866年，罗传濂编撰的连阳罗氏第一本族谱面世，方告完工。所以断定——连阳罗氏班辈诗也应是在这个时期完善的。

3. 连阳罗氏第六世"绍""传"并列，这是国、文班辈的决策无疑。早在道光年间，监生罗国智、罗国声已是寨岗名贤，罗国辉、罗国礼、罗国信、罗国享等在当地亦也有一定的影响。到了文字辈，三大房都涌现一批人才：罗文玉（文林郎）；罗文云、罗藻文、罗文瑢、罗文谟四人均考取贡生；罗赞文、罗参文、罗彬文3人为官府职员；罗彰文（五合公）为连阳富豪，罗文瑄（蕴辉公）位居地方巡政厅职位、且为黎寨富豪。此时期，罗氏家族人才、物财虽已有一定的高度，但在当时的社会中与光耀门庭、显扬宗族的要求还远远未够，故他们迫切需要子孙奋起，致宗族辉煌，所以出现激励并列的字辈，无功名者为"绍"、有功名者为"传"，当然，定字辈一定是长辈为后辈所定。事实证明，第六世的绍、传班辈是罗氏家族人才蔚为壮观的一辈，为国为社会为家族做出巨大贡献，为后人所赞扬。（后在多次修谱中，绍、传并列，族中是无有异议的）

这篇考析文章里的班辈诗，是作者从《连阳豫章罗姓族谱》中转录，在入文时对82个字进行了严格的核对。族内儿孙的一些手抄本，或是其中一些人把字派使用到资料、稿件、文页时，出现了"成、上、酞、俊、谥"等的不正确用字。此事需要族孙共同关注，以维护班辈字派的庄重性与严谨性。

参考文献：

[1] 连阳地区客家人历史文化概述.

[2] 连阳罗氏族谱, 1985.

[3] 连阳豫章罗姓族谱, 1999.

[4] 古代汉语字典.

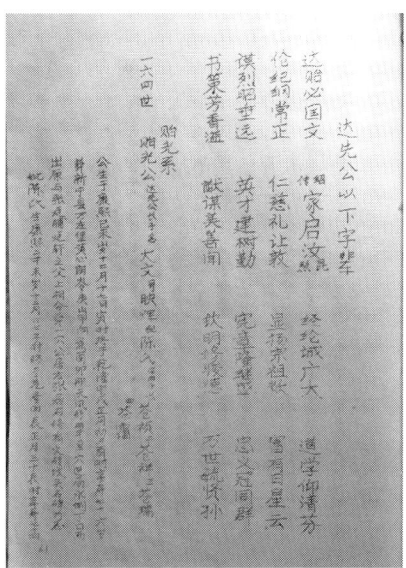

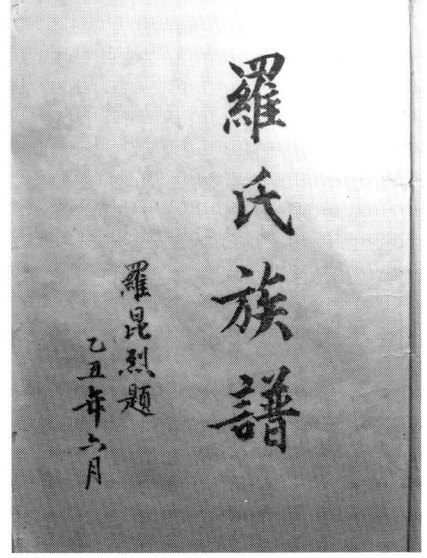

罗氏新续谱引

祠联

状元榜眼探花第

理学文章节义门

邹元标题

盖闻木有本,则枝叶仓盛;水有源,则流派邈长。岂人有祖而云倚藉不知之过忽乎。念我祖友文公,当元明交介之时,岂运转徙靡定,所有谱牒记载,势代祖德丕功,支分派别,椎升遗夫,未由考徵。有丁卯岁丙门初刊,有广西贺姓挂岺三水口居住之洪德公十九世孙甲子科举人俊魁号挺江西川甲者,欲镌卷帙分送宗亲,务必追洪德公为始祖。大五公为三世祖友文公,字昭之,法号七十三郎,所生第四子友文,法号九十一郎,乃系洪德公第五子,名大五,旋谱到冢宇等沿流湖浙,参考考证,始知予上祖乃系洪德公派行,后有羽族察科代祖德丕功,友支分派别,椎升遗夫,米由考徵,聊将大妣祖洪德公派下吾系瑞序分明以传信。尚使千百世之后,有所考稽,无亲宗支,有尊卑有序,而亲疏相伦。昭穆分而条琉有别,斯仁人孝子,自兴于罗氏门而塙堞绕绳,振其故因前人旧谱所载,开暮创业,近击足微坳为妣祖,后人知所考征云。

为三垂祖,相沿派下,方与他处祝径,尊卑之体,秩然有序而无相紊乱。上古时擦擗之族,垂代基盛,人文蔚起,不胜枚举,岂支源潭其间媚派或靳或续,恐有差讹难以考实,聊将大妣祖洪德公派下吾系瑞序分明以传信。尚使千百世之后,有所考稽,无亲宗支,有尊卑有序,而亲疏相伦。昭穆分而条琉有别,斯仁人孝子,自兴于罗氏门而塙堞绕绳,振其故因前人旧谱所载,开暮创业,近击足微坳为妣祖,后人知所考征云。

清同治六年丁卯岁菊月 传源莲史代 谨识

一世祖

罗代开宗源流第一图

祝融公子重黎 配姚氏,生子名宗佐

友文公十六垂秋康生

公为代羲谱牒开基始祖也,天下会为戏佐于北省永平府历县,禹东九十里,原本川原旧图有墓图五十字载公形坦於此。

瑶族瑶老制历史变革探析

萧维国

传统、风俗、制度等文化意识形态，是世界上各民族在其漫长的历史积淀中所形成的。它是各民族的根，既有人类社会赖以生存发展所需的共性，又有因其所处地域、历史演进阶段、生产力发展水平及其原始族群而产生的特殊性。

中国是一个统一的多民族大国，各民族都有其自身绚丽多彩而独特的历史文化。在开发祖国边陲、缔造中华文明中，他们都做出过自己的重大贡献。

所谓民族，是指有共同语言、共同地域、共同经济生活以及表现于共同文化上的共同心理素质的稳定共同体。从历史进程的层面看，我国经过了春秋战国、南北朝、大唐盛世、蒙满入主中原的元清两朝等几次阶段性的民族大融合，改变成为不可逆转的历史趋势，而一些集中聚居在崇山峻岭的少数民族，由于受多种因素的限制，其传统的风俗、制度、价值观等得以保存和延续。连南八排瑶的瑶老制，就是一个独具特色的范例。

一、瑶老制产生的历史背景

南北朝时（420—589），南宋的范晔在其所撰《后汉书》八十六卷《南蛮西南夷列传》中，讲述了瑶族始祖盘瓠的来历。事虽荒诞，然必有所本。史前时期没有文字记录，各民族的来源皆有许多相类之处，此即司马迁所谓"缙绅先生难言之"而"不雅驯"的地方了。今湘西泸溪县为武陵蛮旧地，境内有可容万余人的石洞，相传盘瓠"负女走南山，止石穴中"，繁衍后代，即是此处了。

唐朝前期，魏徵、颜师古等所撰的《隋书·地理志》中，记载了一千四百多年前的隋朝，武陵蛮、五溪蛮的一部分已进入岭南，这些人自云其祖先有功，常免徭役，故称"莫徭"。其后刘禹锡在元和十年（815）贬为连州刺史，在任期间写了不少有关"莫徭"的诗文，人们很自然地就会将莫徭当成是如今连南排瑶的祖先，这是不确切的。根据众多学者的主流观点，莫瑶在南宋（1127—1279）时期逐渐式微，不再现于史籍的记述。今连南排瑶的先民乃是五代（907—960）及以后陆续抵达粤境，几经迁徙选择，最后定居于八排二十四冲的。

排瑶先民迁来之前，居住于闭塞的深山，"不与秦塞通人烟"，其原始的社会状态尚未得到充分的发育；入粤之后，所经汉区的封建社会已是高度发展，平旷之地早已成了肥田沃土，开发殆尽。自古强龙不压地头蛇，这些异言异服远道而来的异族人，当然无力与其争雄，故只能"顺山顺水顺脉"，遁入高山溪谷去开拓蛮荒了。新中国成立后为社会改革所做的种种调查表明，我国境内少数民族由于所处地域、民族特性及各种历史原因，尚滞留于各不相同的历史发展阶段，无论其政治、经济、文化，与相邻的汉区均极为悬殊。入粤瑶人按血缘和地缘定居后，形成若干巨大聚落的社会集团，这就是瑶排。八排瑶受周边汉区先进生产方式的影响，虽很快使用了铁器和牛耕，减少了刀耕火种的分量，但其原有的思维方式、价值取向等综合素质，远未跟上时代的步伐。尤其那种重本抑末、安贫守旧的习俗，严重地妨碍了商业的出现、社会分工和人们的开拓进取。八排境内无市场无贸易，更无政治中心及文化中心，各排互不统属，单一而又落后的农林业生产，使排瑶的历史发展进程极为缓慢。依靠有经验明事理不脱离生产的长者，运用约定俗成的习惯法来管理族众及对外交涉，瑶老制这种行政成本低廉的民间政治组织，就在此历史条件下应运而生了。

二、瑶老制的形成及其组织结构

瑶老制是八排文化的显著特征。与世界上任何事物一样，它有一个形成、发展和不断充实完善的过程。从其成员结构、社会职能及运作程序来探究，它当属原始氏族的产物，更与排瑶先民的徙粤落户定居有关。

"八排"一词见诸官方史籍，是在明末；然而多数研究瑶史的学者认为，至少在元末明初，即1368年前后，今连南境内八个规模很大的瑶族聚落，就已经大体成型。初到岭表环境未熟，生产落后食物不丰，芸芸众生俗事烦琐，需要有人出来管理族中大小事务，便催生了适应排瑶土俗的瑶老制。

所谓瑶老制，是各排民主推选出老成知事的长者，依传统惯例来决断案件，共同治理瑶族内部事务的民间政权机构和政治制度。其成员由天长公、头目公、先生公、掌庙公、烧香公、管水公及各姓各房的资深瑶老组成。其中天长公为众成员之首，掌召集会议及指派各瑶老的具体工作，早期由全排最年长而又有组织能力者担任，从各姓各房老人中民主选出，轮流担任一年，届满不得连任，于每年农历十月十六日盘古王婆诞辰日改选，全排每年每户给米 2 斤。头目公地位次之，协助天长公，负责主持会议、传达会议决定、指导农耕、组织开展酬神祭祖、耍歌堂等宗教活动及疏渠补路、防火救灾等公益活动，还要及时收集各家各户每年给天长公、头目公、掌庙公、烧香公、管水公作为酬劳的米麦和棉花。头目公各排人数不一，南岗每条"龙"（各姓在该排的地缘板块）选两名，任期为两年，每年改选一名，即每年都有一名新头目公和旧头目公，新者每户岁给麦二斤，旧者半斤；而大掌则从该排八个"户"（血缘小单位）中各选出一名，三或五年改选一次。先生公是熟读瑶经的巫师，被族众视作神通广大、无所不知的能人，主择吉日、祭祖拜山、求神祈雨等宗教活动，靠替人驱鬼治病取得酬劳。掌庙公、烧香公、管水公为瑶老制的一般成员，各司其职各尽其力。其来源或推选、或自报公议、或委请无依无靠的孤寡老人，任期或一两年或三五年或终身不换。此三公中管水公主食用和农田灌溉的水源分配，直接关乎民生，报酬较丰。瑶老乃此组织的核心成员，必须是全排各房、姓众望所归而又明事理、懂瑶经、会汉话、能与汉族官府沟通的长者。他们与天长公协商解决大事，其意见极具权威，任职无限期，无报酬，不可罢黜。

连南八排从来互不统属，但却具有同样的文化特征，同样由瑶老按习惯法管控社会。遇有特别严重的事件，如处死罪犯、动员和策划排际械斗等，则由瑶老召集全排大会，让全排的成年男子公决。倘兹事体大，系乎八排的生死存亡，如改朝换代或抗击朝廷的征剿等，则由各排天长公联系，召开最高级别的排际大会。排际大会又有三洞（外三排即油岭、南岗、横坑）大会、五洞（内五排即军寮、火烧坪、大掌、里八洞、马箭）大会和八排二十四冲大会，分别在牛屎坪、辛塘及黄埂附近的白石洞举行。三洞、五洞或八排二十四冲的成年男性全部参加，大会由瑶老代表发言，全体成员公议表决。会后杀鸡宰牛，歃血饮酒，密集地燃放铳炮，呈现出万众一心的对外大团结。

三、瑶老制的性质和特点

连南排瑶是我国瑶族的一个支系。排瑶社会内部舅权很大，妇女的一些特殊权利也明显优于汉族，这是原始母系氏族的历史遗存。然而男子主导家庭及掌控族群重大事务，瑶老制机构内统为男性，又表明排瑶社会已进入了稳固的原始父系氏族阶段。受周边汉族地区的影响，排瑶内部虽已开始出现贫富分化和各种封建剥削，但其所占的经济份额微乎其微，低下的生产力水平和旧有的思想观念严重制约着新的封建因素扩展，总体上原始社会色彩远未褪去。

瑶老制中民主选举、定期轮换限制了天长公、头目公权威，而集体议事，平等协商也极大地消除了个人权力的膨胀。因此，八排瑶老制与我国西南各省少数民族那种集财富和权力于一身、生杀予夺而又世袭罔替的头人土司制度不同，即使与同为瑶族的广西大瑶山那种有成文法规、个人权力、终身任职且逐渐与军事团体合流的石牌制亦大相径庭。由此可知，瑶老制乃是一种民意基础坚实、草根味十足且具有浓烈原始民主色彩性质的服务型政权机构和组织形式。

归结起来，瑶老制的特点大致有：一、轮流而非世袭；二、民选不分贫富；三、无特权不脱离劳动；四、无成文法按相沿成习的惯例办事；五、无须官府册封和认可；六、原始父系氏族色彩极明显。

四、瑶老制的历史作用

排瑶尊崇盘古，敬畏天地山川鬼神，不妄取他人之物，形成一套大家自觉遵守的习惯法。长期的闭塞保存了淳朴的民风，从而使不需要什么行政成本（仅供少量米麦）的民间政治实体得以正常运转，也能大体上保障族群的生存发展和境内的长治久安，这与广大汉区宗法制度族谱家训的传统教化是殊途同归的。

入粤后的排瑶先民在深山穷谷的恶劣环境下，开山拓土从事农耕，虽兢兢业业日出而作日入而息，然而生产落后，所获不丰，故各排内衣不蔽体、食不裹腹者并不少见。盐铁布匹、瓢盆碗锅等家家户户必不可少的生产和生活用品，尚须仰赖汉区的集市。与周边汉族的接触交往日久产生摩擦，矛盾的激化往往招致朝廷的讨伐，见诸史籍记载者便有六十七次（其中明朝二十四次，清朝三十五次，民国八次）。官兵的重创加上各排内的"搞是非""食人命"及排际械斗等内耗，广大瑶山已是元气大伤。如何浴火重生再振瑶疆，土生土长的瑶老制发挥了不可取代的历史作用。

瑶老制的作用是对内管理一切公共事务，对外负责与官府交涉。具体地说，可分为下列几点：

（一）瑶老们对境内发生各种大大小小的案件，依照传统的民间惯例进行审理或调处，化解民间积怨。如现实中的抢劫、偷盗、纵火、奸淫、田土山林争执、债务纠纷、邻里房族间的摩擦、婚姻家庭的变故乃至暴力械斗、搞是非、食人命等内部矛盾，都能得到较合理的解决，制止了事态的进一步恶化，从而起到了维稳防乱、安定社会秩序的效果。

（二）指导和组织开展生产活动和公益活动。瑶老们都是懂瑶经的先生公，他们熟悉节令气象，不失农时地引领族众开展生产，秋冬则安排防火疏渠、修桥补路等公益活动，改善公共环境，人人获益，惠及民生。

（三）策划和布置每月朔望的烧香祭祖以及拜山送鬼、酬神祈雨、打道篆、耍歌堂等大型的宗教娱乐活动，保存祖先风俗、巩固传统信仰，增强民族凝聚力。

（四）动员和领导指挥排际内战及应对朝廷官兵的征讨，选择有利地势进行设伏或转移，或审时度势权衡利弊相机媾和，以尽量减少部属的伤亡和财产损失。

五、瑶老制的弱化和终结

明朝洪武年间征瑶后，朝廷对瑶山采取怀柔政策，设有"瑶首"，又有所谓"瑶目千长"之职，其为官府册封抑或指称瑶排中的天长公、头目公。惜乎均语焉而不详。

清朝道光十一年（1831），粤、湘、桂三省瑶民暴动，清廷调集五省官兵会剿。次年（1832），在今连南境内设瑶长十六人、瑶练六十四人，分管八排二十四冲。瑶长之职务可以世袭，朝廷月给俸银3两，瑶练半之。其实这些人多数为瑶老制组织的成员，从此瑶老制、瑶长瑶练制成为两套平行的权力机构。作为瑶长出现时，他执行朝廷的意志，为官方代言，久而久之，渐渐取代了民间公共权力，瑶老制受到强烈冲击，其作用已明显下降。清末民初设瑶务处，民国十六年（1927）设连阳化瑶局，二十五年（1936）改称安化管理局，三十五年（1946）撤局改县，推行保甲制，全县分三区二十乡九十四保，区乡保甲长直接由原瑶长瑶练充任。瑶老制躯壳虽存，其历史作用则再次遭到削弱，部分职能已为区乡政府所取代。

"天若有情天亦老，人间正道是沧桑。"随着人类历史演进，1949年中华人民共和国成立后，以史为鉴，总结教训，博采众议，制定了积极稳妥的民族政策,帮助各边地民族进行社会改革和民主改革,最终实现了民族区域自治,与全国人民一道跨入了发展社会主义的历史新阶段。

连南百里瑶山与周边地区,在各领域的发展都有较大差距,为实现瑶族平稳快速的过渡,新中国成立之初,也聘请了一些深孚众望的瑶老参与地方政权的建设,对处理瑶区事务继续发挥作用。与此同时,国家也极为重视少数民族干部的培养和任用,紧锣密鼓地选送瑶族的青年才俊到各级教育部门去培训和深造。伴随着瑶族青年干部的快速成长和不断充实到各部门的工作岗位,瑶老制也就悄然地淡出了时代的舞台,成为人们的历史记忆了。

三江的文物与历史琐谈

——缺乏文字记录的三江古代史

萧维国

"人事有代谢,往来成古今。"今之视昔,亦犹后之视今。人类的历史,就是一步一步地从落后到先进,从愚昧到文明,从低级到高级的演进过程。

今天我们对历史的了解,主要来源于历代的文字记录。所谓文字记录,是指以二十四史(后有《清史稿》《中华民国史》及当今的《国史通鉴》)为主体的正规国史和历代众多的地方史志(省志、府志、州志、县志等)。它们如同经纬交织,充分反映了我国一以继之的历史连续性和丰富性。此外,文物、古迹或遗址,即古人使用过的器物、居住过的地方或房屋、死后的墓葬等,也是我们研究历史的重要依据。以往国人过分地依赖文字记录和囿于见闻,中华文明黄河流域摇篮说曾广为流布;中华人民共和国成立以来大规模的建设和国土开发,极大地推进了考古发掘事业,越来越多的遗址遗物重见天日,扩展了人们的视野,从而使中华文化多元一体论逐渐成为国人的共识。而我们对三江地面历史的研究,也取得了重大的突破。

岭南自古为南蛮百越之地,三江又僻处粤省西北群山之中,其纳入中央政权的版图和进行开发,比之中原地区,则晚了一两千年。现在三江的历史,见之于文字记录的,明末以前,仅有寥寥可数的几个历史人物(如袁氏兄弟、陈拙、黄损、甘露)简要的生平事迹,余者一片空白。明末及终清一朝的二三百年间,除了几次大规模的征瑶及三江老新两城的构筑、历届三江地区职官表的名单外,亦再没有其他的历史信息。民国三十八年间,亦不过是几个同盟会员的部分活动、理瑶机构的设置、抗战期间省府部分单位的暂驻和地下党的活动等。其间政治、经济、文化发展的情况,甚为简略。而真正全面系统地记述本地各方面发展概况的,则是中华人民共和国成立后政府各部门的档案。在本县的县志里,当代史的内容占了十之八九。地方上的文史资料应充分发掘家乡从史前时期及各个历史发展阶段的方方面面，如山川形胜、自然景观、民情风俗、历史大事、著名人物、遗闻轶事、古今吏治、民间传说、民谚歌谣、地方特色、人口增减、行政归属、重要变迁等，使人们能看到三江发展的脉络，从中了解国情乡情，为以后家乡的发展提供正确的决策依据。

一、古人类活动地区猫公山的文物和三江附近的出土文物

县城东郊的猫公山，树木森茂，岩穴宽敞，是古人类长期活动的地方。从远古以至近现代，前人散落在期间的各种历史遗物，其原始性、连续性及种类的多样性，都是文物工作者在野外考古的实践中所罕见的。禤振文同志世居猫公山脚，早年从事教育事业，出于对家乡历史的浓烈兴趣，自20世纪50年代初开始，不遗余力地在三江范围搜集历史文物，日积月累，历半个多世纪，共拾获各种古生物化石（螺、蚌、蛤、蚬等贝壳）、旧石器和新石器（如尖状器、砍砸器、刮削器、石锤、石刀、石斧、石铲、肩铲、石矛、石镞、石轮、石环、石碾、石凿、石锥以及取火的燧石、磨制石器的砺石等）、骨角化石（如鹿头骨、牙齿、肋骨、脚骨、兽角、骨针等）、玉器（如玉镯残段、各种玉片）、青铜器（如青铜镜、小青铜鼎、青铜戈、矛等）、铁器及陶罐、陶碗、陶纺轮、陶范、陶拍、各种陶、瓷制品的碎片等，计上千件（片）。其中九成以上来自猫公山，少量出于岩口狮子山和湟本石山。与全国各地收集的文物不同，禤振文同志的文物不是从地下发掘的，而是从地面和岩穴里拾获的。猫公山是石山，长期浓荫绿罩，年复一年的落叶，腐烂后成为表土，文物大多掩埋其间。20世纪50年代末的"公社化"运动，猫公山上的古木全被剃光，被用作大炼钢铁和公社食堂的燃料。裸露的山体经大雨冲刷和狂风的吹拂，散落表层的文物便显示出来。禤振文同志正是在这样特定的历史条件下，拾获大量古代文物的。另有谢应平同志，亦长期从事教育工作，自20世纪90年代到政协主持《连南文史资料》的收集、采访、编撰和出版工作以来，连续十多年，利用节假日跑遍了县城近郊各地，收购了大量墓葬出土的陶瓷器皿、小青铜鼎、青铜镜、种类繁多的粗陶器碎片及不同历史时期纹饰各异的墓砖等。城西已故的老前辈杨芝泉先生，不但以绘画书法见称于世，且喜好金石考据，收藏古董颇丰。然而所藏究竟为何物，以常理推之，断不至全部购于外地，乡土的历史遗物，定当为数不少。

除上述三人收藏的文物外，据《县志》记载，中华人民共和国成立后在三江近郊还发掘过几处古墓葬，计有：①1963年11月，省博物馆在九隍庙附近山上发掘六座东晋（317—420）、南朝（420—589）墓。其中东晋墓有绿釉小碗二只、小猪头骨二片；南朝墓有青釉小碗二只、银钮二只、滑石猪二件及刻字墓砖一块。②1973年2月于盘龙窝出土的战国（前475—前221）中晚期墓葬中，有有盖双耳陶罐一个、青铜矛一件、砺石一块、残青铜盖唇一片、三足鼎脚一块。③1986年3月于猪尾冲春秋（前770—前476）战国武将的墓穴中，出土青铜矛、青铜斧各一把，武官帽（已化）一顶。另于佛子冲口民族小学校园的古墓中，出土属南宋（1127—1279）时期的四耳陶罐二只、粗陶酒器一只、青釉小碗一只。同年10月，民小在平整校园时，亦扒出有春秋战国时的青铜剑（已折成三段）一把。

以上便是中华人民共和国成立以来在三江地区所收集的全部历史文物。其品类的齐全和数量的繁多，都远远超过连山博物馆和连州博物馆的藏品。尤其是各种上古时代的印纹陶器碎片，有绳纹、篮纹、方格文、箆文、重圈文、叶脉纹、漩涡纹、网结纹、曲尺纹、指甲纹、编织纹、三角纹、卷草纹、云雷纹、锯齿纹、月牙纹、凸点纹、圆圈纹以及一些难于定名的纹饰。凡省内各地出土陶器、陶片上有的纹饰，这里都有，甚至有些外地没有的，猫公山上也有。墓砖的印纹亦同样种类丰富。

从上述大量的文物中，说明了早在史前时期的新石器时代，甚至旧石器时代起，三江便有了人类的活动。那时生态原始，密林蔽天，树枝穿插，藤牵蔓绕，果实累累，水草丰美，古淳溪河蜿蜒其中，由于河道不畅，形成许多大大小小的湖、塘和沼泽（三江至连州河边的地名，如长塘、雁塘、山下塘、水洴塘、泥潭、鹿角潭、沅潭等，仍可联想到太古时代的自然景观）。鱼、虾、蚌、蟹等水族，随处可见；陆地上的象、虎、狼、鹿、野牛、山猪、黄猄、乌獐、山羊、狐、兔等，常在林中出没追逐。我们的远古先民，群居穴处。白天男性用简陋的石器、木棒、弓箭等原始工具从事渔猎，妇女则在林间采集野果和植物的块茎。年长体弱者在洞穴里照看小孩，用骨针缝制兽皮树叶之类的衣服，或打造和磨制各种石器。夜晚大家回到一起，燃起烘烘的篝火，既可烧烤食物，又可取暖和阻吓野兽。这样年复一年，随着岁月的流逝，人们也积累了各方面的教训和经验，不断改进捕食、自卫和生产的工具，生存的条件也相应地得到改善。生产力的发展,生活资料有了剩余,最终出现了原始畜牧业和原始农业。新石器时代晚期,社会进一步分化,还出现专职烧制夹砂粗陶、泥质陶器为主的原始手工业。他们用手工和转轮、陶范做成各种碗、盘、壶、盅、瓮、罐、缶、鼎、盂等器皿的胚形,以陶拍印上各种装饰的花纹,然后放进土窑烧硬(省志也提到"连南猫头山"发现的,"是一种升焰式的圆形穴窑"),便成了他们的日常用具和死后殉葬的冥器。现联红小学的球场,原先本为土坡,黄泥的质地也较好,极有可能是当年挖泥和制陶的工场。古人一代又一代无休止地掏挖,到最后废弃时,便成了地势极低处,直至学校辟为篮球场,才始平整为现状。

  按一般情况,但凡依山傍水、食物来源充裕且有洞穴可栖身的地方,都适合古人类生存。猫公山及岩口狮子山,从山脚、山腰直至山顶,各种陶器碎片俯拾皆是,其为古人类活动地区(如果地下发掘出石器、陶器碎片等物,则为古人类活动遗址),已不容置疑。至于石蛤塘及对面江的沿陂、东塘、迴龙湾、木高湾、磨头岩、新村一带的石山,笔者去冬曾与襧、谢等人多次攀爬,然而已林密草茂,竟一无所获。尤其东塘几个较大的石灰岩山洞,20世纪70年代用作二线的备战仓库储放杂物,现则堆满稻草牛粪,有些则遍地垃圾、狼籍污秽,臭气熏天,哪里还能找到什么石器和陶片?据此可知,原始社会晚期以来,三江人的远祖,是以猫公山及其附近(湟本石山亦发现多种各样的石器和兽骨化石等)为活动中心的。那时连山和涡水古木参天,水量充沛,三江峒河湖沼泽连成一片,我们的先人极难涉水渡江,所以相当长的一段历史时期,都是在北岸生息繁衍。遗憾的是,除猫公山的岩洞可供原始群落栖身外,三江地面还没有发现上古时代的村落遗址等人类生存活动过的任何痕迹。莫非全部掩埋在较深的地层,尚未为时人所触及,抑或就在当今民居村落的下面?这只有拭目以待未来的探索了。

  不管怎么说,从现有地面或地下出土的历史遗物中,我们可以断定三江范围的确是一个古人类生存活动的地点,并且一直都有我们的祖先在此居住,几千年从未中断。下面,我想从三江地区的墓葬、三江居民点的变化、新中国成立前三江的地面建筑和公共设施、历史上三江的行政归属、历史上三江人的民族性质和人口数量等几个方面,再来探讨一下本地的历史。

二、三江地区的墓葬

  墓葬掩埋的是先人的骸骨,是历史的遗留。三江一河两岸皆有居民,而其祖坟，则北岸居多。就五十年前所见，占十之八九。除梅花岭十八朝官的五代黄损墓、鹿鸣关脚明朝严嵩的祖坟及抗战阵亡的黄继昭中校的衣冠冢、牛子岭脚的"总爷坟"外，率多为一般平头百姓近祖的土坟。当年从梅村背的鹿鸣关脚下，往东的佛子冲口、猪尾冲口、九隍庙背、白花冲口、牛子岭冲口、鸡麻冲口，以及介于三江民居与山脚之间的大小岭墩，如圆墩（原生产资料公司）、石子坪（现民中）、金龟墩（现盘王庙）、总爷坟（牛子岭前的山墩）、大狗酿、血伦墩（今供电局）、死仔墩（今检察院）、记兰屋背、黄苟屋背、马溜塘面、蝴蜞塘面、弯鱼塘面、盘龙窝（今三江镇府）、猫公山背的泥墩一直至岩口附近的黄泥山墩，都是密密麻麻的坟墓。在这数不清的墓葬群落中，有墓碑者极少，大抵为各姓迁来此地的始祖、近祖或名不见经传的地方小吏和稍有门面的士绅之类，大多数则是彼此雷同的一堆黄土，只有子孙后代能够识别。平常野草丛生、荆棘蔓延、蛇鼠出没，入夜则虫声唧唧、鬼火明灭，野狐豺狗穿梭奔突。只有在清明前后，这些坟冢才会被其后人重修祭拜。值得注意的是，在这广袤的山墩坟场下面，还有许许多多被完全掩没而年代更为久远的无主古墓。它们都是用青砖或红砖拱砌，砖与砖之间的缝隙为黄泥浆粘合。砖块较薄，但面积很大；砖体的四边印有花纹，如鱼骨纹、箭头纹、车轮纹、脉叶纹、回形纹等，有些还有印有文字。四年前，谢应平同志在蝴蜞塘面的一座地底古墓中，拾获的一块墓砖边上，就浇印有×年×月×日（××年）的字样。地底红砖古墓最为密集的地方，当推新城北楼背的血伦墩（今供电局）。此墩的泥土黄色近赤，有如血染，故有此称。民间建屋及打地塘（晒谷用）、钉磨（以前加工粮食的磨需大量上好的黄泥）等，经常到此采挖黄泥，所以挖坑露出很多红砖拱墓，行人路过，触目皆是，当时人们称之为"古董屋"。而"古董屋"的上面，又是坟堆遍地。不但有本地人的祖坟，且还有远方款式的洋墓。一座青砖坟头以石灰浆覆面的旧坟，墓碑上绘有红色十字架，下刻"阿里鲁摇"四字，说死者为意大利的传教士。此外，新城内的地底，同样不乏这种红砖拱砌的古墓。20世纪六七十年代，县政府门口有一段路面扩而未铺，即在蓝瑞珍屋边的位置，裸露出砌成拱圆形状的红砖。草坪街与刘屋巷交接处，即今张自成屋的石子路底，亦复如此。新城未筑前名为"蚊子墩"，是一块西北高、东南低的坡地，只有三排街（今上吉街、中庆街、兴隆街）一带民居较为集中，余均草木丛生，古人在村落背的山坡上下葬，也就不足为奇了。

现在三江人每年的清明扫墓，各家的祖坟多在西北山的山脚和山坡上，当年各黄土山墩上数以千百计的坟堆，已全然消失。除少量迁葬于山脚外，多数平整为田地或建设用地。新中国成立以来对土地的开发和县城扩建，其规模之大，史无前例；其影响之深，变化之巨，自是不待多言。20世纪50年代的大开荒和鹿鸣关水利的开挖、公社化体制下放后的拼命垦殖、"文化大革命"期间的"改天换地"和开"大寨田"等，使三江墓葬群落的原先风貌彻底改观。中华人民共和国成立初公路（现民族路）以北几乎没有什么房屋，而现在成了街市和蛛网般密布的居民点。这种人口激增、人类活动扩展带来的巨变就是历史的沧桑。在造地过程中，不少墓坑有粗陶或彩釉的冥器，如碗、碟、杯、盘、罐、瓮、瓶、炉、塔和其他金属制品等，由于人们文物保护意识淡薄，全被视作不祥之物，被彻底击成碎片。在基建工程和埋设大型管道时，亦曾挖掘过一些地底较深的古墓，其殉葬的冥器有些颇具历史研究价值，可惜地方政府部门无人关注和没有专款收购，最后竟不知所综。

有人曾粗略统计，今天有人挂扫的三江人祖坟，半数以上为新中国成立后这50多年间所葬，余为民国和清末的。除上述黄损与严嵩祖坟外，明朝及明朝以前的，竟没有一个！难道三江历史的发展进程中，出现过中断？只要看一看全国各地的情况，就会发现彼此略同。在历史悠久的中国，自古以来极重视宗族关系和祭祀祖先，同姓的后裔，通常都公祭其在本地的始祖，然后各房再分祭其近祖。年深日久，子孙繁衍，坟墓激增，如此一百两百三百年，改朝换代，时移世易，或因宗族内的某些龃龉隔阂，或有些分枝绝嗣而断了香火，或因在外谋生而举家外迁等缘故，远祖则渐次淡忘以至废弃，人们都去祭祀父祖等直系近亲，于是便成了现今的状态。倘非如此，人人都将自己的祖先追溯到炎黄时代或得姓之始，那么人们终年修墓祭祀恐怕还应付不来呢！

综上所述，三江墓葬群落的自然景观已发生巨变。山脚以下包括众多黄泥小山墩的坟场已开发为田地或建筑物，今地面所见者皆近现当代的墓葬，地底深埋的红砖拱墓为年代久远的古坟，从战国以下历代都有，已知者南北朝墓居多。三江众多的坟茔是本地历史悠久的见证。

三、历史上三江居民点的变化

人类的生存发展，必须有水源及食物来源。一个地方的盛衰，与其地理环境、自然条件息息相关。缺乏人类生存的要素且没有开发的前景，不是被自然淘汰，便是举族外迁，成为历史的废墟。三江四面群山环拥，中间是十里平川，连山、涡水、沿陂三河于鹿鸣关下汇集为一，三江河以此得名。原始状态的三江河九曲十三湾，先由沿陂、东塘一带石山脚流过，然后穿过平旷的沃野，拐进寨脚、香花、雁塘，再经陈巷、湟本的石山下流出连州。北面的群山下还有林壑深幽的佛子冲、猪尾冲等小山谷。在这样的自然环境下，山水相宜，气候温暖，植被浓茂，果实压枝，禽兽追逐，更有宽广的坡地和平野可资开垦，足可以孕育人类。上述猫公山上众多的石器和各种陶器碎片，也说明史前时期（4100年前）及夏（前21世纪—前16世纪）、商（前16世纪—前11世纪）、西周（前11世纪—前771）时，三江地面已有人类频繁活动并不断发展。由于岭南自古被称为化外蛮邦之地，三江又非郡治、县治和历史重大事件的发生地，所以史籍是决不会有这类情况的系统记述的。

三江的故老相传：先有猪尾冲，后有三江城。这明显是对老城而言。又有说：先有三排街，后有三江城。这指的无疑是新城了。据说当年刘宴萍老师创办三江小学并躬亲执教，他是个博通经史又热爱桑梓的人，对古今很多问题多有考究，且能广采众说阐精发微，假日曾多次带学生到猪尾冲访古探奇，犹能发现许多陶瓷和玉石的碎片、砖瓦碎片及铜铁制品的残片。当时他断定是西汉（前206—8）时人的遗物。鉴于这些古人的遗物数量不菲，由此推知两千多年前，必有我们的祖先在此固定居住。另外前述的佛子冲口、猪尾冲口、盘龙窝出土的春秋战国的青铜兵器及陶器、九隍庙附近四十多座战国时的墓葬，以及同处这一带地方的东晋（317—420）、南朝（420—589）、南宋（1127—1279）等墓穴中的陶瓷器皿，均说明了不但西汉时有人群定居于此，且更早几百年的春秋战国时期及此后的东晋、南朝、南宋等历史时期，都有为数不少的人在这一带居住和活动，也必定有过规模不等的战争。五代十国时（907—960）曾任南汉尚书左仆射的黄损，其先祖从福建黄家巷迁来后，也是居住于猪尾冲口枫树坪一带的。东汉（25—220）时袁氏兄弟在对面江开凿龙凤陂水利，灌田1700余亩，足资证明东塘以上、牛脚一带已开垦，居民当亦逐渐形成村落。明朝（1368—1644）中期甘露率乡人开万税圳，鹿鸣关下至新城一带遂成为旱涝保收的良田。今城西伙铺尾至千家坊、新城三排街及城东一线，已成了较连续而紧凑的民居。明末朝廷调集五省官兵征剿八排瑶，屯兵三江口，其中郑芝龙所率福建漳州兵三万，俱是乘船溯江而上，可见当时三江河水的充沛及有一定的码头上落，而且还必须有一定数量的本地人，以供给蔬菜粮食和充当后勤工作，来维持旷日持久的战争。

又据说很久以前，大约是唐朝（618—907）以后的五代（907—960）、宋（960—1279）、元（1271—1368）、明（1368—1644）时候吧，猪尾冲口至今城西伙铺尾顶山坡一带，曾存在过一些叫枫树坪、张屋咸、李屋咸之类的古村落，由于缺乏地方史的文字记载，又没进行过考古发掘，也很难确定详情。不过以理推之，随着人口的增殖，三江峒的开发，人类活动范围的扩展，由山野逐渐移迁到平旷肥沃之地，既有利于人们的生产活动，也是大势使然。

明末清初，随着朝廷对八排的大规模征讨，各省大军云集鹿鸣关下，三江成了征瑶的大本营，其军事作用突然显得重要起来。先是康熙四十三年（1704），理瑶同知刘有成在今城西草塘街以西、十字街以北一带筑起长方形的寨城（后称老城），建立衙署，分官设职，镇守瑶疆；30多年后的乾隆三年（1738），连州知州熊士望奉旨再于蚊子墩砌筑牢固而规范的圆形新城（今县委以东，防疫站以西，供电局以南，审计局宿舍以北），并添设一协（3000）兵勇驻防新老两城及八排路口的险要地带。当时两城并峙，旌旗猎猎，鼓角相闻，京师、省城及各地与本处往返的邮传驿报，昼夜不息，河边校场的兵勇操练，杀气弥天。朝有钟楼报晓，晚有更夫报时。三江城虽为军事重镇，但作为周围汉村瑶寨的中心和水陆交通的汇集点，加上人口的剧增，自然也成了本地山货土产的集散地。外地客商，纷至沓来。盐铁布匹纸张洋杂等各种货物，亦源源进入三江墟场和沿街商铺。三江河上，舟楫络绎，四方通道（西往连山、广西；东往连州、星子；北往石角、东陂、西岸、湖南；南往寨岗、黎埠）之肩挑背负者，更不绝于途。道光十二年（1832）湘、粤、桂边的瑶人暴动，再次发生粤、桂、黔、湘、鄂五省官兵的征瑶战事，三江再度热闹起来，商业亦极度繁荣兴旺。1925年，邑绅莫辉熊拆老城关帝庙建墟场（在今城东中国银行、人民旅店、肉菜市场一带二千多平方米）和公园（今税局宿舍和机关幼儿园一带），三江的商业重心逐渐东移，今城西的商铺和对面江的老墟则日见萧条。抗日战争爆发后，日寇大举南侵，1938年省城29个机关单位和学校以及部分疏散人口等两三万人，迁来三江，不但附近的村寨住满了人，连一些黄土山岗也搭满了棚屋。人口的爆满带来了商业的畸形发展，三江的拥挤和繁华达到了鼎盛时期。然而这战时的虚假繁荣只不过是昙花一现，抗战胜利后各机关学校南归，三江便显得格外的冷清。

1946年连南置县，三江成了县治。县政府设在原化瑶局（今印刷厂），规模极小，徒具虚名。加上连年内战，兵荒马乱，到处是衰败的景象。当时三江的全貌，若从高山上俯视，则酷似一手表状。中间圆形者为新城，城西和城东狭长的民居犹如表带。中华人民共和国成立后，三江真正成了连南瑶汉人民政治经济文化的中心。1953年拆毁新城后，以城墙砖建电影院及各机关单位的房屋，从此开始了城区建设。至20世纪70年代末，原新城及城东已大大改观。改革开放以后，建设力度加大，建设规模气势磅礴，建设速度亦进展神速，不但建成了东起寨脚，西到九隍庙气象一新的民族路，而且城东和新城的原住人口大部分迁离旧宅，在新街背及新城南门口外建立了庞大的新住宅群。1993年南门大桥通车后，又在对面江开始建商业城，近年又将新车站背和三厂背一带开辟为顺德广场。

　　由此可知：三江地面的居民点，早在新石器时代（可能更早）就已出现在以猫公山为中心的附近地方。西汉（或春秋战国）时猪尾冲已有先民的聚落，然后由冲口逐渐往山下南移，由今伙铺尾，盛平村、南钟村至老城、接龙桥往东发展，乾隆初新城建好后，将伙铺尾至城东连成一线。新中国成立后，随着经济的发展，城区面积迅速扩大。由20世纪50年代初的0.4平方公里扩大到现在的5平方公里。

四、新中国成立前三江地区的地面建筑和公共设施

　　所谓古迹，是指古代的建筑及公共设施、活动场所等。它反映了当时人们的生活习俗、工艺水平和政治、经济、文化发展的概况。地方上的老人常说，明朝时三江就有城郭，《县志》亦有一句提及。然而具体位置究竟在那里？今天我们既见不到半点踪影，也实在说不清楚了。根据上述三江居民点从古至今变迁的过程看，这个明朝的城廓决不可能在新城及城东，只能在今城西，极可能就在老城原址一带，而且是一座规模很不像样的寨城，否则康熙末征瑶时就没必要再建老城了。

　　清初老新两城前已备述，现再简介其规模及布局。老城高一丈二尺，径85丈，城围280丈，是一方形略长的寨城。设东、西、南三门，门上有楼。城南有理瑶把总署及理瑶军民同知府署，城中央为五邑（南海、番禺、顺德、东莞、新会）会馆，城东北有理瑶外委把总署及武庙。城外的伙铺尾南侧有左营守备署，南门东侧有右营守备署。城内外共有兵房屋90多间，余均为一般民居，多为一

两层的青砖瓦屋及泥砖屋。街道除五邑盐商出资铺砌的十字街石板路外,全为马卵石路。新城高2丈,径120丈,周360丈,另南门外有月城。城开有东西南及月城四门,门上有城楼,但北面有楼无门。城内有协府衙门,左、中、右府衙门,军装房(军械库)、万寿宫、箭道,除南门大街为兵房屋外,其他建筑俱是民居。街道全为马卵石及扁形石片镶砌。城东在清末和民国由于取代了城西商业中心的位置,各商号集资铺设了沙灰路面。此外,古代凡有人烟处必有水井、地塘,必有庙宇道观及各姓宗祠。三江著名的水井有5个:老城内古井、四方井(城西南门街以西,伙铺尾以南)、沙井(接龙桥东南,即今县委背)、新城南门井(今公安局以南约100米处)和三排街井(今三排街尾)。城东人多饮用河水,除有一个冷水井(今森工局背)外,另有三条由大街通往河边的担水巷,称为"三水步"(埠)。第一水步在今织布厂上50米左侧;第二水步今仍称担水巷,即榕树脚码头;第三水步在文昌宫(今城东小学)对面。地塘乃晒谷所用,新中国成立前三江没有水泥屋,故种田者必不可缺地塘(用黄泥和沙灰夯实的平地)。新城内"昭忠祠"一带、三排街尾以及西门口外至月城南门口的城脚下,都是成片的地塘。城西、城东和各村寨亦随处可见。庙宇为古人的精神寄托所在,三江新老两城区内外,有关帝庙、九隍庙、北帝庙、龙王庙、青龙庙、土主庙、济公庙、安丰庙、财神庙、六君庙、昭忠祠等十多所,各水井旁亦有井神庙。所有庙宇均有碑石,记载建庙缘由、建造时间及开列捐款人名数额。各庙宇除井神庙外,都悬有铁铸大钟。在这众多的庙宇中,关帝庙(在今师范学校一带)最为壮观,占地最广,关羽的塑像极为威猛。庙前古木参天,是清朝及民国初全三江最为清幽雅致的处所。1925年莫辉熊将其拆毁,以其砖建三江墟场、公园及中山纪念堂。此庙铁钟亦三江最大,声震数里。后移置三江中心小学,"公社化"后不知所终。九隍庙规模亦较大,还是古代学宫和学术文化交流的地点,据说明清时"大师登坛讲学,诸生仕进如云"。抗战后期,华侨三中流亡至此上课,20世纪40年代末和新中国成立初,淳溪中学亦设于此。由于中国人向来崇奉天地鬼神、古代英雄以祈求平安和福祉,所以上述庙宇每逢朔、望及年节都香火鼎盛,打醮时更挤拥非凡,连四乡八寨的远亲近戚都跑来看热闹。新中国成立后破除封建迷信,三江新城及所有庙宇,均荡然无存(老城除南门楼外,早已不存)。

此外,三江墟尾(今织布厂)有戏台一座,台前老榕树绿荫笼罩,团团如盖。省内外各地戏班,彼来此去,终年不绝,在此演出。当年看戏不需钱,据说是五老爷(莫辉熊)用墟日所征得的市庭租来雇请。每逢秋冬晴朗的夜晚(有时白天也演),戏台前总是坐得水泄不通,较远村寨的戏迷,甚至点着火把成群结伙而来。戏场周边卖小吃的小贩,兜售之声不绝于耳,如芝麻糊、豆腐花、牛藤糖水、水角、酸缸(方言,酸萝卜之类食品)、甘蔗、炒花生等。戏台东两三百米处,叫文笔脚,大概明清时曾有过一座宝塔,故有此称。

由于三江河的阻隔,过去南北两岸的来往殊为不便。从明朝至民国,河上曾有三个渡口:普济渡,广济渡和榕树脚渡。普济渡即城西老渡口,在老木厂与东塘牛脚之间;广济渡又称菜园坝渡口,在二、三水步至老圩菜园坝;榕树脚渡口在墟尾戏台背,为光绪年间(1875—1908)南海商人集资设置。这三个渡口都有木制的中型渡船摆渡。其中,榕树脚渡口在民国初已废,1939年广东省长李汉魂在一、二水步之中间建一大桥(时称"汉魂桥"),广济渡亦废。城西普济渡因新中国成立后在墟尾河边(森工局)设木材公司,过渡者渐稀,亦废。另1938年广州沦陷,省府部分机关迁来之初,前广东省长吴铁城亦在新村风柜山脚建大桥一座,后称"吴公桥"。明清以来随着三江经济的发展,航运较为发达,据说直至抗战时,犹可通载重五吨的船舶。三江旧有码头两个:一为城西炮楼脚码头,通老城外南门街的石板路;另一为城东榕树脚码头,在今担水巷尽头的大榕树脚,现仍可见昔年所砌的石板步级。

近代三江的公共休闲场所是三江公园(今财局、税局宿舍、机关幼儿园一带)。1925年莫辉熊拆安丰庙及甘露墓后开辟。园中盛栽竹木花草,有巨型石狮(连座约高8尺)一对和六角亭、金鱼池、七九纪念碑(1912年7月9日,连州土匪来犯,有九邑人为保卫三江城而壮烈牺牲)、甘露纪念碑等设施。公园下侧为中山纪念堂,为三江乡府驻地及每年祭祀孙中山和地方乡贤的地方。"文化大革命"时大破"四旧",公园被毁,碑、亭、石狮,以及接龙桥上的石狮等,全遭粉碎。

以上建筑和设施,体现了三江的历史风貌和当年人们的传统信仰。近代中国论为半殖民地半封建社会,西方洋教势力亦开始渗透三江。清末意大利传教士在北帝庙上侧(今水电局)设天主堂,美国基督徒则建礼拜堂(今民族事务宗教局)和福音堂(今医院),吸引了一些三江人入教。新中国成立后这些宗教活动场所已为政府接管改建。

五、历史上三江的行政归属

岭南（指横亘于湘南粤北桂东和赣西一带的大庾、骑田、萌诸、都庞、越城五岭）地区开发较晚，三江处于五岭山脉的南端。当中原地区进入文明社会时，它依然处于原始状态之中。夏朝（前21世纪—前16世纪）的统治中心在今豫西晋南，商朝（前16世纪—前11世纪）的南疆仅抵长江流域，西周（前11世纪—前771）分封诸侯，最南的楚国也不过是今鄂省的秭归一带。直至公元前214年，秦始皇派屠睢分兵五路南征，次年又委任嚣、赵佗往援，才始将今两广及越南北部纳入国家版图，设置郡县。县志对本地过去的行政归属，是这样记载的："春秋时属楚。秦属长沙郡。汉属桂阳郡。三国、晋属始兴郡。南北朝属阳山郡。隋属熙平郡。唐、宋属连州。元属连州路。明属连州。"清初康熙四十二年（1703）建老城后设理瑶同知，雍正七年（1729）改为理瑶军民直隶同知，在行政区域上仍属连州。民国十六年设"连阳化瑶局"，二十四年改称"安化管理局"，局址驻连州。二十八年迁入三江，此时行政上仍为连州所辖。直至民国三十五年三月撤局改县，三江才成了连南县治。

对于这样的记述，固然大体上是正确的，但也还有不够详尽和欠准确之处。据先秦时期著作《尚书·禹贡》篇等称，禹治水成功后，把天下分作九州，即冀、兖、青、徐、扬、荆、豫、梁、雍。九州在当时并非行政区域，而仅仅是一种地理概念。荆州在九州中地理位置最南，范围相当于今天的鄂湘两省和赣西，所以原始社会末期有国家形态之前，三江应处于荆州之南。夏、商、西周的南疆前已提及。西周在分封诸侯的同时，在地理概念上还提出过五服制。五服即甸、侯、绥、要、荒。以周天子所居的镐京（今西安之西）为中心，五百里内为甸服。甸服外周围五百里为诸侯封地，即侯服。侯服外周围五百里，是介于中原与边地少数民族之间，称绥服。绥服外五百里是要服，要服外五百里是少数民族聚居地，是为荒服。很显然，按照这种区分，三江及岭南地带，自然是荒服了。东周（前770—前256）的春秋和战国，烽燧不绝。楚国先是在春秋时"征抚南海"，其影响力才到达岭南。战国时楚占有了整个荆南地（今湖南），那时岭南的一些小国，如阳禺（今阳山东南）、缚娄（今博罗）、番禺等小国才臣服于楚，并于番禺作楚庭（今广州）。臣服于楚，并不等于纳入楚国的版图。否则秦既灭东方六国，又哪里还会有屠睢率大军征越呢？秦军平定南越后，广东南部设象郡

（湛江及越南一带）和南海郡（仅辖番禺、四会、龙川、博罗四县）。而粤北一带包括三江在内，则拼入秦朝开国时就设有的长沙郡。十年后，即公元前206年，秦亡，天下大乱，任嚣在南下中原人的支持下，封锁粤北三关（横浦、阳山、湟豁即连江口），建立南越国，三江自然在其辖境之内。直至公元前111年，即汉朝立国91年之后，汉武帝才调伏波将军路博德和杨仆，统领十万楼船水师南下，扫灭南越国，在今湘南粤北设桂阳郡。三国时（220—280）初属蜀，后属吴（219年东吴收回荆州后）。这里顺便说明的是，无论汉的桂阳郡、晋的始兴郡、南北朝的阳山郡抑或隋的熙平郡，其郡治均在连州。唐朝地方行政机构分州、县两级，州县以上设道。唐初熙平并入连山，后改属岭南东道连州。五代时三江初属楚，南汉（今两广大部）刘晟（943—958年在位）继位后，夺楚13州（除郴、连二州外，其余11州在广西），所以后期属南汉。黄损亦于此前在南汉任职。宋于中央以下分路、州（府、军）、县三级，三江属广南东路连州所辖。元属江西行省广东道连州路。（当时广东道分14路），明属广东布政史司连州府。清初属广东省南韶连道连州（直隶州）。

从上可知，夏商及西周时，三江和岭南地区是九州以外的荒服地带。东周（春秋战国）时，楚国向南扩展，其影响力曾到达粤境。自秦统一天下并开发南越，三江及粤省才纳入国家版图。从汉至清及民国，这两千多年漫长的历史时期里，三江一向为连州的辖地。直至民国后期的1946年设置连南县，三江才成为县治。

六、历史上三江人的民族属性和人口数量

纵观人类社会发展的历史，无论世界上任何地方，越是落后闭塞，其人口的民族属性就越单一。发展程度愈高，开放程度愈大，其人口的民族成分就愈复杂。

众所周知，中国是一个统一的多民族的国家，在境内五十六个民族中，汉族人口占了九成多。最早生活在中原地区，他们把周边众多少数民族分别称为"南蛮、北狄、东夷、西戎"。当然这只是大体上比较笼统的称谓，还有许多具体的名称。原始社会末期蚩尤率领骁勇强悍的九黎族西进中原，与黄帝、炎帝族人在涿鹿展开大战。蚩尤战败被杀，一部分黎人南下荆楚，与土著苗人结合，泛称"荆蛮"或"苗蛮"。黄帝以下乃至夏商西周诸帝王，都是以征黎征苗和对付周边各族为事的。春秋战国时期，南方的少数民族众多，统称为"南蛮百越"。东

南沿海有闽越、瓯越、扬越,今两广地带有仓吾、南越、雒越、产里、雕题等。《汉书·地理志》称:"自交趾(今越南)至会稽七八千里,百越杂处,各有种姓。""越以百称,明其种类之多也。"三江地处五岭山脉南端的群山溪洞之间,那时在这里生存的,自然是清一色雕发文身、葛衣短袖、跣足不履的山越人了。然而令人感到困惑的是,在现今我们所收集的历史遗物和所发掘的墓葬中,竟没有一星半点与越人特征相关的东西!这是什么道理?史籍最早记载中原人大规模南迁的,秦朝时有三批:一是秦始皇三十三年(前214)"发诸尝逋亡人、赘婿、贾人……以适遣戍"。二是"适治狱吏不直者,筑长城及南越地"(《史记·秦始皇本纪》)。三是赵佗做了南海郡守后,又"求女无夫家者三万,以为士卒补衣,秦始皇帝可其五千人"(《史记·淮南衡山列传》)。他们不但带来了铁器和先进的耕作技术,还带来了先进的文化及生活习俗。西汉武帝时平定南越国后,又有大批汉军留戍落籍,大量的贵族和官员流放,加上躲避战乱的老百姓,南下的中原人更多。而到达三江并与土著共同开发本地的,自然不乏其人。东汉时领头在高良乡筑龙凤陂(自牛脚起经老圩、磨头岩、新村、龙口至水湃塘总长11公里)的袁氏三兄弟,是南下中原人还是土著?已无从考辨,总之就是三江的汉人了。那时崇山峻岭,交通闭塞,"桂阳郡粤北诸县山洞之民,习其风土,不出田租"(《后汉书·循吏列传》)。到了东晋至南北朝(420—589)时,由于五胡(匈奴、鲜卑、羯、氐、羌)的内迁,天下大乱,出现了北人南迁的大高潮,更促进了民族融合。当时岭南越人多称俚人,虽"尚仍蛮俗,各有长帅",但在历史大潮的裹挟下,尤其在南下贵族和地方大吏的影响下,"其流风遗韵,衣冠习气,熏陶渐染,故习渐变,而庶几中州"矣!(道光《广东通志》卷九十二)唐朝时张九龄召民夫开通大庾岭新道,刘禹锡又贬来当连州刺史,于是"五岭以南人才出矣,财货通矣,中原之声教日近矣,遐陬之风俗日变矣"。(《广文献公开大庾岭路碑阴记》)可见其时岭南与江南各地及北方交通日渐频繁,经济得到发展,文化习俗已与中土无大异了。五代时三江黄损成了南汉的尚书左仆射,并有多种著述传世,亦说明了本地文风日盛,且有鸿才硕学者脱颖而出了。此后更大规模的北人南迁大潮还有南宋末和清初两次,即蒙古人和满洲人入主中原,北方人为避战乱而南迁,到达三江的人必定不少。三江筑城后,成了征瑶的大本营和粤北重镇,一批又一批的满、汉官员来此任职,从始兴、韶关、广州等地调入的绿营兵,纷纷在此落户,五邑和外省客商亦先后云集三江,本地的人口空前复杂起来。

总的来说，土著的三江人，其远祖是三苗、荆蛮以及百越，并且很早就与楚国及中原汉人有接触，甚至早在秦朝开发南越之前的春秋战国时期，就吸收了楚文化和中原文化。历史上由于改朝换代的大战乱、大灾荒，出现过几次大规模的北人南迁，此外历代官员贵族的流迁贬谪、戍守兵勇的入户落籍等，都是三江人的组成部分。到中华人民共和国成立前，三江地面除莫、韦两姓为广西迁来的壮族外，几乎是清一色的汉族客家人。

至于三江的人口数量，在远古生产力水平极其低下的原始时代，人类靠渔猎和采集植物的果实和块茎充饥，群居穴处，当然不会很多。

根据这里的自然条件，大抵只有一些零星的氏族或氏族与氏族间组成的小部落罢了。在火耕水耨、铁器和牛耕尚未普及的奴隶社会阶段（夏、商和西周），人口的增长也是很有限的。战国和秦朝时，全国人口大约是二千万。从汉以后，历代皆有人口统计，但都是各郡的数字和相加后全国人口的总数。一个地方上某村落、某居民点历代的人口数量，谁也无法考究。但参考我国历史发展的进程和地方上发生的大事，我们仍能依稀地推考其大略。

县志上古代史部分空空荡荡，给人的印象是三江古代好像没什么人，其实不然。三江地面既有远古人类出现，其山川土地又足以哺育万物，没有特殊的历史变故，人口是不会自然消失的。何况历史上几次大规模的北人南迁，还源源不断地给包括三江在内的南方补充人口呢！

当公元前215年秦始皇派屠睢率军南下时，岭南人口不足9万，而且是粤北人口密度大于南部。经过西汉的休养生息，到平帝元始二年（2）时，全国人口59594978人。而光是原南海郡（今番禺、四会、龙川、博罗四县），人口就有94253人。138年后，即东汉顺帝永和五年（140），又增到250282人。这时三江已大规模开发，仅袁氏兄弟倡开的龙凤陂，就灌田1700余亩，加上原先开垦的田地以及从事其他职业为生者，一河两岸的三江人，当不下千数。五代黄损捐资筑邪坡圳、彩陂圳，灌田3000余亩；明朝东和甘露领乡人筑万税圳，灌田1200余亩；东和人增筑老婆陂，又可灌田近千亩。另外，还有木林陂、白鹤滩陂等较小的水利，总计到明朝年间（1368—1644），三江水田应有万余亩，加上大量山陂地，光是务农为业者及其眷属，亦当有四五千人。其他职业如戍守营汛的兵勇、长途贩运的挑夫、开店营生的商人、街边摆摊的小贩、烧砖做瓦的陶工、造屋建房的泥水匠、卖草药看病的郎中，砍柴伐樵和捞鱼捉虾的贫民，还有铁匠、木匠、竹篾匠以及儒生和缙绅等，总数起码有五六千人。从清初至民国，前文已提及，兹不重赘。

据县志记载，中华人民共和国成立前三江镇（指新城和城东）"市区面积0.4平方公里，店铺、手工作坊120余间，居民2500多"。姓氏不超过50个（当时全县不超过100姓，而瑶族则48姓），多为明、清时期从北京、广州、南海、三水、始兴和闽、浙、赣各地迁来。到三江久者为26代，近者仅10代。极少数是5代前（如黄损家）从福建黄家或宋初由广西迁来（如东塘甘姓，至今已传37代）。

自连南设县、三江成为县城之后，集本县政治、经济、文化中心于一体，到此参加工作的人来自五湖四海，人口亦迅速增加。改革开放40年，国土开发和建设规模空前扩大，新增设了许多行政管理部门，外来投资设厂者及本地的民营企业，更如雨后的春笋，前来务工的境外人员亦大量涌来。据1990年第四次全国人口普查的数据显示，三江镇及各乡村（即原三江公社）人口，共有127姓，27111人。2000年第五次人口普查增至32084人。

……

岁月沧桑，朝代更迭，过去的历史离我们越来越远。我们的远古先民，曾经创造了光辉灿烂的中华文明，而家乡的祖辈，也为开发祖国的南疆作了不懈的努力。作为世界上的文明古国，我们历代均有严谨的修史修志制度，但古代的三江是个名不见经传的小地方，不是郡治县治，所以其各方面的发展情况不可能有详尽的文字记录。而地面上的古迹文物，又因历史的原因而彻底毁灭，使我们今天的研究工作举步维艰。所幸近几十年来出土的文物和禤振文、谢应平两同志长期的苦心收集，给我们提供了三江古代历史的丰富内涵。地方史是国史的组成部分，而从国史里的某些材料，也可间接推知三江在各历史发展阶段的概况，弥补地方史文字记录的阙失。因为任何偏僻和独特的地方，在历史主流大潮的冲击下，总要受到程度不等的影响。古代越人、蛮人的故土三江，于漫长的历史发展过程中，受中原汉人思想文化的熏陶，习俗渐变，不断地与之融合，变成了现在的三江。如今人们已进入21世纪，面对一大片一大片空白的三江古代历史，如何搜集和整理缺失的史料，以及利用现有文物本身的历史信息，去修补、充实它，使之日臻完善，给后人一个交代，我们再也不能回避。切望桑梓同仁，都来关注。

黄损墓碑琐谈

萧维国

茫茫古今，人事纷繁。历史上许多声名赫赫的名流显贵，转瞬都成了过眼云烟，而只有立德、立功、立言者（《左传·襄公二十四年》鲁国穆叔云："太上有立德，其次有立功，再次有立言。"此即历代士人所孜孜以求的"三不朽"）。得以光前裕后，与日月同辉、天地并寿。三江黄损，就是这样的士林翘楚。

黄损墓坐落于三江西北梅花岭山麓。西距今新公路鹿鸣关隧道口约百米之遥，由公路而上，高40米左右，是三江地区唯一有墓碑保全下来的古墓。据说是本县重点保护的文物，但却未见有何保护措施。如今荒烟蔓草，荆棘纵横，蛇鼠出没。想沾点风水灵气的坟冢挤满左右，装饰堂皇，大有喧宾夺主之势。黄损墓碑高1.40米，宽1.16米，按传统样式由右至左直书镌刻。碑中心的一行大字表明墓主人的身份："□梁赐进士南汉尚书左仆射崇祀乡贤始祖考黄公讳损字益之老大人墓"。右边九行小字是撰写碑文者对黄损的仰慕和评价："古之君子，千百世后令人景仰称述不衰者，非独立德立言□□□□□□□□□。余尝读邱垅□矣，见南汉仆射黄□损公墓，在高良梅花岭□□□□□□□□□□□□者也。夫连人厚荣名厚禄者实繁其人，而至问马鬣一封，求如□□之□方策，百世如将见之，何其不少。概见此无他，良由实行无所表见，故人往而风遂微耳。惟公生平事业焜耀吾连，而鸿才亮节又足师表后世，是宜寿之金石，传之无穷也已。昔颜斶有云；秦攻齐，令有敢□□下季垅五十步而樵采者，不赦。以今观之，仆射公之墓，当不特桂香里之子孙世世守之，而侯之□□□人士，方将偕公立德立言立功为并垂，为不朽。壬午春，公之诸贤嗣联族立石，昭一本也。问序于余，而余于千百年后景仰古人，亦即因其所徵信者而为之记。至慧业文人，应生天上，谓公当日已羽化。是说也，志维有之，则余未敢遽以为实云。岁进士龙门儒学训导□陵后学吴居中拜譔。"

这段碑文大意为：古之君子，千百世后仍令人仰慕称颂不衰的，不但德高望重能化民成俗、写下有字字珠玑的寿世名篇，（而且还要有功于国家和桑梓，在历史上做出过贡献，其名字才能"卓然其不朽"）。我曾读丘垅上坟冢的碑文，见南汉仆射黄损公的墓在三江（高良乡）梅花岭……然而连州地域历史上高官厚禄，能光宗耀祖的人其实很多，如今除了一堆坟土（即马鬣一封，白居易《哭崔二十四常侍》："貂冠初出九重门，马鬣新封四尺坟"，又黄庭坚《王文恭公挽词》："不谓堂堂去，今为马鬣坟。"），想要与黄损公那样向朝廷进献方策，去治国理政加惠民生，使百世之后仍能让人慨然想见其为人的，那就太少了。这没有其他原因，只是由于其治政牧民的理念无所表现，所以人亡政息，也就默默无闻了。而黄公生平事业辉煌，荣及故里，其鸿才硕学，高风亮节又足资垂范后人，是应该将其事迹刻诸金石、永世留传的。战国时，颜𦆑（《战国策·齐策四》作颜斶，𦆑通斶，颜𦆑，齐国高士，宣王请受为弟子，许以富贵，斶婉拒）曾说，秦兵攻齐、令有敢擅自到柳下季（即柳下惠，春秋时鲁国大夫。原名展禽，字季。因食邑柳下，谥惠，故称。）坟墓五十步内砍柴的，严惩不贷。可见前人是极尊重古圣先贤的。现在看来，仆射公之墓不仅为桂香里（在今东陂镇西一里左右的塘头坪村）的子孙世世守护，而我们连州的行政长官、同僚及郡学士子，亦将追随黄公"三不朽"的业绩而并垂不朽。壬午年（1882）春，黄公的四房贤嗣联合其族人刻石立碑，以表慎终追远，祭奠先祖，让我给他们写序。而我于千百年后敬仰古人，就将黄公可徵信的生平事迹，写了这篇碑记。至于说到慧业文人（佛教指生来就赋有智慧的孽缘）是天上贬谪下凡的星宿，辞世当日已羽化登仙，乘风归去，并于三十三年后回三江故里，向其孙索笔题诗等情节，地方志及一些文人野史是有的，但我未敢轻率地认为是真实的。

岁进士、龙门县儒学训导（掌教育的地方行政长官，犹今之教育局长）□陵地方的晚辈吴居中敬撰。

在墓碑的左边，是奉祀黄损的四房裔孙、景堂老人诗、书写碑文者的名字、重修此坟墓的时间。原文分别为：

   西岸黄家巷   万伍
   塘坪桂香里   志端
      黄公讳   四房众裔孙等奉祀

三江诸尾冲	志珑
坭楼墟东村	贵能

附景堂老人诗：

一别尘寰岁月多，归来人事已消磨。

惟有门前鉴池水，春风不改旧时波。

郡庠生裔孙孟林盥手丹书

光绪七年（1881）岁次辛巳仲春月阖族裔孙等复续。

墓碑中间的那行大字有两层意思："□梁赐进士南汉尚书左仆射"，是黄损的身份。他出生于唐末，供职于五代（907—960）早期的中原政权后梁和南方小国南汉，任尚书省的左仆射（隋、唐、五代中央设中书、门下、尚书三省，掌管吏、户、礼、兵、刑、工六部，尚书省正职为尚书令，左右仆射〈音 pǔyè〉是副职，相当于宰相）；而"崇祀乡贤"，则是家乡人每年对他的集体祭祀。此碑的撰文者是吴居中，但工整地书写在碑面上让石工镌刻的则是在连州郡学读书的裔孙黄孟林，时间为光绪七年（1881）春天，由整个黄姓家族的裔孙"复续"。可见黄损墓葬一直都在此地（高良梅花岭），并且原先也是有碑文的。

通读此碑文，根据人们的历史常识，有两点颇让人费解：其一是墓碑中间一行后梁"赐进士"的"赐"字。所谓赐，乃是皇上给予臣下、官员给予下属、长辈给予晚辈的东西。如赐婚、赐宴、赐官、赐进士出身等。赐进士，当是没参加科举考试或没有考取，而其人又学贯古今出类拔萃堪当大任，通过皇帝的金口，便可获得与进士同等的尊荣。然而现在的《连南县志》《三江镇志》（征求意见稿）以及连州曹春生的《古村遗韵》等书，均说黄损是在后梁龙德二年（922）"登进士第"。墓碑与方志，孰是孰非？倘若以墓碑所刻为是，方志当初是如何以讹传讹的？如果以方志为是，黄损的合族裔孙又为什么要贬低自己的先祖？其二是墓碑左边的景堂老人诗。"景堂老人"为谁？既刻于碑，显然是墓主人了。但喜读唐诗的人，谁都知道那是盛唐诗人贺知章（659—744）《回乡偶书二首》里的第二首，这是贺于唐玄宗天宝三年（744）八十六岁时，辞官回到越州永兴（今浙江萧山）老家时写的。第一首是童叟皆知的"少小离家老大回……"第二首便是"一别家乡岁月多，归来人事已消磨。唯有门前鉴湖水，春风不改旧时波"。除第一句"家乡"改为"尘寰"，第三句"湖"改为"池"

之外，都与"景堂老人"诗吻合。按鉴湖在今浙江绍兴，贺返乡时，玄宗皇帝赐他"鉴湖、剡溪一曲"之地，以为隐居修道之用。而枫树坪前，却从未听过有什么鉴池，从这首诗产生的时间看，贺创作于744年；黄损于南汉乾和六年（948）逝世，三十三年后即981年魂归故里向其孙索笔题于壁上，贺诗比黄诗整整早了239年！旧志有关黄损轶闻中曾提及此诗，说是北宋苏东坡据虔州赖仙芝口传的。其时距五代未远，活字排版刚刚发明，尚未普及，民间诗文多数仍靠手抄辗转传播，难免有误；而到了晚清的光绪年间，各种版本的唐诗宋词已遍及天下，文人向来以冒用他人章句者为斯文败类，作为进士的吴居中和庠生黄孟林，自当博览群书，对此竟毫无觉察且不予置评，殊属于理难通。

黄损的先祖从福建黄家巷迁来，定居于三江诸尾冲。一百一十年前，刘宴苹创办三江小学，假日曾率学生远足荒郊，到此犹能窥见一些古人的生活垃圾，如陶瓷碎片、铜铁器物的残段、石碓石磨的部件等，推定从西汉或更早的时期，就有人类在此活动和生活。唐末天下大乱，黄损便出生于诸尾冲口的枫树坪村。年轻时曾结庐在今连县保安北面的福山寺内静心读书，饱习经史。出山时颇感自负，"自共伊皋（伊尹、皋陶，古名相也）论太平"，并主观地认为"进贤星座甚分明"，可以施展平生抱负。然而他生不逢时，仕途多舛。唐朝灭亡后，他先在后梁任永州团练判官。时中原坂荡，夙志难酬，便辞别此是非之地，郁郁南归，后梁贞明三年（917），原岭南节度使兼南平王刘隐死，其弟刘䶮［原名巖，后更陟，即位九年后取《易经》"飞龙在天"之意改为"䶮"，䶮巖同音，中国向无此字，这是他自造的。仿武则天将日月当空合为"瞾"（音照）字一样］即皇帝位，国号大越，改元乾亨。因不甘做岭南的"蛮夷小国"，次年"祀天南郊，大赦境内，改国号汉"，史称南汉，都城在广州。刘䶮初建政权根基未稳，故能广纳贤才，唐世名臣贬谪南方者多往依附。黄损亦于此时转投南汉，进十方策，得被采纳，累迁至尚书左仆射。据薛居正《旧五代史·僭伪列传》与欧阳修《新五代史·南汉世家》所载，刘䶮"性虽聪辩，然好行苛虐。至有炮烙、剢剔、截舌、灌鼻之刑。一方之民若据炉炭。惟厚自奉养，广务华靡。末年起玉堂珠殿，饰以金碧翠羽。岭北行商或至其国，皆召而示之，夸其壮丽"。新旧两部正史虽没提及黄损，而地方史志说他因极谏忤䶮意，遂失宠退回湖南永州沧塘湖畔，与鸿儒高士诗酒自娱，卒于乾和（刘䶮二子刘晟的年号）六年（948）。此时"湖南马氏昆弟寻戈，晟因其衅遣兵攻桂林（广西）管内诸郡，及郴、连、梧、贺等州皆克之,自此全有南越之地"(《旧五代史》)。当时高良(三江)为连州所辖,从此才纳入南汉版图。

至于黄损捐资修邪陂和彩陂之事,乾隆三十六年版《连州志》及民国三十八年刻印版《连县志》均有记载。说邪陂"自高良牛脚(旧志作牛田)山下起至下乡(高良下乡)长十一公里";彩陂在鹿鸣关下,"原灌田万余亩,五代至今沧桑迭变,所灌田亩已不如前"。由此可见,千余年前三江地区的一河两岸,几乎已开垦殆尽。倘加上两边山脚种植杂粮的坡地,三江人耕作的面积,已超越当今的规模了。(按20世纪70年代"农业学大寨"的全盛时期,三江镇的水田面积约一万亩)当年除了力田的农夫,还有不少长途贩运的苦力,以及捞鱼捉虾、砍柴割草、烧砖做瓦、蒸酒榨油、阉鸡补锅之徒,加之僧尼道士、江湖郎中和木匠、竹匠、石匠、铁匠、泥水匠等民间手工艺人。乾隆版《连州志》载,唐朝时连州有32210户,143533人。民国三十八年《连县志》则载:三十二年(1943),连县有43824户,217196人;三十六年(1947)为45699户,216418人。因为战乱,1947年比1943年,虽增加了845户,却减少了778人。唐朝至民国后期的一千多年中,也不过增加13489户,62885人。户口数或人口数的增量,均不足三分之一。三江在古近代是连州(县)辖境内的高良上乡,当然不需要详细到乡村的人口数字上报朝廷,而在民国二十七(1938),却记载高良上乡(三江)有15保、146甲、1560户、6844人。倘若依此粗略估算,千余年前的唐末五代时期,三江地面也应有不少的人口生息繁衍于此了。

军寮古瑶寨石刻探寻记

房 顺

丁酉年（2017）大年初三，素有"排瑶徐霞客"之称的排瑶才女房丽珍，到军寮观赏军寮瑶族民间歌舞队的2017春节文艺献演活动。当活动进入尾声的时候，房丽珍对我说："明天我们组队上军寮老寨，你要不要一起去呀？"上军寮老寨寻古，是身在异乡的我多年未了的夙愿，于是我欣然答应了一起前往军寮古寨。

从网上得知军寮瑶寨明朝崇祯年间刻下的石刻有两处，一处是寨前百步梯峭壁上的"平瑶岭"石刻，另一处是烧纸堂京观处刻下的"大兵扫荡瑶穴京观处"石刻。因为历史烟尘的掩埋，军寮古瑶寨烧纸堂京观处的石刻已经无人知晓，热心瑶族文化的朋友几番寻找也难觅踪影。于是远离故乡的我，开始多方打听和搜索军寮瑶寨销声匿迹不知若干年的京观石刻。

我询问了多名军寮老人，他们都说没有听说烧纸堂有石刻。于是我开始从网络搜索相关的信息和资料，并且从民间传说和排瑶语言文化中总结烧纸堂石刻所在地的可能，做好了有朝一日能亲自到军寮古寨寻访明朝石刻的准备。

早在2016年初，我就和军寮村的房良九斤公、房买机六约好一同去一趟军寮村，去烧纸堂寻古。但是由于种种原因，一直不能成行。房丽珍的这次邀约，立马促成了我们14人的军寮古瑶寨怀古之行。

由于有几名队员迟到，我们先行的队员边走边听房良九斤公讲述古道中发生的故事，一边停歇等待后边赶来的队友。

在平瑶岭石刻的那段山路中，后边的队友赶了上了。我们一起在平瑶岭石刻下烧香烧纸，缅怀了我们苦难的民族历史，祭拜了为民族生存而舍身的英灵。

始建于宋代的军寮古寨，现在已变成了荒漠的山野，但是我们祖辈在这里遗留下来的古迹，还有这里的一草一木，山山水水都成为了先辈对我们这些晚辈诉

"平徭岭"石刻处

说八排瑶沧海桑田苦难历史的史书。

由于我是为了寻找失踪的京观石刻而来,因此我就建议将烧纸堂作为烧午饭的地点。比我们先到的队员有些在忙着起火造饭,有的被军寮老寨绮丽的风光吸引,忙着拍摄美景。我刚刚停下脚步,心里惦记着烧纸堂探古的房买机六就对我说,这里就是烧纸堂山了,我带你去看看。于是我和他一起拨开荆棘,穿进了荆棘丛生的烧纸堂山中。京观,是古代战争时,将帅为了闪耀武功,将敌方战死的将士的尸体聚集一处,封土而成的高冢。因此史书上记载军寮寨后山烧纸堂悬崖刻有"大兵扫荡猺穴京观处"的石刻,一定就在京观这个万人冢的旁边,因为京观石刻就是一个大墓碑。

我在对烧纸堂山土层的观察中发现,烧纸堂山确实有人工夯实的痕迹,于是我开始深信烧纸堂的地名源自明朝末年,战争平息后,劫后余生的瑶族人民纷纷前来京观(万人冢)烧香烧纸拜祭亲人和英雄,从而形成了这个地名。我仔细地观察烧纸堂山的每一个石头,看看每一个具有一定平面的石块是不是有石刻的笔画。因为京观石刻经年未能被找到,很有可能是被村民打碎用来彻墙了。几乎能看见的所有具有能雕刻文字的平面的石头,我都找过了,没有发现一点文字刻画的痕迹。于是我开始寻找京观周边的大石头,因为古代战将勒石记功,都会找一块巨石来刻字,以示战功。被山面朝开阔方向的大石头,我都找过了,也没有发现有石刻的痕迹,于是只能到面朝高处北向开阔方向的大石头中寻找京观石刻。

"大兵扫荡猺穴京观处"摩崖石刻全貌

我来到面朝抱门坑方向,看到这里有一个巨大的石头。巨石约有 6 米高,巨石的下部呈光滑状,约 3 米以上呈斜平,幅度很宽。我站到巨石的顶上,看见巨石的斜平面被厚厚的草本植被覆盖着。在城市里生存了 20 年的我,面对莽草丛生的石面,不禁有点迟疑胆怯。但是平整的石面符合雕凿石刻的条件,让我弯下了腰,用双手捉住石头上的野草,在平整的石面上撕开了一个缺口。巨石上的野草虽然很厚,但是没有插根的地方,所以扒开这样的野草,只要稍稍用力,就像撕开一张厚厚的棉被,可以整块掀开。植被很厚,密密麻麻的根把石面上的泥土几乎全部带了起来,所以被掀开植被后的石面,显得非常洁净。

当我对着可能刻字的石面,扒开了一小块草甸后,还是没有看见石刻文字痕迹时,有点失去信心了。于是我试着在巨石的边上扒开了两个地方,看看有没有石刻的痕迹,还是没有发现。我站起了身,对着整个烧纸堂看了一遍,还是感觉这里应该是京观的所在地。于是又弯下腰继续扒开草甸,仔细地看石面上有没有雕凿文字的痕迹。

在我的一生中,很少有幸运的事发生过,所以发现消失了的石刻这样的事,原本就不敢想象,也不敢有太多的信心。因此寻找军寮明代石刻,见证历史,全都是由一颗热爱瑶族的心来支撑着。

我坚持着继续扒开厚厚的草甸,终于,看见了一个浅浅的雕凿痕迹。我赶紧低下身子,把嘴巴贴近石面把草根没有带起的尘土吹开,再仔细看的时候,我发

军寮古瑶寨石刻探寻记

当地的瑶族文化爱好者及瑶族同胞正在去除石刻上的草甸

现这是"大兵扫荡猺穴京观处"的"大"横笔画。面对这神奇的发现，我抑制不住内心的喜悦，举身高喊："重大考古发现，消失的军寮瑶寨明朝石刻'大兵扫荡猺穴京观处'已经被发现了，大家赶快把相机拿过来！"

大家闻讯赶来，我建议用录像的方式，把消失不知若干年的明代石刻被揭开的时刻全部记录下来。但是大家说先把石刻全部揭开，再用拍照把石刻照下来。于是我们大伙就分工合作，有时扒开草甸，有的用照相机在各个角度拍照，准备把这个发现之旅分享给关注瑶族历史和瑶族文化的朋友们。

发现京观石刻完成后，我们确定这里是当年五省明朝官兵残杀排瑶先民后以示武功堆积在战斗中牺牲的瑶族军民尸首的万人冢，便举行了一个简单的拜祭仪，用我们的拳拳赤子心告慰英灵！

附：《边南平徭岭新发现明代摩崖石刻，揭开瑶族先民抗争史》

连南瑶族当地的文化爱好者及瑶族同胞，前往军寮老排平徭岭调查石刻时，在排顶烧纸堂山悬崖上寻找到了"大兵扫荡猺穴京观处"摩崖石刻。这一重大发现，对我们了解佐证明末时期排瑶人民与封建统治者之间的抗争史及其相关历史提供了珍贵的实物资料。

据记载，连南瑶族自治县军寮古瑶寨有两题石刻，分别为明末时期五省会剿八排瑶后总兵宋纪命人刻下的"平徭岭"和"大兵扫荡徭穴京观处"。前者"平徭岭"题刻刻在军寮百步梯雄关的大道崖壁中，楷

"大兵扫荡徭穴京观处"摩崖石刻近观

书，每字长60厘米，宽60厘米，1986年被连南瑶族自治县人民政府公布为文物保护单位后为人们熟知。而后者烧纸堂摩崖石刻却一直未曾发现。此次"大兵扫荡徭穴京观处"摩崖石刻的从新发现，让人颇感震撼。

"大兵扫荡猺穴京观处"摩崖石刻位于军寮排顶烧纸堂（距离县城约16公里），刊刻于公元1642年，距今370多年。整个石刻长约110厘米，宽约60厘米，字体为阴刻楷书，碑文字径约12厘米，共9字。据史料记载，明朝末年，官府腐败，军寮排愤然而起，各排纷纷响应。崇祯十四年（1641）五月始，明王朝调集粤、桂、楚、豫、闽五省数万官兵会剿八排瑶，围剿一直持续至崇祯十五年（1642）八月，官兵破里

摄于1928年3月的军寮老排

八峒、火烧排、大掌排、三排、军寮，焚烧殆尽。会剿结束后，总兵宋纪命人于悬崖石壁上，刻下"平瑶岭"和"大兵扫荡瑶穴京观处"，以记镇压众瑶事和记录军功。

此次发现，对我们了解排瑶历史及其迁徙过程有着重大的意义，有助于该文化遗产的保护与研究。

注：京观，古代为炫耀武功，聚集敌尸，封土而成的高冢。

明冯梦龙《东周列国志》第五十四回："潘党请收晋尸，筑为'京观'，以彰武功于万世。"

京观：京，谓高丘也；观，阙型也。古人杀贼，战捷陈尸，必筑京观，以为藏尸之地。古之战场所在有之。——明张岱《夜航船》

岩口铁罗城

罗穆良

狮子山、山脚下的岩口村

岩口村，位于连南县城三江镇北边两公里处的狮子山南面山脚下。经考察，此地旧址的建筑特点和三江城附近的香花、寨脚、新村、高头岩、木家湾、迴龙湾、东塘、沿陂、陈巷、湟本等村一样，也是依山而建。这种建筑习俗，除了民俗"前有照，后有靠"观念的影响，更主要的因素还是出于安全性的考量。

岩口老村，古门楼坐北朝南。村子北侧是高大的狮子山，犹如天然屏障拱卫在后，既免去了北风的侵袭，又有绿荫遮蔽，真是冬暖夏凉的宜居处所。

岩口村为何被称为铜墙铁壁般的"铁罗城"呢？

罗，这里是指过滤流质或筛细粉末的器具，筛眼极其细密。比如罗斗，从前用石碓舂糍粑粉，再用罗斗筛一遍。铁，形容坚固，罗，比喻防守严密。

明清时期，西方社会逐步迈入工业社会，国内还在做着闭关锁国的大国美梦。社会生产力低下，百姓生活艰难，社会动荡不安，盗贼层出不穷。清朝末期，甘氏有数人取得功名。

甘渭淇，汉，三江新岩人，清同治三年（1864）诰封轴蓝翎四品朝议大夫，昭武都尉。

甘海珊，汉，三江新岩人，同治年间封赠通奉大夫（从二品）、奉政大夫（正五品）。

甘家斌，汉，三江新岩人，咸丰元年（1851）恩拔贡生，七年赏六品顶戴，同治六年（1867）任广东茂名县儒学正堂、四品朝议大夫。

甘氏家族随之丁财两旺。为了防贼避乱，于村中兴建有三层高的碉楼，用巨石垒砌围墙，还在背后的狮子山建有坚固的山寨，装备土铳，战斗力强大，通常的盗贼流寇奈何不了。外村人也不敢轻易招惹甘姓人。若起了争执，甘姓人一句"招惹我？泼两箕银子埋了你！"就把对方怼得够呛。

史载，因派系县长之争，连州匪首欧金生、邵亚古、邵新贵与三江城的莫辉熊结下仇恨。1912年5月，欧金生纠集匪徒数百人围攻三江，莫辉勋领乡团与之战于五拱桥、石泉山。8月，欧金生、邵亚古、邵新贵、甘德等纠合数百人围攻三江城，莫辉熊领民团反击。凡四昼夜，后因匪首甘德被击毙，险情始解。欧金生等匪首率领匪徒败据岩口。莫辉熊率领民团与从连州赶来驰援的二、八营兵勇将岩口村团团围住，日夜攻打。无奈岩口村门墙厚实，战了三天仍未得手。后来，匪徒看到弹药稀少，偷偷买通兵勇趁夜逃遁。此役，足见岩口村寨防坚固，易守难攻。

岩口得名，不离狮子山有多处岩洞。狮子山东西走向，西南处有一扁狭的岩洞，洞口极其隐蔽，无人指点的话很难发现。从前非常滑溜难行，十多年前，有商家想开发狮子山风景区，在这个洞内和山上砌了步阶。山洞陡峭斜往下方20多米，山洞底部有水，据村民介绍，此处有地下河，撑排可以出到东边山嘴的岩洞。东山嘴岩洞最奇，洞口靠近路面，常年有清冽的山泉水源源流出，供整个村子的饮食、洗涤之用。岩洞内有长短不一的钟乳石，据说以前当岩洞水位涨到某根钟乳石的时候，处于下游的陈巷村就会遭水灾。后来那根钟乳石被人偷偷敲掉了。晨昏之间，到岩洞挑水洗涤的村民熙熙攘攘、热闹非凡。现在家家有自来水，这山泉水只用来洗衣服了。最值得一提的是狮子山中间那口岩洞。洞内宽敞平整，同时容纳二三百人不成问题。抗战期间，广东省政府五次迁来连州，大部分省属单位曾在三江地区驻扎。据载，当时的省交通局、省无线电通讯部、省财政厅银库曾驻扎于这个山洞，为抗战发挥过积极作用。

西南岩洞入口,非常隐蔽

西南处岩洞

东边山嘴的岩洞

中间岩洞口,里边可容二三百人

如今,岩口村的建筑发展,就像那一圈圈涟漪向外荡开。坚固的围墙早已拆除,村道四通八达,高楼林立,再无昔日饥馁、盗寇之患。老百姓的生活水平提高了,作奸犯科之人自然减少。似乎也在印证着管子的话:仓廪实而知礼节,衣食足而知荣辱。

村子的人口结构,已经由甘、陈大姓为主发展为甘、陈、戴、罗、孔、廖、朱、詹、莫、李等多姓杂居的局面。而旧村子,唯有零星的几间老房子和随处可见的残垣断壁在缅怀着往日的荣光。

旧址遗迹

镇东阁

罗穆良

镇东阁是一间小庙宇，位于连南县城三江镇联红寨脚村与雁塘村之间小路旁的田头边上。

小庙是硬山顶式青砖木瓦结构。正殿部分长10米，加上左侧已经大部分崩颓的配殿（厨房，打醮①时提供餐饮）长5米，共计长15米，宽4.5米，高5米。占地面积约68平方米。

庙门正上方墙上楷书"镇东阁"三字，字径约30厘米。门头两侧墙上方，共留下有6幅难得一见的古代彩绘壁画。庙名两侧各有两幅，两侧墙上方各有一幅。画面还算清晰，但画中题字较为模糊，有的甚至已经无法辨认。右侧靠"镇"一幅题有"花开富贵"，另一幅画面为一老者抱一葫芦坐石上，一童子执拂尘立侍在旁，题字则无法辨认。左侧靠墙角一幅题有"和合二仙"，另一幅画有梅兰，题字无法辨认。右侧墙上方是荷塘里有两只螃蟹，画面有"……种莲太白"字样。左侧墙上方画有梅花仙鹤，题字依稀可辨认出"天气香流水去……"几个字样。

这座小庙为何叫"镇东阁"呢？若从寨脚村老寨门"桂林坊"来看，"镇东

镇东阁

镇东阁大门

阁"所处的位置实际上是偏北方了。经了解，这座庙宇是香花村建立的，位置恰恰就在老寨的东边。

为什么香花村的东头需要建庙来"镇"呢？这就涉及中国古老民俗中的堪舆理念以及宗教意识形态。

古人认为，庙宇的功能是祈福纳祥、消灾镇邪、教人忠孝、培养信仰。中国是个泛神崇拜的国度。儒释道的正神崇拜自不必说，荒村僻野往往还有林林总总的神崇拜：比如土地伯公、榕树、灵石……还有一部分具有独特地域特色的神崇拜，比如三江城附近，从前就有鸡脚隍、鸭脚隍等。从中也反映了古时社会生产力低下，人们在大自然的威力面前常常无能为力。民众缺乏科学知识，在生活上遇到变故和挫折，往往归诸命运，为了寻求精神寄托，便祈求神灵庇佑。

中国民俗中的堪舆理念认为，不论是死人居住的坟地，还是活人居住的房子，都要讲究山水护卫有情。而这些处所往往存在这样那样的瑕疵，就须要运用种种手段来消灾纳祥。比如香花村坐西南向东北，左前方因为有数条高山余脉延伸而来，成为强有力的"左砂手"护卫；右侧是一马平川的农田，缺少"砂手"

237

护卫，村子容易遭到冷风侵袭，于是要通过建庙来镇风煞。有时候，为了整个村子消灾祈福，也会不定期请南无佬来本村的庙宇"打醮"。

大家知道，佛教称庙宇为：寺、院、庵、堂；道教通常以宫、观、祠、庙称之；儒家则以庙、宫、坛称之。以"阁"来命名整座庙宇的倒是非常少见。当然，寺庙内的一些楼宇以"阁"命名倒是有的，比如"大佛阁""藏经阁""多宝阁"。

然而人们有时又叫其"鱼笱②庙"，这又是为什么呢？

据传，邻村陈氏人家在香花村"左砂手"处葬有一卦"泥鳅地"后家族发展迅猛。抱着"阴他一把"的心理，香花村人建造了这座庙门口朝西的"鱼笱庙"来把"泥鳅"装进去。这显然是诛心之论、以讹传讹了。

镇东阁始建于何时，未见记载。香花村现存一口大铁钟，据老人说是从前镇东阁拜神用的。钟面铭刻有"风调雨顺，国泰民安"两句祈祷文字，捐资铸钟人是"沐恩弟子邓惟朝缘妻甘氏偕男瑞荣、瑞华在堂母甘氏奉"，落款时间是"时乾隆丁丑年冬月吉旦立"，铸造铺子是"隆盛炉造"。从铁钟上的落款时间看，镇东阁最迟在乾隆丁丑年（1757）就已经存在了，至今最少有262年历史。

镇东阁用过的钟镗

镇东阁曾做过石泉四村的"私塾"。最具正能量的时刻是抗战期间。1938年10月，日寇入侵，广州沦陷，广东省政府所属各单位大举入连办公。其间，镇东阁曾被征用为战时医院,成为"救死扶伤"的一个重要场所。

20世纪80年代初期,国家实行"包干到户""包产到户"的家庭生产责任制,镇东阁作为集体资产分给了生产队其中两户人家了。

社会文明大踏步向前,只剩下镇东阁这座小庙在风中矗立。

注 释

①打醮,道士设坛为人做法事,求福禳灾的一种法事活动。以此来消灾免难、祈求上苍的赐福与庇佑。

②鱼笱,一种渔具。编竹成篓,口有向内翻的竹片,鱼入篓即不易出。

石泉山重筑山门围基摩崖石刻

罗穆良

石泉山文化历史悠久，源远流长。现代在石泉山出土的文物，从新石器时期到汉代都有，包括鹿角、犀牛牙齿、猪颌骨等化石；石锛、石凿、石斧、石矛、石戈、石镞、纺轮等石器；豆、鼎、罐、碗、瓮等陶器；玉锛、玉玦等玉器；铜镞、铜镜等青铜器。

石泉山摩崖石刻最有名的是广东省主席吴铁城在1938年冬留下的两方石刻，一方是"义愤难容"，另一方是"矢勤矢勇"，记录了一段国仇家恨的历史。近日，偶然听闻石泉山有一方清代摩崖石刻，遂随友人前往探访。

这方摩崖石刻位于猫公山尾部，由联红小学背后的"福寿亭"侧的山路往上约20米高处的路旁，距离路面1.5米。石刻长约60厘米，宽约50厘米。周围三面岩石凸出，恰到好处地为石刻遮风挡雨，避免了石刻过早风化。

石刻字径2—3厘米，楷书，竖写。石刻面较为光滑，据说有人为了辨认方便，曾用钢丝刷刷洗过。但不知何因，还是有几处大团的白色痕迹，填塞了笔画，模糊了字迹，导致虽经极力辨认，仍有数个字不得而知。

整方石刻内容可按四部分来理解。

第一部分是开头两列的"刻石缘由"。上书"兹因瑶叛避居，众议依旧址筑砌山门围基，将签题芳名开列于后"26字。

石刻末落款时间"道光十二年四月"，现根据唐彪的《排瑶大败粤总督李鸿宾》《两仪拳师刘荣庆传略》"《广东地情网》"等史料，来还原一下道光十二年发生的所谓"瑶叛"始末。

道光十二年（1832）初，广东连州爆发了大规模的瑶民动乱。连州是瑶族生息之地。连州属地的三个排，即油岭、行祥、横坑，与连山属地的五个排，即军寮、马箭、里八洞、火烧坪、大掌岭，俗称八排瑶。八排瑶有黄瓜冲寨，被奸民衙役巧取豪夺，瑶民到官厅起诉，连州同知蔡天培，判民役偿瑶千二百金。民役不愿偿还，瑶民遂出掠报复。蔡天培即向粤督处报告民变。粤督李鸿宾接报后，向道光帝上奏，说黄瓜冲聚有三四百名瑶民行劫，又有余高汛、良溪寨、上吉村等处，均有瑶人百十为群，抢劫村民牛米、过往客商。官兵追捕，被瑶民杀伤。道光帝为了及时扑灭连州瑶民动乱，立即命李鸿宾檄调南韶连镇标等营兵七百名，委派南韶连镇总兵得志带往，并委署臬司庆林咨会提督刘荣庆迅速堵剿。

八排瑶民在永州瑶民赵金龙余党鼓动之下，声势越来越大，相应者达数千之众。道光十二年（1832）四月下旬，刘荣庆又具函向道光帝报告："粤省散排逆瑶复出滋扰，抚则不散，剿则兵单。前调官兵三千六百名，尚不敷派遣，现又添调官兵二千名。查逆党内，惟所纠之广东散排瑶最为凶悍，必应厚集兵力，方可一鼓歼除。"

同年六月，粤督李鸿宾、提督刘荣庆、署按察使庆林率六千兵马，拟分三路向八排山进兵。帷幄之中，刘荣庆主抚，庆林主剿，意见不一。适逢新任广东按察使杨振麟到省，闻听楚师告捷，将士同膺懋赏，便也起了贪利邀功之心，怂恿李鸿宾出师。八排瑶首八人，慑于清兵威势，出山跪迎，愿将黄瓜寨逆瑶献出，请即回师。李鸿宾佯为应允，至瑶民缚献到军一律斩讫，兵仍不退，反奏称："杀贼七百名。"瑶民见清军如此不讲信义，个个怒发冲冠，决心负隅死拒。清兵分三路攻打，组织了一次又一次冲杀，瑶民依山顽强抵抗。清军东路游击谢国荣、西路游击史鹄，均因烧伤、石伤、枪伤死亡，兵士伤亡近千人。中路兵在提督刘荣庆、总兵余德彪的率领下，分成五路包抄，自巳时至酉时不停地攻击，都司王珍及兵士数百阵亡也未能得手，兵士锐气失尽。入夜，瑶民利用山地洞险林密、山高路陡、人熟地熟的长处，分多路下山夜袭人生地不熟的清兵。时值风雨交加，更掩盖了他们偷袭清军大营的声响。这次瑶民偷袭清兵大营，"都司以下官兵被火弹掷伤坠崖死者数十人"，"火药延烧卡房官兵均有伤损"，杀死清兵无数。这一夜袭，使整个清兵大营震动，军心动摇。李鸿宾、刘荣庆所率官兵三路进剿八排瑶，经一天战斗和夜间被瑶民偷袭，游击、都司等官，死数十名，兵士伤亡数以千计。

面对如此惨败，总督李鸿宾一面向皇帝打假报告，说是火药失火烧伤了官兵；一面推卸责任，嫁祸于人，说："刘荣庆不娴战阵，且年将七十，两耳重听，近又染瘴，以此年老无能岂复能胜专阃重任。"道光帝闻奏，十分震怒，六月底明降谕旨："刘荣庆年近七十,精力尤衰,两耳重听,着勒令休至。所遗广东提督缺着余步云前往署理。余步云未到以前着苏兆熊暂行署理。罗思举着兼湖南提督。"清廷因褫李鸿宾、刘荣庆职,命禧恩、瑚松额移师往剿连州。

至九月底,八排山瑶民起事终被清廷平息。

瑶民起事声势浩大,围剿官兵死伤严重。位于驻军附近的老百姓畏而避居就很好理解了。从连山知县李来章的著作《连阳八排风土记》一书第五章"剿抚"记载所知,主张对少数民族实行围剿的占十之八九,实行安抚的占十之一二。可见朝廷对瑶族同胞实行的是"犁其巢穴,种类无遗"的残酷镇压的民族政策。

第二千百年来,瑶民都生活在水深火热之中。部分捐款人名以及款额。捐款人共52人,共得12170文,合银元为12.17元。最多的捐1750文,最少的捐50文。另外,顶端一行从第一至第六人处连接"倡首"二字,表示这六人是理事。现在将捐款名录开列,以备查考:

禤士奇(100文)　陈宗德　梁文彩(各150文)　禤士元(450)　李秀山(700文)　禤士文(300文)　李继芬(600文)　陈宗乾(400文)　李继芳(350文)　禤士周　梁宗进　李继兰　禤兆鲤　梁兴信　李震亮(各300文)　陈宗贵　禤士忠　陈宗武　禤兆鹏　陈经佐　李继炎(各200文)　禤兆武　禤兆熊　陈宗奇(各200文)　梁现　禤士傅(各150)　陈经元　陈宗镇　陈经法　陈祖成(各100文)　陈宗耀(80文)　陈经明(70文)(榕树脚村亦签题帮筑芳名开列于后)陈辅荣(1570文)　陈辅信(400文)　陈廷X　陈胜维　陈胜连(各250文)　陈胜厚　陈辅佐　陈辅业　陈胜凤　陈大荣(各100文)　祝亮　陈胜元(各200文)　曹有志　张瑞忠　陈成广(各200文)　陈廷禄　陈廷贵　梁文丞　陈显广　罗秀益　罗永运(各50文)

总计52人,分别为陈姓27人,禤姓9人,李姓6人,梁姓5人,罗姓2人,祝、张、曹各1人。

第三部分是石刻右下方的题诗、作者。"题诗四句:翠接崀湖出岫巅,登高一望秀参天。古人避世曾修寓,后代承先亦复然。秀林偶书于石泉堡上。"诗中的"崀湖",据禤振文先生推测,是指今煌本、泥潭一带。诗中的"寓",不是我们现在所指的寓所,其本义:坐落在山角里的房屋。引申义:山野中的寄居屋舍。《说文》等文献释"寓"为"寄",那是指城里人为躲避灾祸而寄居山野。山中的寓所位置隐蔽,万一遭遇抓捕,可以从后门逃到山上隐藏起来。

从石刻的"旧址"和"石泉堡"等字可知之前就有附近的村民在此建避难所,也反映了当时社会动乱频仍,百姓深受其害的社会现实。石泉山虽然海拔不高,但四面壁立如削,唯一的羊肠小道逼仄难行,确有一夫当关,万夫莫开的险峻,不愧是避难的好处所。

第四部分是落款时间。"道光十二年岁次壬辰四月初九吉旦立碑",道光十二年是指公元1832年,至今已近190年。

一方小小的石刻,让我们明白民族团结、构建和谐社会是多么的重要,它可以避免许多人间悲剧,维护社会稳定,推动人类文明的发展。

城上村重修门楼碑刻

罗穆良

石泉山脚下的香花村——从前叫城上村,至今留有一座主门楼。

城上村门楼

门楼坐南向北,为硬山顶青砖木瓦结构。门楼长 5.6 米,宽 4.3 米,高约 5 米,墙体厚 40 厘米。大门上方石刻匾额刻有"城上村"三个大字。原来的字体较小且着色剥落,为了辨认方便,现在请人在原字基础上用褐黄色彩色加粗了笔画,原字刻痕还清晰可辨。匾额左右侧各有一个圆形瞭望孔,看上去就像门楼的眼睛。

古时候,每一个村寨都有几个门楼,以供村民出入和乘凉聊天。为了防范贼寇侵扰,保护村民生命财产安全,晚上都会把门楼的大门关上。大门甚至要用铁皮铜片包裹,避免贼人烧毁。

进了大门,门楼左侧前端墙上,距离地面1.3米处,镶嵌着一块"重修门楼"青石碑刻。石碑外侧用一个木框压住,防止石碑脱落。石碑长65厘米,宽55厘米。

重修门楼石碑

碑文首列文字是"今将重修门楼捐助艮(银)两芳名开列"。

碑文主体内容是各捐助人姓名以及捐助款项。负责重修事宜的"首事"为罗宏义、甘若荣、甘若昭、邓世昌四人,现抄列于后,以备查考。

罗宏义、甘若荣(各3元),甘若昭(2元),邓世昌(1.5元),甘若顺、邓祯昌(各4元),邓允昌、邓仕昌、邓占昌、邓业昌(各2元),邓仪昌、罗宏建、邓受昌、罗宏儒(各1.5元),甘若敬、邓瑞贵、邓元昌、邓龙昌、罗宏修、罗朝荣、邓成昌、甘若成、罗敬先、邓祺昌、甘若就、邓茨昌、邓禄昌、邓英龙(各1元),邓凤昌(950文),邓瑞积、罗宏福(各900文),罗宏停

(800文),邓欢世(700文),邓恩昌(650文),邓瑞清(610文),邓瑞胜、甘慧、邓定昌(各600文),甘若周、罗宏进(各500文),甘若念、邱文林、甘若现、罗宏业(各400文),甘若江、甘溥、甘海鐏、甘海镇、甘海鈹、甘亚寒(各200文)。

50人合计捐得56.61元,此处的"元"是指清朝的银元,1银元等于1000文。50人当中,计邓姓23人,甘姓16人,罗姓10人,邱姓1人。除邱姓无存外,其他三大姓至今依然存留。由此可见,国人的乡土意识是很浓厚的,虽然经历一二百年的战乱动荡依然坚守故土。

从文字学的角度看,碑刻的"銀"居然异写为"艮","歡"简写为"欢"以及村子留下的铁钟铭文"隆盛炉造"将"爐"写成"炉"也是非常罕见的,也证明了异体字、简体字古已有之。

碑文末是落款:道光廿一年(1841)九月初七日重修碑。至今已有178年历史。

锻炼力气的掇石

村落的形成,是人类聚居的本性要求。聚居可以利用集体力量开展合作互助,有效实现繁衍、防御、获取谋生资源的目的。据村民介绍,邓姓祖先在明朝即到石泉山脚下开枝散叶。甘姓于清朝嘉靖年间由东塘迁入。后来，随着罗姓的加入，人口渐多，要修建围墙、门楼以保障村民的人身财产安全。香花村的古围墙连接石泉山，以山体为倚靠，既提高了防御安全的保险系数，又节省了材料。如今，门楼内遗留有两个用来锻炼膂力的"掇石"，目测每个掇石重约200斤。若按每立方厘米2.5克的质量估算，其中一块重约240斤，另一块重约280斤。力气是古代武举考试的必考项目之一。"掇石"分200斤、250斤、300斤三个等级，考试时，要求将石头提起"必去地一尺，上膝或胸"。可见，冷兵器时代，有了强健的体魄，才能更好地保家卫民。

门楼内右侧靠后端镶有一个空木框，与左侧石碑大小大抵一致。笔者估计是用来镶嵌初建门楼时第一块石碑用的。至于石碑去了哪里，可惜已无人知晓。

六、史海拾遗

李来章撰汉前将军关侯却金祠碑记

萧维国摘编

康熙四十三年七月二十六日，予出连州，西南行，绝湟水，约三十里至鸡鸣关，或曰鸡笼关。土人断断徵其说云，关以内四山偪塞，人处其中，如鸡在笼。或云，自县东出，路傍无居人，至关，其麓与连州接壤，始闻鸡鸣。后说微近理，因从众呼为鸡鸣关云。

关据山脚，中断若门。昔人因其势，施锤凿开广之。先是未抵关三里许，行者磬折，膝行摩胸，仰面拾级，汗喘不息。望一盂水，不啻如沆瀣。乃既至，则藤稍棘刺，遮蔽左右，赤日当空，无一椽把茅之庇。向日垒石为关者，遗址仅存二尺许。问之，云，向有草亭，倾圮久矣。余徘徊碎石中，叹息不置。欲当涡水来处，面油岭建汉前将军关侯祠。默默心识，未敢谂言之也。既过关，高山并涧，铲石为道，断者以木续之，仅通行人。水声激聒，若万辆奔车，骇人心魂，抵县城而止。时白沙营戍尚未建，居民尚未复业，故举目所及，寥落至此。噫，邑之梗概可知已。

越明年，政事稍暇，余乃庀材鸠工，创建汉前将军关侯祠三间、厨房一间，缭以砖垣。关上起阁，傍筑茶亭，下复起食寮三间，凡糜白金若干两，悉出捐俸，不以一毫累民。既讫工，将刻匾额，绅士父老，旅进而告曰："维吾连民，罹荼毒于强瑶，哭泣之声未息，疮痍者尚未复也。公至，首集五排十七冲，与之誓神，刻石谆谆劝谕曰：'嗣自今，官与吏不取渠辈锱铢之利。若朝廷三尺之法，则务期必伸，不中挠也。'瑶皆唯唯。他日，太保墟拿获假银，公为雪难明之冤，瑶皆叹服，以为神明。连州铜锣坪之抢路，公为惩朋比之奸瑶，又皆惕然股栗。今则五排十七冲，帖耳受约束。间有不平，赴县投诉，一如平民。四野无犬吠之警，茅簷得安枕无忧。吾侪追寻曩所记忆，如今日之连山，固二百年来所未有也。虽公之恩威兼施，明断如神，而要其得力，以不贪为根底，非偶然也。昔汉前将军河东关侯，神武绝伦，威震华夷。其所以摄服人心者，尤在于却曹氏之金。公于千载之下，仰止高风，取而私淑，可谓能自得师者矣。今新祠落成，敢请额以却金昭神功，亦所以明侯志也。若夫行旅有所憩息，风水得以束键，皆有造于吾邑。而以瑶排之兢兢守法，较之则犹为末效耳。"余曰："有是哉？诸君之善于立言也。其义正矣，其见远矣，其味旨且永矣！不佞如余，固无以易之也。"遂次其言而为之记，并附刻誓瑶词于左方。时康熙四十七年岁次戊子三月朔日也。

抚瑶誓词

誓神牒文。抄示五排十七冲瑶人知悉。誓曰：承命乾清，扶尔童叟。夙夜战兢，无敢或苟。既包诚心，不惮苦口。设誓鬼神，与瑶共守。不食瑶粟，不饮瑶酒。取瑶分毫，贼断吾手。务悉公怀，莫堕奸诱。暗自营求，妄耗升斗。截路牵牛，指为盗薮。望尔诸瑶，痛湔夙垢。躬逢尧舜，何忍自负？服习诗书，耕耘田亩，期为良民，可保白首。

摘自民国十七年版《连山县志》

三江匪患与刘宴萍的祭文

萧维国摘编

清末民初，天下大乱，匪患猖炽，本地百姓也迭遭其害。据民国三十八年的《连县志》记载，匪祸的萌芽时期是光绪二十六年至宣统三年（1901—1911），滋盛时期为民国元年至十七年夏（1912—1928），十七年冬以后逐渐没落，这方面的史料甚为详细。该志的大事年表有关内容纪述如下：

宣统二年，何沛泽、陈亚孽等引抗钉门牌暴民焚抢三江城内公私财物。

宣统三年十月光复后，河西堡土匪邵古、邵辛贵、欧金生，西岸堡土匪杜九金等纠党四处抢掠。十一月十三日匪首杜九金、邵古、陈庚凤纠党数百、攻陷冲口。

民国元年三月，广东都督府派统领冯国威来连统摄，与民军击逐，焚河村、元村、高堆屋宇。四月，粤军统领田乔来连，生擒杜九金正法。五月，欧金生纠党数百围三江。莫辉熊领民团与战于五拱桥、石泉山，匪受创遁。八月，土匪欧金生、邵古、邵辛贵纠党数百围三江，熊领乡团与战于伏兔山麓，击毙匪首甘德，余党溃岩口，攻三昼夜后遁去。十二月，招抚员赵樾来县，收编欧、邵等三百余众，旋叛。

二年七月，欧、邵数百徒众洗劫石马坪、西岸、清水、焚铺数十间。

四年春，欧、廖楷、甘杨妹等就擒伏法。

……

此外，该志第六册《人物列传》中还提到一位重要人物："王庆增字子俊，三江人，性忠直，胆力过人。能举二石余石墩，神色不变……清末任哨官，于阳山迭挫著匪潘标。辛亥光复，随里人莫辉勋兄弟保卫桑梓，于剿匪多所建树。民国二年擢任连县第三区西岸堡警长，维持治安，得乡人爱戴，曾赠以'宽猛咸宜'匾额。历任五年调同乡冲口警长。六七月，大龙匪首黄关唐等，率党千余围攻冲口甚急，县城消息不通，外无援军，子俊率警兵40余人，日夕梭巡，力抗顽寇，并与乡绅陈松年、陈延栋等筹划应战，坚守月余，屹然无恙。无何，政府实施招抚，子俊升任第三区保卫团第五队长，年余，以年近七十乞归。……二十六年卒，年七十三。"

土匪与三江有什么深仇大恨？为什么他们要一次又一次地来围攻三江？还说城破之后要"人人过刀，连扫把都要剁作三截"呢？这就要牵涉到清末孙中山从事革命斗争的依靠对象和当时的历史背景了。其实，早在1894年孙中山成立兴中会和1905年在日本东京将各革命团体（兴中会、华兴会、光复会）改组为同盟会时，三江和连州就有一些革命志士，追随孙中山参与各种革命活动，并被派遣回乡发展力量伺机而动。如三江的毛文明就曾被派往檀香山向华侨宣讲革命和参与庚子年（1900）广州的黄花岗起义，同史坚如等共事。当年的革命团体没有军队没有钱，所以每次起义，都得靠华侨捐款，利用民间的会党和部分新军，虽屡遭失败，孙中山仍是百折不挠，继续与清王朝抗争。辛亥（1911）武昌首义成功后，连州的同盟会员龙裔祯等就收编城郊河西堡（元村、河村、邵村、高堆）一带的土匪欧金生、邵亚古、邵辛贵等数百人发动起义，占据州城，自封都督。而三江的同盟会员莫辉熊是武术世家，开设武馆，有大批精通武艺的师兄弟和徒弟，实力很强，无须招揽绿林人马。在连州鼎革后的第三天，即农历九月二十六日，莫辉熊、李干山等亦率众起事，逼迫三江协副将兼中军都司吕焕章交出印鉴和四个军械库的钥匙，不费一枪一弹而光复了三江城。乘着革命的余威，下午又攻占了连山厅衙门（连山旧城）。

民国成立后，各地的都督（龙裔祯在连州称都督，莫辉熊在连山亦称都督）改称民政长。三江革命元老毛文明，向广东省长胡汉民推荐原同盟会南支部负责人黄旭升为连县民政长，"裔祯自以实力缺乏，无法收拾，乃将民政长职务交杨统领暂代（连县民军统领杨庆祥），星夜赴省辞职"，而赴省前又极力鼓动欧邵等反对，莫辉熊带兵进据州城，将土匪赶走。于是这帮河西堡的匪徒对莫恨之入骨，几次兴师动众要来洗劫三江，所以县志大事记里便有了上述的记载。其中民国元年二月初由省调来的粤军统领冯国威与土匪隔河对峙，"两军战于元村背，不分胜负。冯以客军势孤，乃与三江莫辉熊、李干三联合，谋东西夹击欧邵。莫李所部约有百人，其枪械系光复时的收缴三江协部队得来，乃于三月初旬出兵，与欧邵战于沙子岗后鸡公岭，莫李不敌而退，死士兵九人。欧邵经此战后，势焰益炽。"这九个士兵是邵海、邵昌、邵胜、谢顺福、黄金宣、梁禧、蓝瑶、李佳、黄老什九,被称为"三江九烈士",每年清明节享受地方公祭。此外,"民国十三年十一月二十九夜,土匪梁云程、赖池等,纠党二百余人,围攻高良两堡乡团于河西之鹅公潭。队长陈茂华仓卒应变,卒将匪党击退,团丁陈石、白庆辉阵亡"。时刘宴萍老师任连县劝学所(犹今之教育局)长,指导全县学务,各界人士祭奠二烈士时,他代表官方宣读祭文,以表哀思。

祭陈石、白辉庆二烈士文
——刘宴萍先生遗作

萧维国摘编

维民国十三年十一月十五日，第五区保卫团团总×××，谨以清酌庶馐，致祭于陈、白烈士之灵曰：

呜呼！溯风凛冽，万木悲鸣，壮士销沉。三军吁悒，矧乎谊关桑梓，守望联友助之盟。血溅郊原，草木染膻腥之臭，能不感人琴而伤悼，闻鼓鼙而追思乎？

二烈士一则渊源瀙水①，一则缵绪香山②。职本劳农，治安无责；身非游击，耕凿③自由；只以嫉恶如仇，爱乡綦切。畴昔警闻白水，奋勇前驱；移时又报唐冲，提枪协击。悯群生之在厄，早抱澄清；忿小丑之跳梁，恨无斧钺。适当师移冲口，邑城未免空虚，乃奉檄守河西。匪党竟怀妒忌，率其丑类，黑夜围攻。幸我同袍，齐心抵御，虽匪徒宵遁，危城克保安全，而处士星沉，流弹竟伤要害。呜呼！昊天不吊，噩耗惊闻；烈士云亡，干城④奚寄？此不特乡间之悲恸，抑亦道路之酸心者也。某等居同区域，情等弟昆，回忆十载团防，不惊匕鬯⑤，那堪一朝分袂，路隔幽冥！剑在人亡，叹音容兮不在；只鸡斗酒，冀灵爽其来歆。聊缀诔辞，藉鸣哀愫。呜呼，尚飨。

[注释]：

①"瀙"通"颍"。颍水，在河南登封县西南，陈烈士的祖居地。

②缵绪：继承。香山：唐·白居易于河南洛阳龙门山之东构建香山楼，号香山居士，谓白烈士继承其远祖之家风。

③耕凿：即劳动农民的生活，晋·皇甫谧《帝王世纪》："日出而作，日入而息。凿井而饮，耕田而食，帝力于我何有哉。"

④干：盾。城：城郭。皆防卫之具。喻捍卫者或御敌立功之将领。

⑤匕：匙羹。鬯（chàng）：用秬黍酿的香酒。匕鬯皆宗庙祭祀用物。喻军纪严明，无所惊扰也。

图书在版编目(CIP)数据

连南文史.第十六辑/政协连南瑶族自治县文史和民族社会委员会编.—北京:民族出版社,2021.5
ISBN 978-7-105-16376-2

Ⅰ.①连… Ⅱ.①政… Ⅲ.①文史—连南瑶族自治县 Ⅳ.①K296.54

中国版本图书馆 CIP 数据核字(2021)第 084457 号

策划编辑:于玉莲
责任编辑:于玉莲　张亦芃
封面设计:海龙视觉
出版发行:民族出版社
地　　址:北京市和平里北街 14 号
邮　　编:100013
网　　址:http://www.mzpub.com
印　　刷:河北鑫兆源印刷有限公司
经　　销:各地新华书店
版　　次:2021 年 5 月第 1 版　2021 年 5 月北京第 1 次印刷
开　　本:787 毫米×1092 毫米　1/16　字数:300 千字
印　　张:16.5
定　　价:68.00 元
ISBN　978-7-105-16376-2/K・2852(汉 1636)

该书如有印装质量问题,请与本社发行部联系退换
汉文编辑一室电话:010-64271909　　发行部电话:010-64224782